IN KÜRZE

- Geradeaus. **Straight ahead.** 'streɪt_ə'hed
- Haben Sie …? **Do you have …?** dʊ jʊ 'hæv …
- Ich möchte … **I'd like …** aɪd 'laɪk …
- Was kostet das? **How much is that?** 'haʊ mʌtʃ_'ɪz ðæt
- Bitte schreiben Sie mir das auf. **Could you write that down for me?** kʊd jʊ 'raɪt ðæt 'daʊn fə mɪ
- Wo ist … **Where is …** 'weər_ɪz …
- Wo gibt es …? **Where can I get …?** 'weə kən_aɪ 'get …
- Heute. **Today.** tə'deɪ
- Morgen. **Tomorrow.** tə'mɒrəʊ
- Ich will nicht. **I don't want to.** aɪ dəʊnt 'wɒnt tʊ
- Ich kann nicht. **I can't.** aɪ 'kɑːnt
- Einen Moment, bitte! **One moment, please.** 'wʌn 'məʊmənt pliːz
- Lassen Sie mich **Leave me alone!** 'liːv mɪ_ə'ləʊn

Herausgegeben von der Langenscheidt-Redaktion
Bearbeitet von Dr. Sonia Brough
Grafik-Design: Barbara S. Michael
Umschlagfoto: W. Brannasky, Fotostudio Bornemann

Bildnachweis
Beate Andler-Teufel, München S. 14
Mike Arundale, Birmingham S. 68
Reinhard Brendli, München S. 69, 88, 90, 93, 114, 125,
137, 167, 169, 181, 187, 217, 222, 229, 233, 235, 236, 248
British Airways, London S. 61
British Tourist Authority, London S. 35
Sonia Brough, Oxford S. 19, 33, 40, 47, 70, 74, 77, 101, 129, 160,
175, 177, 186, 190, 221, 231, 244
COI Pictures, London S. 57
Department of Transport, London S. 76
The Image Bank, München S. 207
Nick Jones, Bath S. 58, 60
Sascha Kletzsch, München S. 25
Langenscheidt-Longman, München S. 13, 145, 152, 170
Michael Reiter, München S. 53, 54, 87, 112, 144, 149, 190, 219,
237, 238
Syndication International, London S. 63, 150, 188, 197

Umwelthinweis:
Gedruckt auf chlorfrei gebleichtem Papier

Auflage:	6.	5.	4.	3.	2.	Letzte Zahlen
Jahr:	2000	1999	98	97	96	maßgeblich

© 1995 Langenscheidt KG, Berlin und München
Druck: Westermann Druck, Braunschweig
Printed in Germany 3-468-22123-1

INHALT

Das Allerwichtigste
Persönliche Daten
Wie finden Sie, was Sie suchen?
Die englische Aussprache

13 *ZWISCHENMENSCHLICHES*

14 Hallo und Auf Wiedersehen
16 Smalltalk …
16 … über Persönliches
17 … über Urlaub und Zuhause
19 Verabredung
19 Wollen wir …?
20 Ich will nicht!
20 Verständigung
21 Was meinen Sie dazu?
21 +
22 +/–
22 –
23 Floskeln
23 Bitte – Danke
24 Tut mir leid!
24 Alles Gute!
25 Wortliste Zwischenmenschliches
27 Für Behinderte
29 Geschäftskontakte
29 Telefon
29 Am Empfang
30 Messe
31 Wortliste Geschäftskontakte

33 *ÜBERNACHTEN*

34 Information
35 Hotel und Ferienwohnung
35 Hotel
39 Ferienwohnung

INHALT

41	„Meckerecke"
47	Jugendherberge, Camping
47	Jugendherberge
49	Camping

53 *UNTERWEGS*

54	Fragen nach dem Weg
56	Ein- und Ausreise
56	Paßkontrolle
56	Zoll
59	Flugzeug
59	Auskunft und Buchung
61	Im Flugzeug
63	Zug
64	Auskunft und Fahrkarten
66	Im Zug
69	Bus
71	Schiff
71	Auskunft und Buchung
72	An Bord
73	Kanal- und Flußfahrten
74	Auto, Motorrad, Fahrrad
74	Mietvehikel
76	Parken
77	Tanken und Service
78	Panne, Unfall
80	Hilf dir selbst …
80	In der Werkstatt
82	Wortliste
87	Öffentliche Verkehrsmittel
87	Mit Bus und Bahn
89	Hallo, Taxi!
92	Per Anhalter

INHALT

93 *ESSEN UND TRINKEN*

94 Speisekarte
109 Getränkekarte
112 Information
113 Herr Ober!
117 „Meckerecke"
118 Die Rechnung bitte!
119 Gemeinsam am gedeckten Tisch

125 *SEHENSWERTES*

126 Bei der Touristeninformation
127 Besichtigungen und Ausflüge
135   Wortliste Tiere und Pflanzen

137 *SHOPPING*

138 Allgemeines
141   Wortliste Farben und Muster
142   Wortliste Stoffe
142   Wortliste Geschäfte
144 Lebensmittel
150 Souvenirs, Souvenirs
151 Kleidung und Reinigung
155 Schuhe
156 Uhren und Schmuck
157 Von Aftershave bis Zahnstocher
160   Wortliste Haushalt
162 Beim Optiker
162 Beim Friseur
164 Bild und Ton
167 Lesen und Schreiben
168 Tabakwaren

INHALT

169 *UNTERHALTUNG UND SPORT*

170 „Pack die Badehose ein"
170   Am Strand
172   Im Schwimmbad
175 Der Berg ruft
177 Noch mehr Sport und Spiel
181 Kultur und Feste
185 Fernsehen
185 Abends ausgehen

187 *POST UND BANK*

188 Post, Telegramm, Telefon
188   Briefe, Pakete, Päckchen
189   Der Draht nach Hause
193 Geldangelegenheiten

197 *IM ERNSTFALL*

198 Gesundheit
198   Information
198   Apotheke
201 Beim Arzt
203   Was Ihr Arzt unbedingt wissen
        muß
203   Vom Arzt werden Sie hören
205   Bevor Sie die Praxis verlassen
205 Im Krankenhaus
207   Wortliste Körperteile und Organe
210   Wortliste Krankheiten/Arzt/
        Krankenhaus
214 Beim Zahnarzt
215   Vom Zahnarzt werden Sie hören
217 Polizei und Fundbüro
218   Von der Polizei werden Sie hören

INHALT

221 *VON ZEIT ZU ZEIT*

222 Zeit
222 Uhrzeit
224 Allgemeine Zeitangaben
226 Jahreszeiten
226 Feiertage
227 Datum
228 Wochentage
228 Monate

229 *UND NUN ZUM WETTER*

231 Wortliste

235 *GRAMMATIK*

REISEWÖRTERBUCH

249 Deutsch–Englisch
285 Englisch–Deutsch

Zahlen
Grundzahlen
Ordnungszahlen

WIE FINDEN SIE, WAS SIE SUCHEN?

WIE FINDEN SIE, WAS SIE SUCHEN?

Dieser Sprachführer enthält alle wichtigen Sätze und Wörter für die Reise, nach Situationen zusammengefaßt und in elf Kapitel gegliedert. Jedes Kapitel hat eine eigene Farbe, und die Griffleiste in der Kapitelfarbe ermöglicht Ihnen eine rasche Orientierung. Die einzelnen Kapitel enthalten Mustersätze und Wortlisten mit ergänzendem Wortschatz. Wörter, die nicht einer bestimmten Situation zuzuordnen sind, die Sie aber vielleicht brauchen werden, finden Sie im Reisewörterbuch. So können Sie genau den Satz bilden, den Sie im Moment benötigen. Dabei hilft Ihnen auch die knappe und verständliche Kurzgrammatik.

Wir verwenden für diesen Englisch-Sprachführer die internationalen Lautschriftzeichen. Für die wichtigsten Situationen (z. B. beim Arzt) haben wir auch Sätze in umgekehrter Sprachrichtung, also zuerst die Fremdsprache, aufgenommen, so daß auch ein Brite sich Ihnen mitteilen kann.

Um möglichst viele Situationen abzudecken, haben wir in den Sätzen auch Alternativen angegeben; diese sind kursiv gesetzt und durch einen Schrägstrich getrennt, z. B.

WIE FINDEN SIE, WAS SIE SUCHEN?

Wann/Wo treffen wir uns?	***What time/Where* shall we meet?**

Diese müssen Sie entsprechend auflösen. Also entweder:

Wann treffen wir uns?	**What time shall we meet?**

oder:

Wo treffen wir uns?	**Where shall we meet?**

Bei mehr als zwei Möglichkeiten haben wir an der entsprechenden Stelle im Satz drei Auslassungspunkte gemacht und die möglichen Ergänzungen unter dem Satz angegeben, z. B.

Ich komme aus …	**I come from …**
Deutschland.	**Germany.**
Österreich.	**Austria.**
der Schweiz.	**Switzerland.**

Sie setzen dann die entsprechende Ergänzung ein, z. B.

Ich komme aus Deutschland.	**I come from Germany.**

Oft sind auch mögliche Ergänzungen in runde Klammern gesetzt. Sie können diese dann entweder mitsprechen oder auch nicht, z. B.

Wieviel kostet es (ungefähr)?	**How much is it (approximately)?**

Wenn Sie den genauen Preis wissen wollen, lassen Sie das Wort für ungefähr – approximately – einfach weg.

9

DIE ENGLISCHE AUSSPRACHE

Um Ihnen die Aussprache der englischen Sätze zu erleichtern, gibt es unser „Reise-Set", das zusätzlich zum Sprachführer Englisch noch eine Toncassette enthält, auf der die wichtigsten Redewendungen von englischen Sprechern vorgesprochen werden. Diese Sätze sind im Sprachführer mit einem Dreieck gekennzeichnet.

Wir wünschen Ihnen nun einen schönen Aufenthalt in Großbritannien und sind sicher, daß **Langenscheidts Sprachführer Englisch** Ihnen ein unentbehrlicher Begleiter sein wird.

DIE ENGLISCHE AUSSPRACHE

Um Ihnen bei der Aussprache des Englischen ein bißchen zu helfen, wollen wir hier kurz auf einige Laute eingehen, die dem Deutschsprachigen erfahrungsgemäß Schwierigkeiten bereiten können. Dabei wollen wir uns ausgesprochen kurz fassen.

th Beim berühmt-berüchtigten *th* müssen Sie so tun, als wenn Sie lispeln würden: Sie stecken die Zunge zwischen die Zähne und versuchen ein „s" wie in „ist" (stimmloses *th*) bzw. in „satt" (stimmhaftes *th*) auszusprechen. Wenn es bei letzterem kitzelt, sind Sie auf dem richtigen Weg!

DIE ENGLISCHE AUSSPRACHE

v/w Hier geht es um zwei Laute, die von Deutschsprachigen manchmal durcheinandergebracht werden. Das englische *v* wird wie ein deutsches „w" ausgesprochen bzw. wie das „v" in Fremdwörtern wie „Variation" oder „Violine", also weich und vibrierend. Um das *w* richtig auszusprechen, müssen Sie Ihre Lippen zu einem kleinen runden Loch formen; dabei dürfen die oberen Schneidezähne keinesfalls die Unterlippe berühren. Das *w* klingt also ähnlich wie ein „u" und ein „i" zusammengesprochen (*win* = „uin"). Üben Sie mit *"very well"*.

Die englische Lautschrift

ʌ	much mʌtʃ, come kʌm	wie <u>a</u> in K<u>a</u>mm
ɑː	after ˈɑːftə, park pɑːk	wie <u>ah</u> in B<u>ah</u>n
æ	flat flæt, madam ˈmædəm	wie <u>ä</u> in W<u>ä</u>sche
ə	after ˈɑːftə, arrival əˈraɪvl	wie <u>e</u> in mach<u>e</u>
e	let let, men men	wie <u>ä</u> in h<u>ä</u>tte
ɜː	first fɜːst, learn lɜːn	wie <u>ir</u> in fl<u>ir</u>ten
ɪ	in ɪn, city ˈsɪtɪ	wie <u>i</u> in M<u>i</u>tte
iː	see siː, evening ˈiːvnɪŋ	wie <u>ie</u> in n<u>ie</u>
ɒ	shop ʃɒp, job dʒɒb	wie <u>o</u> in G<u>o</u>tt
ɔː	morning ˈmɔːnɪŋ, course kɔːs	wie <u>o</u> in L<u>o</u>rd

DIE ENGLISCHE AUSSPRACHE

ʊ	good gʊd, look lʊk	wie u in M<u>u</u>tter
uː	too tuː, shoot ʃuːt	wie uh in Sch<u>uh</u>
aɪ	my maɪ, night naɪt	wie ei in N<u>ei</u>d
aʊ	now naʊ, about əˈbaʊt	wie au in bl<u>au</u>
əʊ	home həʊm, know nəʊ	von ə zu ʊ gleiten
eə	air eə, square skweə	wie är in B<u>är</u>
eɪ	eight eɪt, stay steɪ	klingt wie <u>äi</u>
ɪə	near nɪə, here hɪə	von ɪ zu ə gleiten
ɔɪ	join dʒɔɪn, choice tʃɔɪs	wie eu in n<u>eu</u>
ʊə	sure ʃʊə, tour tʊə	wie ur in K<u>ur</u>
w	way weɪ, one wʌn, quik kwɪk	sehr kurzes u – kein deutsches w!
v	very ˈverɪ, over ˈəʊvə	wie <u>w</u> in <u>W</u>eise
ŋ	thing θɪŋ, hang hæŋ	wie ng in Di<u>ng</u>
r	room ruːm, hurry ˈhʌrɪ	nicht rollen!
s	see siː, famous ˈfeɪməs	wie ß in flie<u>ß</u>en
z	zero ˈzɪərəʊ, is ɪz, runs rʌnz	wie s in le<u>s</u>en
ʃ	shop ʃɒp, fish fɪʃ	wie sch in <u>Sch</u>olle
tʃ	cheap tʃiːp, much mʌtʃ	wie tsch in <u>tsch</u>üs
ʒ	television ˈtelɪvɪʒn	wie g in Eta<u>g</u>e
dʒ	just dʒʌst, bridge brɪdʒ	wie j in <u>J</u>ob
θ	thanks θæŋks, both bəʊθ	gelispeltes <u>ß</u>
ð	that ðæt, with wɪð	gelispeltes <u>s</u>

ː bedeutet, daß der vorhergehende Vokal lang zu sprechen ist.

12

ZWISCHENMENSCHLICHES

HALLO

HALLO UND AUF WIEDERSEHEN

Guten Morgen!	**(Good) Morning!** gʊd ˈmɔːnɪŋ
Guten Tag!	***Hello!/(Good) Morning!/(Good) Afternoon!*** həˈləʊ/(gʊd) ˈmɔːnɪŋ/(gʊd)‿ɑːftəˈnuːn
Guten Abend!	**(Good) Evening!** (gʊd)‿ˈiːvnɪŋ
Gute Nacht!	**Goodnight!** gʊdˈnaɪt
Hallo!	**Hi!** haɪ

INFO

9–12 Uhr (Good) Morning!, Hello!
12–18 Uhr (Good) Afternoon!, Hello!
ab 18 Uhr (Good) Evening!, Hello!

"Hello!" kann man jederzeit verwenden; es klingt nicht so salopp wie das deutsche „Hallo!".

"Good afternoon!" und **"Good evening!"** klingen etwas förmlicher.

"Hi!" ist umgangssprachlich und wird bevorzugt von jungen Leuten gebraucht.

Beim Vorstellen lauten die Begrüßungsformeln **"How d'you do?"** haʊ djuː ˈduː bzw. ***"Pleased/Nice to meet you"*** ˈpliːzd/ˈnaɪs tə ˈmiːt‿juː. Auch die Antwort auf **"How d'you do?"** lautet ˈHow d'you do?"

▶ Darf ich mich zu *Ihnen/dir* setzen? 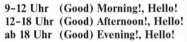 **D'you mind if I sit here?** djʊ ˈmaɪnd ɪf‿aɪ ˈsɪt ˈhɪə

▶ Wie geht es *Ihnen/dir*? 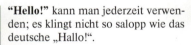 **How are you?** haʊ‿ˈɑː juː

HALLO

Danke, gut.
Und *Ihnen/dir?*

Fine, thanks. And you?
'faɪn θæŋks_ ən d 'juː

Es tut mir leid, aber
ich muß jetzt gehen.

I'm afraid I have to go now.
aɪm_ ə'freɪd_ aɪ hæv tə 'gəʊ naʊ

Auf Wiedersehen!

Goodbye! gʊd'baɪ

Bis *bald/morgen*!

See you *soon/tomorrow*!
'siː jʊ *'suːn/tə'mɒrəʊ*

Tschüs!

Bye!/See you! baɪ/'siː juː

Schön, *Sie/dich* ken-
nengelernt zu haben.

It was nice meeting you.
ɪt wəz 'naɪs 'miːtɪŋ juː

Kommt gut nach
Hause!

Have a safe journey home!
hæv_ ə 'seɪf dʒɜːnɪ 'həʊm

INFO

Im Englischen unterscheidet man
nicht zwischen „Du" und „Sie", was
für Sie das Leben viel einfacher
macht. Hier redet man sich auch viel
schneller mit Vornamen an, im priva-
ten wie auch beruflichen Bereich. Hier
gilt aber die Devise: Warten Sie am
besten ab, wie sich die andere Person
Ihnen gegenüber verhält.

Auch was Händeschütteln angeht,
müssen Sie sich nicht so sehr anstren-
gen: Man gibt sich höchstens – aber
nicht immer – bei der ersten Vorstel-
lung die Hand. Hier sollten Sie auch
abwarten, was der/die andere macht
und entsprechend reagieren. Im
Geschäftsleben ist das Händeschütteln
allerdings öfter anzutreffen als im
Alltag.

ZWISCHENMENSCHLICHES

15

SMALLTALK

SMALLTALK ...

... über Persönliches

▶ Wie *heißen Sie/heißt du*? **What's your name?** ˈwɒts_jɔː ˈneɪm

▶ Ich heiße ... **My name is ...** maɪ ˈneɪm_ɪz . . .

Woher *kommen Sie/* **Where do you come from?**
kommst du? ˈweə də juː ˈkʌm frɒm

▶ Ich komme aus ... **I come from ...** aɪ ˈkʌm frəm . . .

Deutschland. **Germany.** ˈdʒɜːmənɪ
Österreich. **Austria.** ˈɒstrɪə
der Schweiz. **Switzerland.** ˈswɪtsələnd

Sind Sie/Bist du **Are you married?** ˈɑː juː ˈmærɪd
verheiratet?

Haben Sie/Hast du **Do you have any children?**
Kinder? də juː ˈhæv_enɪ ˈtʃɪldrən

Wie alt sind sie? **How old are they?** haʊ_ˈəʊld_ə ðeɪ

Haben Sie/Hast du **Do you have any sisters or brothers?**
Geschwister? də juː ˈhæv_enɪ ˈsɪstəz_ə ˈbrʌðəz

Ich habe *eine* **I have a *sister/brother*.**
Schwester/einen Bruder. aɪ ˈhæv_ə *ˈsɪstə/ˈbrʌðə*

Wie alt *sind Sie/bist du*? **How old are you?** haʊ_ˈəʊld_ə juː

Ich bin ... Jahre alt. **I'm ...** aɪm . . .

Sie wird drei. **She's coming up for three.**
ʃiːz ˈkʌmɪŋ_ˈʌp fə ˈθriː

INFO ▶ Bei Altersangaben nennt man üblicher-
weise nur die Zahl, also z.B. **"I'm 28"**.
Die Angabe des angehenden Jahres
(„Ich werde ...") ist nur bei Kleinkin-
dern und gelegentlich bei bevorste-

16

URLAUB

henden runden Geburtstagen üblich, wobei der Monat immer angegeben wird: z.B. **"I'll be 40 *in May/on May the 4th/at the end of September.*"** Natürlich ist es auch hierzulande nicht sehr üblich, Erwachsene, die man gerade kennengelernt hat, gleich nach dem Alter zu fragen!

ZWISCHENMENSCHLICHES

Was *machen Sie/machst du* beruflich?	**What do you do for a living?** 'wɒt də jʊ 'duː fər_ə 'lɪvɪŋ
Ich bin …	**I'm a(n) …** aɪm ə(n)_ …
Ich gehe noch zur Schule.	**I'm still at school.** aɪm 'stɪl_ət 'skuːl
Was *studieren Sie/ studierst du*?	**What (subject) are you studying?** 'wɒt ('sʌbʒɪkt)_ə jʊ 'stʌdiɪŋ

… über Urlaub und Zuhause

➡️ *Noch mehr Sport und Spiel (S. 177), Abends ausgehen (S. 185)*

Sind Sie/Bist du alleine hier?	**Have you come on your own?** hæv_jʊ 'kʌm_ɒn jər_'əʊn
➡️ *Wortliste*	
Ich bin mit … hier.	**I'm here with …** aɪm 'hɪə wɪð …
Sind Sie/Bist du zum ersten Mal hier?	**Is this your first time here?** ɪz 'ðɪs jɔː fɜːst_'taɪm hɪə
Nein, ich war schon … Mal in England.	**No, I've been to England … times.** 'nəʊ aɪv_bɪn tʊ_'ɪŋglənd … 'taɪmz
Wie lange *sind Sie/bist du* schon hier?	**How long have you been here?** haʊ 'lɒŋ həv_jʊ 'bɪn hɪə
Seit … *Tagen/Wochen.*	**(For) …** ***days/weeks.*** (fə)… *'deɪz/'wiːks*

17

SMALLTALK

Wie lange *sind Sie/bist du* noch hier?
How much longer are you staying?
'haʊ mʌtʃ 'lɒŋgər_ə jʊ 'steɪɪŋ

Ich fahre morgen wieder ab.
I'm leaving tomorrow.
aɪm 'liːvɪŋ tə'mɒrəʊ

Noch *eine Woche/ zwei Wochen.*
Another *week/fortnight.*
ə'nʌðə 'wiːk/'fɔːtnaɪt

Wie gefällt es *Ihnen/ dir* hier?
How do you like it here?
'haʊ də jʊ 'laɪk_ɪt hɪə

Es gefällt mir sehr gut.
I like it very much. aɪ 'laɪk_ɪt 'verɪ 'mʌtʃ

Schottland ist ein sehr schönes Land.
Scotland is a beautiful country.
'skɒtlənd_ɪz ə'bjuːtəfʊl 'kʌntrɪ

Waren Sie/Warst du schon einmal in Deutschland?
Have you ever been to Germany?
'hæv jʊ_'evə bɪn tə 'dʒɜːmənɪ

Besuchen Sie mich doch, wenn Sie mal nach Deutschland kommen.
Come and see me if you're ever in Germany. 'kʌm_ənd 'siː mɪ_ɪf_jɔːr_ 'evər_ɪn 'dʒɜːmənɪ

Sie können/Du kannst gerne bei mir übernachten.
You're welcome to stay at my place.
jɔː 'welkʌm tə steɪ_ət 'maɪ pleɪs

Ich zeige *Ihnen/dir* gerne die Stadt.
I'd be glad to show you around the *town/city.* aɪd bɪ 'glæd tə 'ʃəʊ juː_ əraʊnd ðə 'taʊn/'sɪtɪ

18

VERABREDUNG

ZWISCHENMENSCHLICHES

VERABREDUNG

→ *Gemeinsam am gedeckten Tisch (S.119), Abends ausgehen (S.185)*

Wollen wir ...?

Treffen wir uns *heute abend/morgen*?	**Shall we meet up *tonight/tomorrow*?** ʃəl wɪ ˈmiːt ʌp təˈnaɪt/təˈmɒrəʊ
Ja, gerne.	**Yes, let's (do that).** ˈjes ˈlets (ˈduː ðæt)
Es geht leider nicht. Ich habe schon etwas vor.	**I'm afraid I can't – I'm already doing something.** aɪm əˈfreɪd aɪ ˈkɑːnt aɪm ɔːlˈredɪ ˈduːɪŋ sʌmθɪŋ
Wollen wir heute abend zusammen essen?	**Shall we have dinner together tonight?** ʃəl wɪ hæv ˈdɪnə təˈgeðə təˈnaɪt
Ich möchte *Sie/dich* zum Essen einladen.	**I'd like to take you out for a meal.** aɪd ˈlaɪk tə ˈteɪk juː ˈaʊt fər ə ˈmiːl

19

VERSTÄNDIGUNG

*Möchten Sie/Möchtest
du* tanzen gehen?

Would you like to go dancing?
wʊd_jʊ 'laɪk tə gəʊ 'dɑːnsɪŋ

Wann/Wo treffen
wir uns?

What time/Where **shall we meet?**
wɒt 'taɪm/'weə ʃəl wɪ 'miːt

Treffen wir uns doch
um … Uhr.

Why don't we meet at …
'waɪ dəʊnt wɪ 'miːt_ət …

Ich hole *Sie/dich*
um … Uhr ab.

I'll pick you up at …
aɪl 'pɪk_jʊ_'ʌp_ət …

Wo gehen wir hin?

Where are we going? 'weər_ə wɪ 'gəʊɪŋ

Ich bringe *Sie/dich* nach
Hause/zur Haltestelle.

I'll take you *home/to the bus stop*.
aɪl 'teɪk jʊ 'həʊm/tə ðə 'bʌs_stɒp

Sehen wir uns noch
einmal?

Could we meet again?
kʊd wɪ 'miːt_ə'gen

Ich will nicht!

Ich habe schon
was vor.

I'm already doing something.
aɪm ɔːl'redɪ 'duːɪŋ sʌmθɪŋ

Ich warte auf
jemanden.

I'm waiting for someone.
aɪm 'weɪtɪŋ fə sʌmwʌn

Lassen Sie mich
in Ruhe!

Leave me alone! 'liːv mɪ_ə'ləʊn

Verschwinde!

Go away!/Push off!/Get lost!
'gəʊ_ə'weɪ/'pʊʃ_'ɒf/'get 'lɒst

VERSTÄNDIGUNG

Spricht hier jemand
Deutsch?

Does anyone here speak German?
dəz_'enɪwʌn 'hɪə spiːk 'dʒɜːmən

Do you speak English?
də 'jʊ spiːk_'ɪŋglɪʃ

Sprechen Sie
Englisch?

20

ZUSTIMMUNG

Nur wenig.
Just a little. 'dʒʌst_ə 'lɪtl

Bitte sprechen Sie etwas langsamer.
Could you speak a bit more slowly, please?
kʊd_jʊ 'spiːk_ə bɪt mɔː 'sləʊlɪ pliːz

Haben Sie/Hast du verstanden?
Did you understand that?
dɪd_jʊ_ʌndə'stænd ðæt

Ich *verstehe/habe verstanden.*
Yes, I understand.
'jes_aɪ_ʌndə'stænd

Ich habe das nicht verstanden.
I didn't understand that.
aɪ 'dɪdnt_ʌndə'stænd ðæt

Sagen Sie es bitte noch einmal.
Could you say it again?
kʊd jʊ 'seɪ_ɪt_ə'gen

Wie heißt das auf Englisch?
What's that (called) in English?
'wɒts ðæt (kɔːld) ɪn_'ɪŋglɪʃ

Was bedeutet ...?
What does ... mean? 'wɒt dəz . . . miːn

Schreiben Sie es mir bitte auf.
Could you write it down for me, please?
kʊd jʊ 'raɪt_ɪt 'daʊn fə miː pliːz

WAS MEINEN SIE DAZU?

+ _____

Es *war/ist* sehr schön hier.
It's been/It's very nice here.
ɪts bɪn/ɪts 'verɪ 'naɪs hɪə

Ich komme gerne wieder.
I'd like to come back.
aɪd 'laɪk tə kʌm 'bæk

Sehr gut!
Very good! 'verɪ 'gʊd

Ich bin sehr zufrieden!
I have no complaints.
aɪ həv 'nəʊ kəm'pleɪnts

Prima!
Great! greɪt

ZWISCHENMENSCHLICHES

21

MEINUNG

Das gefällt mir.	**I like that.** aɪ ˈlaɪk ðæt
Sehr gerne.	**I'd love to.** aɪd ˈlʌv tʊ
▶ Eine gute Idee.	**Good idea.** ˈgʊd_aɪˈdɪə
In Ordnung.	**OK.** əʊˈkeɪ

+/– _____

Das ist mir egal.	**I don't mind.** aɪ dəʊnt ˈmaɪnd
Wie Sie möchten.	**As you like.** ˈæz_jʊ ˈlaɪk
▶ Ich weiß noch nicht.	**I don't know yet.** aɪ dəʊnt ˈnəʊ jet
Vielleicht.	**Maybe.** ˈmeɪbɪ
Wahrscheinlich.	**Probably.** ˈprɒbəblɪ

– _____

Das ist sehr ärgerlich.	**That's very annoying.** ðæts ˈverɪ_əˈnɔɪɪŋ
▶ Wie schade!	**What a pity!** wɒt_ə ˈpɪtɪ
▶ Das geht leider nicht.	**I'm afraid that's not possible.** aɪm_əˈfreɪd ðæts ˈnɒt ˈpɒsəbl
Ich würde lieber …	**I'd rather …** aɪd ˈrɑːðə …
▶ Das gefällt mir nicht.	**I don't like it.** aɪ dəʊnt ˈlaɪk_ɪt
Das möchte ich lieber nicht.	**I'd rather not.** aɪd ˈrɑːðə ˈnɒt
Eigentlich nicht.	**Not really.** nɒt ˈrɪəlɪ
Nein.	**No.** nəʊ
Auf keinen Fall.	**Certainly not.** ˈsɜːtənlɪ ˈnɒt

DANKE

FLOSKELN
Bitte – Danke

Könnten Sie mir bitte helfen?	**Do you think you could help me?** dʊ jʊ 'θɪŋk jʊ kʊd 'help mi:
Nein, danke.	*No, thank you./No, thanks.* 'nəʊ 'θæŋk_ju:/'nəʊ 'θæŋks
Ja, bitte.	**Yes, please.** 'jes 'pli:z
Danke.	*Thank you./Thanks.* 'θæŋk_ju:/'θæŋks
Vielen Dank.	**Thank you very much.** 'θæŋk jʊ 'verɪ 'mʌtʃ
Danke, gleichfalls.	**Thanks, and you (too).** 'θæŋks_ənd_'ju: ('tu:)
Vielen Dank, das ist sehr nett von Ihnen.	**Thank you, that's very kind of you.** 'θæŋk_jʊ ðæts 'verɪ 'kaɪnd_əv ju:
Vielen Dank für Ihre *Mühe/Hilfe*.	**Thank you very much for *all your trouble/your help.*** 'θæŋk_jʊ 'verɪ 'mʌtʃ fər_'ɔːl jɔː 'trʌbl/jɔː 'help
Bitte sehr.	**You're welcome.** jɔː 'welkʌm
Gern geschehen.	*That's all right./You're welcome./Not at all.* 'ðæts_ɔːl'raɪt/jɔː 'welkʌm/'nɒt_ət_'ɔːl
Darf ich?	**May I?** 'meɪ aɪ

In Großbritannien ist man beflissen, sich auch für die kleinsten Kleinigkeiten ausführlich zu bedanken. Sie sollten sich also ein paar Varianten merken, wie z.B. **"Thank you"**, **"Thank you very much"**, **"Thank you very much indeed"**.

FLOSKELN

Für den deutschen Ausdruck „Bitte!" gibt es dagegen nicht immer eine Entsprechung. Wenn man jemandem etwas gibt oder z.B. als Kellner Essen serviert, braucht man eigentlich gar nichts zu sagen. Wenn Ihnen das als Deutschsprachiger schwerfallen sollte, können Sie aber durchaus **"There you are"** sagen.

Auch die Entsprechungen für „Bitte!" als Antwort auf ein Dankeschön werden nicht so häufig verwendet.

Tut mir leid!

Entschuldigung!	**Sorry!** 'sɒrɪ
Bitte (, bitte)!	**That's all right!** 'ðæts_ɔːl'raɪt
Das tut mir leid.	**I'm sorry about that.** aɪm 'sɒrɪ_əbaʊt 'ðæt
Das macht nichts!	***It doesn't matter!/Don't worry about it!*** ɪt 'dʌzənt 'mætə/dəʊnt 'wʌrɪ_ə'baʊt_ɪt
Das ist mir peinlich.	**I feel *bad/embarrassed* about it.** aɪ fiːl 'bæd/ɪm'bærəst_əbaʊt_ɪt
Das war ein Mißverständnis.	**It was a misunderstanding.** ɪt wəz_ə 'mɪsʌndə'stændɪŋ

Alles Gute!

Herzlichen Glückwunsch!	**Congratulations!** kən'grætʃə'leɪʃnz
Herzlichen Glückwunsch (zum Geburtstag)!	**Happy birthday!** 'hæpɪ 'bɜːθdeɪ

WORTLISTE

Gute Besserung!	**(Hope you) Get well soon!** ('həʊp_ju) get 'wel 'suːn
Gute Reise!	**Have a good trip!** 'hæv_ə gʊd 'trɪp
Viel Spaß!	**Have fun!** hæv 'fʌn
Frohe Weihnachten!	**Merry Christmas!** 'merɪ 'krɪsməs
Frohes Neues Jahr!	**Happy New Year!** 'hæpɪ njuː 'jɪə
Frohe Ostern!	**Happy Easter!** 'hæpɪ_'iːstə

Zwischenmenschliches

abfahren	**to leave** tə liːv
Adresse	**address** ə'dres
allein	**alone** ə'ləʊn
alt	**old** əʊld
ankommen	**to arrive** tʊ ə'raɪv
aufschreiben	**to write down** tə raɪt 'daʊn
Beruf	**profession, occupation** prə'feʃn, ɒkjʊ'peɪʃn
besetzt	**taken** 'teɪkən
bitte	**please** pliːz
bringen: nach Hause -	**to take (***someone***) home** tə 'teɪk (sʌmwʌn) 'həʊm

ZWISCHENMENSCHLICHES

Bruder	**brother** 'brʌðə
danke	**thank you, thanks** 'θæŋk juː, 'θæŋks
einladen, zum Essen	**to take** (*someone*) **out for a meal** tə 'teɪk (sʌmwʌn) 'aʊt fər_ə 'miːl
essen gehen	**to go out for a meal** tə gəʊ_'aʊt fər_ə 'miːl
Foto	**photo** 'fəʊtəʊ
Frau (*Ehefrau*)	**wife** waɪf
frei	**free** friː
Freund	**friend**; (*romantisch*) **boyfriend** frend; 'bɔɪfrend
Freundin	**friend**; (*romantisch*) **girlfriend** frend; 'gɜːlfrend
gefallen: es gefällt mir	**I like it** aɪ 'laɪk_ɪt
Geschwister	**brothers and sisters** 'brʌðəz_ən 'sɪstəz
heißen: ich heiße	**my name is** maɪ 'neɪm_ɪz
ja	**yes** jes
kennenlernen	**to meet** tə miːt
Kind	**child** tʃaɪld
kommen (aus)	**to come (from)** tə 'kʌm frɒm
Land	**country** 'kʌntrɪ
Mann (*Ehemann*)	**husband** 'hʌzbənd
mögen	**to like** tə 'laɪk
Mutter	**mother** 'mʌðə
nein	**no** nəʊ
Schule	**school** skuːl
Schwester	**sister** 'sɪstə
Sohn	**son** sʌn
sprechen	**to speak** tə spiːk
Stadt	**town, city** taʊn, 'sɪtɪ
Student(in)	**student** stjuːdənt
studieren	**to study** tə 'stʌdɪ
tanzen gehen	**to go dancing** tə gəʊ 'dɑːnsɪŋ
Tochter	**daughter** 'dɔːtə
treffen, sich	**to meet** tə miːt

26

BEHINDERTE

übernachten	**to stay** tə steɪ
Urlaub	**holiday** 'hɒlədeɪ
Vater	**father** fɑːðə
verabreden, sich	**to make a date (with someone)** tə 'meɪk_ə 'deɪt (wɪð 'sʌmwʌn)
verheiratet	**married** 'mærɪd
Verlobte	**fiancée** fɪ'ɑːnseɪ
Verlobter	**fiancé** fɪ'ɑːnseɪ
verstehen	**to understand** tʊ_ʌndə'stænd
vielleicht	**maybe, perhaps** 'meɪbɪ, pə'hæps
vorhaben	**to have planned** tə hæv 'plænd
warten	**to wait** tə weɪt
wenig	**(a) little** (ə) 'lɪtl
wiederholen	**to repeat** tə rɪ'piːt
wiederkommen	**to come back (again)** te kʌm 'bæk_(ə'gen)
wiedersehen	**to see (*someone*) again** tə siː (sʌmwʌn) ə'gen
wissen	**to know** tə nəʊ
zufrieden	**satisfied** 'sætɪsfaɪd

ZWISCHENMENSCHLICHES

FÜR BEHINDERTE

Ich höre schlecht. Können Sie bitte lauter reden?	**I'm hard of hearing. Could you speak up a bit?** aɪm 'hɑːd_əv 'hɪərɪŋ kʊd_jʊ 'spiːk_'ʌp_ə bɪt
Können Sie das bitte aufschreiben?	**Could you write that down for me?** kʊd_jʊ 'raɪt ðæt 'daʊn fə mɪ
Ich bin *körperbehindert/gehbehindert*. Können Sie mir helfen?	**I'm disabled. Could you help me, please?** aɪm dɪs'eɪbld kʊd_jʊ 'help mɪ pliːz
Fassen Sie bitte hier an.	**Would you hold onto me here, please?** wʊd_jʊ 'həʊld_'ɒntʊ mɪ 'hɪə pliːz

27

BEHINDERTE

Haben Sie einen Rollstuhl für mich?

Do you have a wheelchair I could use? də jʊ 'hæv_ə 'wiːltʃeər_aɪ kʊd_'juːz

▶ Können Sie mir das Gepäck *aufs Zimmer/ zum Taxi* tragen?

Could you take my luggage *up to my room/to the taxi*? kʊd_jʊ 'teɪk maɪ 'lʌɡɪdʒ_ 'ʌp tə maɪ 'ruːm/tə ðə 'tæksɪ

Wo ist der nächste Fahrstuhl?

Where's the nearest lift? 'weəz ðə nɪərəst 'lɪft

Könnten Sie für mich wählen? Das Telefon hängt zu hoch.

Do you think you could dial for me? The telephone's too high. də jʊ 'θɪŋk jʊ kʊd 'daɪəl fə mɪ ðə 'teləfəʊnz tuː 'haɪ

Ist es für Rollstuhl- fahrer geeignet?

Is it suitable for wheelchair users? 'ɪz_ɪt 'suːtəbl fə 'wiːltʃeə juːzəz

Gibt es dort eine Rampe für Rollstuhlfahrer?

Is there a wheelchair ramp? ɪz ðər_ə 'wiːltʃeə 'ræmp

Wo ist hier eine Behindertentoilette?

Is there a disabled toilet around here? ɪz ðər_ə dɪs'eɪbld 'tɔɪlət_ əraʊnd hɪə

▶ Ich brauche jemanden, der mich begleitet.

I need somebody to accompany me. aɪ 'niːd 'sʌmbədɪ tʊ_ə'kʌmpənɪ miː

Haben Sie einen Platz, wo ich meine Beine ausstrecken kann?

Do you have a seat where I can stretch my legs out? də jʊ 'hæv_ə 'siːt weər_aɪ kən 'stretʃ maɪ 'legz_aʊt

TELEFON

GESCHÄFTSKONTAKTE

➤ *Verständigung (S. 20)*

Telefon

Hier ist … von der Firma …
This is … from … 'ðɪs_ɪz … frəm …

Ich möchte … sprechen
Could I speak to …? 'kʊd_aɪ 'spiːk tə …

I'll put you through. aɪl 'pʊt_jʊ 'θruː
Ich verbinde.

… is on the other line. … ɪz_ɒn ðɪ_'ʌðə 'laɪn
… spricht gerade.

… isn't in today. … ɪznt_'ɪn tədeɪ
… ist heute nicht im Haus.

Would you like to leave a message? wʊd_jʊ 'laɪk tə 'liːv_ə 'mesɪdʒ
Möchten Sie eine Nachricht hinterlassen?

Kann ich eine Nachricht für … hinterlassen?
Could I leave a message for …? kʊd_aɪ 'liːv_ə 'mesɪdʒ fə …

Am Empfang

Ich möchte zu …
Could I see …? 'kʊd_aɪ 'siː …

Mein Name ist …
My name is … maɪ 'neɪm_ɪz …

Ich habe um … Uhr einen Termin mit …
I've got an appointment with … at … aɪv 'gɒt_ən_ə'pɔɪntmənt wɪð … ət …

One moment, please. 'wʌn 'məʊmənt pliːz
Einen Moment bitte.

Would you mind signing in here, please? 'wʊd_jʊ maɪnd 'saɪnɪŋ_ɪn 'hɪə pliːz
Würden Sie sich bitte hier eintragen?

… will be with you right away. … wɪl bɪ 'wɪð jʊ 'raɪt_ə'weɪ
… kommt sofort.

ZWISCHENMENSCHLICHES

29

GESCHÄFTLICHES

... is in a meeting. ... ɪz_ɪn_ə 'miːtɪŋ   ... ist noch in einer
Besprechung.

**If you'd like to come along, I'll take
you to ...** ɪf_jʊd 'laɪk tə kʌm_ə'lɒŋ_aɪl
'teɪk jʊ tʊ ...

Kommen Sie bitte
mit mir. Ich bringe
Sie zu ...

**Would you wait here for a moment,
please?** wʊd_jʊ 'weɪt 'hɪə fər_ə
'məʊmənt pliːz

Würden Sie bitte hier
einen Moment warten.

Can I get you a coffee?
kən_aɪ 'get_jʊ_ə 'kɒfɪ

Darf ich Ihnen einen
Kaffee bringen?

Messe

Ich suche den Stand
der Firma ...

I'm looking for the ... stand.
aɪm 'lʊkɪŋ fə ðə ... stænd

Hall ..., stand ... hɔːl ..., stænd ...   Halle ..., Stand ...

Haben Sie Informa-
tionsmaterial über ...?

Do you have any information on ...?
də jʊ 'hæv_əni_ɪnfə'meɪʃn_ɒn ...

Haben Sie auch Pro-
spekte auf deutsch?

Do you have any brochures in German?
də jʊ 'hæv_əni 'brəʊʃəz_ɪn 'dʒɜːmən

An wen kann ich mich
wenden?

Who should I get in touch with?
'huː ʃʊd_aɪ get_ɪn 'tʌtʃ wɪð

Wer ist Ihr Agent in
Deutschland?

**Who's your *agent/representative* in
Germany?** 'huːz jə(r)_ *'eɪdʒənt/
reprɪ'zentətɪv* ɪn 'dʒɜːmənɪ

Hier ist meine Karte.

Here's my card. 'hɪəz maɪ 'kɑːd

WORTLISTE

Geschäftskontakte

Abteilung	**department** dɪˈpɑːtmənt
Abteilungsleiter	**head of department** ˈhed_əv dɪˈpɑːtmənt
Adresse	**address** əˈdres
Agent	**agent, representative** ˈeɪdʒənt, reprɪˈzentətɪv
Ansprechpartner	**contact** ˈkɒntækt
Ausgang	**exit** ˈeksɪt
benachrichtigen	**to let (*someone*) know** tə ˈlet (ˈsʌmwʌn) ˈnəʊ
Besprechung	**meeting** ˈmiːtɪŋ
Besprechungsraum	**conference room** ˈkɒnfərəns ruːm
Büro	**office** ˈɒfɪs
Chef	**boss** bɒs
Eingang	**entrance** ˈentrəns
Eingangshalle	**foyer** ˈfɔɪeɪ
Empfang	**reception** rɪˈsepʃn
Etage	**floor** flɔː
Filzstift	**felt pen** ˈfelt ˈpen
Gebäude	**building** ˈbɪldɪŋ
Generalvertretung	**general agency** ˈdʒenərəl_ˈeɪdʒənsɪ
Geschäftsführer	**managing director** ˈmænədʒɪŋ dəˈrektə
Geschäftsleitung	**management** ˈmænədʒmənt
Halle	**(exhibition) hall** (eksɪˈbɪʃn) hɔːl
Information	**information** ɪnfəˈmeɪʃn
Informationsmaterial	**information, brochures** *pl.* ɪnfəˈmeɪʃn, ˈbrəʊʃəz
Informationsstand	**information desk** ɪnfəˈmeɪʃn desk
Kabine	**booth** buːθ
Katalog	**catalogue** ˈkætəlɒg
Konferenz	**conference** ˈkɒnfərəns
Konzern	**(corporate) group** (ˈkɔːpərət) gruːp
Kopie	**(photo)copy** (ˈfəʊtəʊ)kɒpɪ
Kopierer	**(photo)copier** (ˈfəʊtəʊ)kɒpɪə
Kunde	**customer, client** ˈkʌstəmə, ˈklaɪənt

ZWISCHENMENSCHLICHES

31

GESCHÄFTLICHES

Lizenz	**licence** 'laɪsəns
Markierstift	**marker pen** 'mɑːkə pen
Messe	**trade fair** 'treɪd feə
Mikrofon	**microphone, mike** 'maɪkrəfəʊn, maɪk
Muster	**sample** 'sɑːmpl
Nachricht	**news** njuːz
Preis	**price** praɪs
Preisliste	**price list** 'praɪs lɪst
Prospekt	**brochure** 'brəʊʃə
Sekretariat	**secretary's office** 'sekrətrɪz‿'ɒfɪs
Sekretärin	**secretary** 'sekrətrɪ
Sitzung	**meeting** 'miːtɪŋ
Stand	**stand** stænd
Steckdose	**socket** 'sɒkət
Telefax	**fax** fæks
Telefon	**(tele)phone** ('telə)fəʊn
telefonieren	**to phone, to ring (*someone*) up, to call** tə fəʊn, tə rɪŋ (sʌmwʌn)‿'ʌp, tə kɔːl
Termin	**appointment** ə'pɔɪntmənt
Tochtergesellschaft	**subsidiary** səb'sɪdɪərɪ
Treffen	**meeting** 'miːtɪŋ
treffen(, sich)	**to meet** tə miːt
Unterlagen	**papers, documents** 'peɪpəz, 'dɒkjʊmənts
Verlängerungskabel	**extension lead** ɪk'stenʃn liːd
Vertreter	**(sales) representative, agent** ('seɪlz) reprɪ'zentətɪv, 'eɪdʒənt
Vertrieb	**distribution, marketing** dɪstrɪ'bjuːʃn, 'mɑːkətɪŋ
Verwaltungsgebäude	**admin building** 'ædmɪn bɪldɪŋ
Videorekorder	**video recorder, camcorder** 'vɪdɪəʊ rɪkɔːdə, 'kæmkɔːdə
Visitenkarte	**business card** 'bɪznɪs kɑːd
Vortrag	**talk, lecture** tɔːk, 'lektʃə

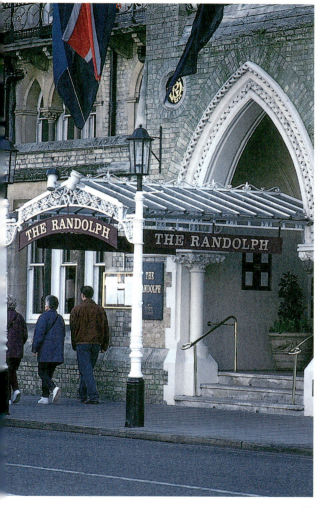

ÜBERNACHTEN

AUSKUNFT

INFORMATION

▶ Wissen Sie, wo ich hier ein Zimmer finden kann?

Do you know where I can find a room here? də jʊ 'nəʊ weər_aɪ kən 'faɪnd_ə 'ruːm hɪə

▶ Können Sie mir … empfehlen?

Can you recommend …? kən jʊ 'rekə'mend …

▶ ein *gutes/preiswertes* Hotel
eine *Pension*

a *good/reasonably priced* hotel ə 'gʊd/'riːznəblɪ praɪst həʊ'təl
a *bed & breakfast* (place) ə 'bed_ən 'brekfəst (pleɪs)

▶ Ich suche eine Unterkunft …

I'm looking for a room … aɪm 'lʊkɪŋ fər_ə 'ruːm …

in *zentraler/ruhiger* Lage.
am *Strand/Fluß.*

in *the centre/a quiet location.* ɪn ðə 'sentə/ə 'kwaɪət ləʊ'keɪʃn
on the *beach/riverfront.* ɒn ðə 'biːtʃ/'rɪvəfrʌnt

Wieviel kostet es (ungefähr)?

How much is it (approximately)? haʊ mʌtʃ_'ɪz_ɪt_(ə'prɒksɪmətlɪ)

Können Sie für mich dort reservieren?

Could you book me in (there)? kʊd_jʊ 'bʊk mɪ_'ɪn (ðeə)

▶ Gibt es hier *eine Jugendherberge/einen Campingplatz?*

Is there a *youth hostel/campsite* around here? 'ɪz ðeər_ə 'juːθ hɒstl/'kæmpsaɪt_əraʊnd hɪə

▶ Ist es weit von hier?

Is it far from here? 'ɪz_ɪt 'fɑː frəm hɪə

Wie komme ich dorthin?

How do I get there? 'haʊ dʊ_aɪ 'get ðeə

Können Sie mir den Weg aufzeichnen?

Could you draw me a little map? kʊd_jʊ 'drɔː mɪ_ə lɪtl 'mæp

34

HOTEL

ÜBERNACHTEN

HOTEL UND FERIENWOHNUNG

Hotel

Für mich ist bei Ihnen ein Zimmer reserviert. Mein Name ist …
You have a room for me. My name is …
jʊ ˈhæv_ə ˈruːm fə mɪ. maɪ ˈneɪm_ɪz …

Hier ist meine Bestätigung.
This is my letter of confirmation.
ˈðɪs_ɪz maɪ ˈletər_əv kɒnfəˈmeɪʃn

Could I have your voucher, please?
kʊd_aɪ ˈhæv_jɔː ˈvaʊtʃə pliːz
Dürfte ich bitte Ihren *Voucher/Gutschein* haben?

35

HOTEL etc.

Haben Sie ein *Doppelzimmer/ Einzelzimmer* frei …	**Do you have a *double/single* room …** də ju 'hæv_ə 'dʌbl/'sıŋgl ruːm …
für *einen Tag/…Tage?*	**for *one night/… nights?*** fə 'wʌn 'naıt/… 'naıts
mit *Bad/Dusche* und WC?	**with (a) *bath/shower* and toilet?** wıð_(ə) 'baːθ/'ʃaʊər_ən 'tɔılət
mit Balkon?	**with a balcony?** wıð_ə 'bælkənı
mit Blick aufs Meer?	**overlooking the sea?** 'əʊvə'lʊkıŋ ðə 'siː
nach *vorne/ hinten* heraus?	**facing the *front/rear?*** 'feısıŋ ðə 'frʌnt/'rıə

INFO ➤ In britischen Hotels und Pensionen fallen die Doppelbetten eher klein aus. Es ist also ratsam, gleich bei der Reservierung anzugeben, ob Sie zwei Einzelbetten (**"twin beds"**) oder ein Doppelbett (**"a double bed"**) bevorzugen.

I'm afraid we're fully booked. aım_ə'freıd wıə 'fʊlı 'bʊkt	Wir sind leider ausgebucht.
There's a vacancy *from tomorrow/ from* … ðeəz_ə 'veıkənsı frəm tə'mɒrəʊ/frəm …	*Morgen/Am* … wird ein Zimmer frei.

Wieviel kostet es …	**How much is it** … 'haʊ mʌtʃ_'ız_ıt…
mit/ohne Frühstück?	**with/without breakfast?** wıð/wı'ðaʊt 'brekfəst
mit *Halbpension/ Vollpension?*	**with *half/full* board?** wıð 'haːf/'fʊl 'bɔːd

36

HOTEL

INFO ▶

In Hotels und Pensionen heißt das einfache Frühstück **"Continental breakfast"** und besteht meistens aus Cornflakes oder Müsli gefolgt von Toast, Brötchen oder auch Croissants mit Marmelade. Dazu gibt es natürlich Kaffee (oft nicht so stark wie auf dem Kontinent) oder Tee (der für Kontinentaleuropäer manchmal zu stark ist, aber mit einem Schuß Milch abgeschwächt werden kann).

Meistens gegen Aufpreis kann man ein **"English/Full/Cooked breakfast"** bestellen: Nach den Cornflakes oder **"porridge"** (Haferbrei) gibt es Eier jeglicher Art, gebratenen Schinkenspeck, gebratene Würste, Tomaten und Champignons, oder sogar Fisch. Toast und Marmelade gehören zur Abrundung selbstverständlich auch dazu.

ÜBERNACHTEN

Gibt es eine Ermäßigung für Kinder?

Is there a child discount?
ˈɪz ðeər‿ə ˈtʃaɪld ˈdɪskaʊnt

Gibt es eine Ermäßigung, wenn man … Tage bleibt?

Is there a discount if you stay for … days? ˈɪz ðeər‿ə ˈdɪskaʊnt‿ɪf jʊ ˈsteɪ fə … ˈdeɪz

Kann ich mit dieser Kreditkarte bezahlen?

Can I pay with this credit card?
kən‿aɪ ˈpeɪ wɪð ˈðɪs ˈkredɪt kɑːd

Kann ich mir das Zimmer ansehen?

Can I see the room?
kən‿aɪ ˈsiː ðə ˈruːm

Können Sie ein *zusätzliches Bett/ Kinderbett* aufstellen?

Can you put in *an extra bed/a cot*?
kən‿jʊ ˈpʊt‿ɪn‿ən ˈekstrə ˈbed/əˈkɒt

37

HOTEL etc.

Haben Sie noch
ein ... Zimmer?

Do you have ... room?
də jʊ 'hæv_ . . . _ru:m

    anderes
    billigeres
    größeres
    ruhigeres

    another ə'nʌðə
    a cheaper ə 'tʃi:pə
    a bigger ə 'bɪgə
    a quieter ə 'kwaɪətə

Es ist sehr schön.
Ich nehme es.

It's very nice. I'll take it.
ɪts 'verɪ 'naɪs aɪl 'teɪk_ɪt

Könnten Sie mir das
Gepäck aufs Zimmer
bringen?

**Could you take my luggage up to the
room?** kʊd_jʊ 'teɪk maɪ 'lʌgɪdʒ_'ʌp tə
ðə 'ru:m

▶ Wo ist das Bad?

Where's the bathroom?
'weəz ðə 'bɑ:θru:m

▶ Wo kann ich meinen
Wagen abstellen?

Where can I park the car?
'weə kən_aɪ 'pɑ:k ðə 'kɑ:

Wann sind die
Essenszeiten?

What time are meals served?
'wɒt taɪm_ə 'mi:lz 'sɜːvd

Wo ist der *Speisesaal/
Frühstücksraum*?

Where's the *dining/breakfast* room?
'weəz ðə *'daɪnɪŋ/'brekfəst* ru:m

Kann ich auf dem
Zimmer frühstücken?

Can I have breakfast in my room?
kən_aɪ 'hæv 'brekfəst_ɪn maɪ 'ru:m

Kann ich Ihnen meine
Wertsachen zur
Aufbewahrung geben?

**Can I leave my valuables with you for
safekeeping?** kən_aɪ 'li:v maɪ
'væljəblz 'wɪð jʊ fə seɪf'ki:pɪŋ

Ich möchte meine
Wertsachen abholen.

I'd like to collect my valuables.
aɪd 'laɪk tə kə'lekt maɪ 'væljəblz

▶ Kann ich bei Ihnen
Geld umtauschen?

Can I exchange money here?
kən_aɪ_ɪks'tʃeɪndʒ 'mʌnɪ hɪə

▶ Bitte den Schlüssel
für ...

(The key to) Room ..., please.
(ðə 'ki: tə) 'ru:m . . . pli:z

38

FERIENWOHNUNG

Könnten Sie das bitte ...
Could I have this ..., please?
kʊd_aɪ 'hæv ðɪs . . . pliːz

   bügeln?
   reinigen?
   waschen?

   ironed 'aɪənd
   dry-cleaned draɪ'kliːnd
   washed 'wɒʃt

Kann ich (von meinem Zimmer)... telefonieren?
Can I call ... (from my room)?
kən aɪ 'kɔːl . . . (frəm maɪ 'ruːm)

   nach Deutschland
   nach Österreich
   in die Schweiz

   Germany 'dʒɜːmənɪ
   Austria 'ɒstrɪə
   Switzerland 'swɪtsələnd

Ist *Post/eine Nachricht* für mich da?
***Is there any mail/Are there any messages* for me?** ɪz ðər_'enɪ 'meɪl/aː ðər_'enɪ 'mesɪdʒɪz 'fɔː miː

Wecken Sie mich bitte (morgen) um ... Uhr.
Would you wake me at ... (tomorrow morning), please? wʊd_jʊ 'weɪk mɪ_ət . . . (təˈmɒrəʊ 'mɔːnɪŋ) pliːz

Wir reisen morgen ab.
We're leaving tomorrow.
wɪə 'liːvɪŋ təˈmɒrəʊ

Machen Sie bitte die Rechnung fertig.
Please may I have my bill?
'pliːz meɪ_aɪ 'hæv maɪ 'bɪl

Kann ich mein Gepäck noch bis ... Uhr hierlassen?
Can I leave my luggage here until ...?
kən_aɪ 'liːv maɪ 'lʌɡɪdʒ hɪər_ʌn'tɪl. . .

Bitte rufen Sie ein Taxi.
Would you *call/order* me a taxi?
wʊd_jʊ *'kɔːl/'ɔːdə* mɪ_ə 'tæksɪ

Ferienwohnung

Wir haben die Wohnung ... gemietet.
We've rented flat ...
wiːv 'rentɪd 'flæt . . .

ÜBERNACHTEN

HOTEL etc.

Wo bekommen wir die Schlüssel?	**Where do we get the keys?** ˈweə dʊ wɪ get ðə ˈkiːz
Wie ist hier die Netzspannung?	**What's the voltage here?** ˈwɒts ðə ˈvəʊltɪdʒ ˈhɪə
Wo ist der *Sicherungskasten/Stromzähler*?	**Where's the *fusebox/electricity meter*?** ˈweəz ðə ˈfjuːzbɒks/ðɪ ɪlekˈtrɪsɪtɪ miːtə

Die Netzspannung in Großbritannien ist im allgemeinen 240 Volt Wechselstrom, also mit kontinentalen Elektrogeräten kompatibel. Für mitgebrachte Geräte (außer Rasierern) braucht man einen Adapter für die hier üblichen Dreipunktsteckdosen. Die Benutzung von elektrischen Geräten (außer Rasierern) im Badezimmer gilt in Großbritannien als gefährlich, weshalb es am Waschbecken nur eine Zweipunktsteckdose für Rasierer gibt.

Könnten Sie noch ein *Kinderbett/zusätzliches Bett* aufstellen?	**Could you put in *a cot/an extra bed*?** kʊd_jʊ ˈpʊt_ɪn_ə ˈkɒt/ən_ˈekstrə ˈbed
Könnten Sie uns bitte ... erklären?	**Could you show us how ... works?** kʊd_jʊ ˈʃəʊ_əs haʊ ... wɜːks
die Geschirrspülmaschine	**the dishwasher** ðə ˈdɪʃwɒʃə
den Herd	**the cooker** ðə ˈkʊkə
die Waschmaschine	**the washing machine** ðə ˈwɒʃɪŋ məʃiːn
Wohin kommt der Müll?	**Where does the rubbish go?** ˈweə dəz ðə ˈrʌbɪʃ gəʊ

BESCHWERDEN

Wo kann man hier telefonieren?	**Where can I/we make a phone call here?** 'weə kən_ai/wi 'meɪk ə 'fəʊn kɔːl hɪə
Sagen Sie uns bitte, wo … ist.	**Could you tell us where there's …** kʊd_jʊ 'tel_əs weə ðeəz_ . . .
ein Bäcker	**a bakery?** ə 'beɪkərɪ
ein Fleischer	**a butcher?** ə 'bʊtʃə
ein Lebensmittel-geschäft?	**a food shop?** ə 'fuːd ʃɒp
ein Supermarkt	**a supermarket?** ə 'suːpəmɑːkɪt

„Meckerecke"

➡ *Was meinen Sie dazu? (S. 21)*

Könnte ich bitte noch … haben?	**Could I have … please?** kʊd_aɪ 'hæv . . . pliːz
eine Decke	**an extra blanket** _ən_'ekstrə 'blæŋkɪt
Geschirrtücher	**some more tea towels** səm mɔː 'tiː taʊəlz
ein Handtuch	**an extra towel** ən_'ekstrə 'taʊəl
ein paar Kleider-bügel	**a few more clothes hangers** _ə 'fjuː mɔː 'kləʊðz hæŋəz
ein Kopfkissen	**an extra pillow** ən_'ekstrə 'pɪləʊ
Das Fenster geht nicht *auf/zu.*	**The window won't *open/close.*** ðə 'wɪndəʊ wəʊnt_ 'əʊpən/'kləʊz
… funktioniert nicht.	**… doesn't work.** . . . dʌznt 'wɜːk
Die Dusche	**The shower** ðə 'ʃaʊə
Der Fernseher	**The *TV/television*** ðə tiːˈviː/ˈtelɪvɪʒn
Die Heizung	**The heating** ðə 'hiːtɪŋ
Das Licht	**The light** ðə 'laɪt
Der Fön	**The hair-dryer** ðə 'heə draɪə

HOTEL UND FERIENWOHNUNG

▶ Die Wasserspülung funktioniert nicht.
The toilet won't flush (properly).
ðə ˈtɔɪlət wəʊnt ˈflʌʃ (ˈprɒpəlɪ)

▶ Es kommt kein (warmes) Wasser.
There's no (hot) water.
ðeəz ˈnəʊ (hɒt) ˈwɔːtə

Der Wasserhahn tropft. **The tap's dripping.** ðə ˈtæps drɪpɪŋ

Der Abfluß/Die Toilette ist verstopft.
***The sink** (im Bad: **The drain**)/**The toilet** is blocked.* ðə ˈsɪŋk (ðə ˈdreɪn)/ðə ˈtɔɪlət ɪz ˈblɒkt

… ist schmutzig. **… is dirty.** … ɪz ˈdɜːtɪ

Wundern Sie sich nicht über die etwas altmodischen Badezimmer, die noch heute teilweise in Großbritannien anzutreffen sind: Getrennte Hähne für kaltes und warmes Wasser sind keine Seltenheit, auch ist der Wasserdruck generell niedriger als auf dem europäischen Festland, so daß das Duschen etwas länger dauern kann – vorausgesetzt, es ist überhaupt eine Dusche vorhanden. Auch das Innendesign der Wasserklosetts weicht vom Germanischen ab.

⟶ *Shopping (S. 138)*

WORTLISTE

Hotel, Ferienwohnung

Abendessen	**dinner** 'dɪnə
Abfluß	**drain** dreɪn
Abreise	**departure** dɪ'pɑːtʃə
Adapter	**adapter** əd'æptə
Anmeldeschein	**registration form** redʒɪ'streɪʃn fɔːm
Anmeldung	**check-in** 'tʃekɪn
ansehen	**to see, to look at** tə siː, tə 'lʊk_ət
Appartement	**apartment** ə'pɑːtmənt
Aschenbecher	**ashtray** 'æʃtreɪ
Aufenthaltsraum	**lounge** laʊndʒ
Aufzug	**lift** lɪft
Bad *(Badezimmer)*	**bath; bathroom** bɑːθ; 'bɑːθruːm
Badewanne	**bath** bɑːθ
Balkon	**balcony** 'bælkənɪ
Beanstandung	**complaint** kəm'pleɪnt
Besen	**broom** bruːm
Bett	**bed** bed
-decke	*(Tagesdecke)* **bedspread** 'bedspred
-laken	**sheet** ʃiːt
-wäsche	**bed linen** 'bed lɪnən
Bungalow	**bungalow** 'bʌŋgələʊ
Decke *(Woll-)*	**blanket** 'blæŋkət
Doppelbett	**double bed** 'dʌbl 'bed
Doppelzimmer	**double room** 'dʌbl 'ruːm
Dusche	**shower** 'ʃaʊə
Einzelbett	**single bed** 'sɪŋgl 'bed
zwei -en	**twin beds** 'twɪn 'beds
Zimmer mit	**twin bedded room**
zwei -en	'twɪnbedɪd 'ruːm
Einzelzimmer	**single room** 'sɪŋgl 'ruːm
Empfang	**reception** rɪ'sepʃn
Empfangshalle	**foyer** 'fɔɪeɪ
Erdgeschoß	**ground floor** 'graʊnd 'flɔː
Ermäßigung	**discount** 'dɪskaʊnt

ÜBERNACHTEN

HOTEL UND FERIENWOHNUNG

Etage	**floor** flɔː
Fenster	**window** 'wɪndəʊ
Ferienhaus	**holiday *home/bungalow*** 'hɒlɪdeɪ 'həʊm/'bʌŋɡələʊ
Ferienwohnung	**holiday *apartment/flat*** 'hɒlɪdeɪ ə'pɑːtmənt/'flæt
Fernseher	**TV, television** tiː'viː/'telɪvɪʒn
Fernsehraum	**TV room** tiː'viː ruːm
Frühstück	**breakfast** 'brekfəst
frühstücken	**to have breakfast** tə hæv 'brekfəst
Frühstücksbüffet	**breakfast buffet** 'brekfəst 'bʊfeɪ
Frühstücksraum	**breakfast room** 'brekfəst ruːm
funktionieren	**to work** tə wɜːk
Gasflasche	**bottle of gas** 'bɒtl̩ əv 'ɡæs
Gepäck	**luggage, cases *pl.*** 'lʌɡɪdʒ, 'keɪsɪz
Geschirr	**crockery** 'krɒkərɪ
Geschirrtuch	**tea towel** 'tiː taʊəl
Glas	**glass** ɡlɑːs
Glühbirne	**(light) bulb** ('laɪt) bʌlb
Halbpension	**half board** 'hɑːf 'bɔːd
Handtuch	**towel** 'taʊəl
Hauptsaison	***peak/main* season** 'piːk/'meɪn 'siːzn
Hausbesitzer	**house owner** 'haʊs əʊnə
Heizung	**heating** 'hiːtɪŋ
Herd	**cooker** 'kʊkə
Hotel	**hotel** həʊ'tel
Kaffeemaschine	**coffee-maker** 'kɒfɪmeɪkə
Kamin	**fireplace** 'faɪəpleɪs
-holz	**firewood** 'faɪəwʊd
kaputt	**broken** 'brəʊkən
Kategorie	**category** 'kætəɡrɪ
Kinderbett	**cot** kɒt
Kleiderbügel	**hanger** 'hæŋə
Klimaanlage	**air conditioning** 'eə kəndɪʃənɪŋ
Kopfkissen	**pillow** 'pɪləʊ

WORTLISTE

Kühlschrank	**fridge** frɪdʒ
Lampe	**lamp** læmp
Licht	**light** laɪt
Lichtschalter	**light switch** 'laɪt swɪtʃ
Matratze	**mattress** 'mætrəs
Miete	**rent** rent
mieten (*Wohnung* usw.)	**to rent** tə rent
Minibar	**minibar** 'mɪnɪbɑː
Mittagessen	**lunch** lʌntʃ
Müll	**rubbish** 'rʌbɪʃ
-eimer	**(rubbish) bin** 'rʌbɪʃ bɪn
-tonne	**dustbin** 'dʌstbɪn
Nachsaison	***low/off-peak* season** 'ləʊ/'ɒfpiːk 'siːzn
Nachttisch	**bedside *table/locker*** 'bedsaɪd 'teɪbl/'lɒkə
-lampe	**bedside lamp** 'bedsaɪd 'læmp
Nebenkosten	**extras, extra costs** 'ekstrəz,'ekstrə 'kɒsts
Notausgang	**emergency exit** ɪ'mɜːdʒənsɪ_'eksɪt
Papierkorb	**waste-paper bin** weɪst'peɪpə bɪn
Putzmittel	**cleaning materials** 'kliːnɪŋ mə'tɪərɪəlz
Rechnung	**bill** bɪl
reservieren	**to book** tə bʊk
Rezeption	**reception** rɪ'sepʃn
Safe	**safe** seɪf
Schlüssel	**key** kiː
schmutzig	**dirty** 'dɜːtɪ
Schrank	**wardrobe** 'wɔːdrəʊb
Schublade	**drawer** 'drɔː
Sessel	**armchair** 'ɑːmtʃeə
Sicherung	**fuse** fjuːz
Spannung, elektrische	**voltage** 'vəʊltɪdʒ
Speisesaal	**dining room** 'daɪnɪŋ ruːm
Spiegel	**mirror** 'mɪrə
Spülmaschine	**dishwasher** 'dɪʃwɒʃə
Steckdose	**socket** 'sɒkət
Stecker	**plug** plʌg

ÜBERNACHTEN

HOTEL etc.

Strom	**electricity** ɪlek'trɪsɪtɪ
Stuhl	**chair** tʃeə
Swimmingpool	**(swimming) pool** ('swɪmɪŋ) puːl
Tasse	**cup** kʌp
Telefon	**(tele)phone** ('telə)fəʊn
Teller	**plate, dish** pleɪt, dɪʃ
Terrasse	**terrace** 'terəs
Tisch	**table** 'teɪbl
Toilette	**toilet** 'tɔɪlət
Toilettenpapier	**toilet paper** 'tɔɪlət peɪpə
Treppe	**stairs** *pl.* steəz
(*draußen*)	**steps** *pl.* steps
Tür	**door** dɔː
-klinke	**doorhandle** 'dɔːhændl
-schloß	**door lock** 'dɔː lɒk
Übernachtung	**overnight stay** 'əʊvənaɪt 'steɪ
eine -	**one night** 'wʌn 'naɪt
Verlängerungswoche	**extra week** 'ekstrə 'wiːk
Vollpension	**full board** 'fʊl 'bɔːd
Vorhang	**curtain** 'kɜːtn
Vorsaison	**start of the season** 'stɑːt_əv ðə 'siːzn
Waschbecken	**sink** sɪŋk
Wäsche	**washing** 'wɒʃɪŋ
-waschen	**to do the washing** tə 'duː ðə 'wɒʃɪŋ
-bügeln	**to do the ironing** tə 'duː ðɪ_'aɪənɪŋ
-trocknen	**to dry the washing** tə'draɪ ðə'wɒʃɪŋ
Waschmaschine	**washing machine** 'wɒʃɪŋ məʃiːn
Wasser	**water** 'wɔːtə
heißes -	**hot water** 'hɒt 'wɔːtə
kaltes -	**cold water** 'kəʊld 'wɔːtə
Wasserhahn	**tap** tæp
Wasserspülung	**flush** flʌʃ
wecken	**to wake (up)** tə weɪk_('ʌp)
Zimmer	**room** ruːm
Zimmermädchen	**maid** meɪd
Zwischenstecker	**adapter** ə'dæptə

JUGENDHERBERGE

ÜBERNACHTEN

JUGENDHERBERGE, CAMPING

Jugendherberge

Haben Sie noch etwas frei?	**Do you have any vacancies?** də jʊ ˈhæv ənɪ ˈveɪkənsiːz
Ich möchte *eine Nacht*/ … *Nächte* bleiben.	**I'd like to stay for *one night*/… *nights*.** aɪd ˈlaɪk tə ˈsteɪ fə *ˈwʌn ˈnaɪt*/… *ˈnaɪts*
Wieviel kostet die Übernachtung (pro Person)?	**How much is it a night (per person)?** ˈhaʊ mʌtʃ ˈɪz ɪt ə ˈnaɪt (pə ˈpɜːsn)

47

JUGENDHERBERGE etc.

Wieviel kostet das …	**How much does … cost?** 'haʊ mʌtʃ dəz . . . kɒst
Frühstück?	**breakfast** 'brekfəst
Mittagessen?	**lunch** lʌntʃ
Abendessen?	**dinner** 'dɪnə
Wo ist der Speisesaal?	**Where's the dining room?** 'weəz ðə 'daɪnɪŋ ruːm
Wo kann ich hier etwas zu *essen/trinken* kaufen?	**Where can I buy something to eat/drink around here?** 'weə kən_aɪ 'baɪ sʌmθɪŋ tʊ_'iːt/'drɪŋk_əraʊnd hɪə
▶ Wann sind die Essenszeiten?	**What time are meals served?** 'wɒt taɪm_ə 'miːlz sɜːvd
▶ Kann man hier Bettwäsche ausleihen?	**Can one borrow bedlinen here?** 'kæn wʌn 'bɒrəʊ 'bedlɪnən hɪə
Wo sind die *Waschräume/Toiletten*?	**Where are the washrooms/toilets?** 'weər_ə ðə 'wɒʃruːmz/'tɔɪləts
Wo kann man hier seine Wäsche waschen?	**Where can one do some washing here?** 'weə kən wʌn duː səm 'wɒʃɪŋ hɪə
Gibt es hier Schließfächer?	**Are there any lockers?** 'ɑː ðər_'enɪ 'lɒkəz
▶ Bis wieviel Uhr abends ist Einlaß?	**What time do you lock up at night?** 'wɒt taɪm də jʊ 'lɒk_'ʌp_ət 'naɪt
Wie kommt man am günstigsten ins Zentrum?	**What's the best way to get to the town centre?** 'wɒts ðə 'best weɪ tə get tə ðə 'taʊn 'sentə
Wo ist die nächste Bushaltestelle?	**Where's the nearest bus stop?** 'weəz ðə nɪərəst 'bʌs_stɒp

CAMPING

Camping

Dürfen wir auf Ihrem
Grundstück zelten?

Do you mind if we camp on your land?
də jʊ 'maɪnd_ɪf wɪ 'kæmp_ɒn jɔː 'lænd

Haben Sie noch Platz
für …?

Is there room for …?
ɪz ðeə 'ruːm fə . . .

Wie hoch ist die
Gebühr für …

What's the charge for …
'wɒts ðə tʃaːdʒ fə(r) . . .

… Erwachsene
und … Kinder?
einen Pkw mit
Wohnwagen?
ein Wohnmobil?

… adults and … children?
. . . 'ædʌlts_ən . . . 'tʃɪldrən
a car with caravan?
ə 'kaː wɪð 'kærəvæn
a *motor caravan*/*camper van*?
ə 'məʊtə 'kærəvæn/'kæmpə væn

ein Zelt

a tent? ə 'tent

Vermieten Sie auch
Bungalows/Wohnwagen?

**Do you also rent out *bungalows*/
caravans?** də jʊ_'ɔːlsəʊ 'rent_aʊt
'bʌŋgələʊz/'kærəvænz

Wir möchten einen
(windgeschützten)
Platz im Schatten.

**We'd like a place in the shade (out of
the wind).** wiːd laɪk ə 'pleɪs_ɪn ðə
'ʃeɪd ('aʊt_əv ðə 'wɪnd)

Wir möchten *einen
Tag/… Tage* bleiben.

We'd like to stay for *one day/… days.*
wiːd 'laɪk tə 'steɪ fə 'wʌn 'deɪ/. . . 'deɪz

Wo können wir *unser
Zelt/unseren Wohn-
wagen* aufstellen?

**Where can we *put up our tent/park
our caravan*?** 'weə kən wɪ 'pʊt_ʌp_aː
'tent/'paːk_aː 'kærəvæn

Wo sind die *Wasch-
räume/Toiletten*?

Where are the *washrooms/toilets*?
'weər_ə ðə 'wɒʃruːmz/'tɔɪləts

Kosten die Warm-
wasserduschen extra?

Do the hot showers cost extra?
'duː ðə hɒt 'ʃaʊəz kɒst_'ekstrə

ÜBERNACHTEN

49

JUGENDHERBERGE etc.

Wo kann ich …
das Chemieklo
entsorgen?
Frischwasser
nachfüllen?
das Spülwasser
entsorgen?

Where can I … 'weə kən_aɪ
empty the chemical *toilet/closet*?
_'emptɪ ðə 'kemɪkl _'tɔɪlət/'klɒzət
fill up with fresh water?
fɪl 'ʌp wɪð 'freʃ 'wɔːtə
get rid of the slops?
get 'rɪd_əv ðə 'slɒps

▶ Gibt es hier Strom-
anschluß?

Is there an electric hookup?/Are there
any power points? 'ɪz ðeər_ən_ɪ'lektrɪk
'hʊkʌp/'ɑː ðər_enɪ 'paʊə 'pɔɪnts

▶ Gibt es hier ein
Lebensmittelgeschäft?

Is there a food shop around here?
'ɪz ðər_ə 'fuːd ʃɒp_əraʊnd hɪə

Kann ich Gasflaschen
ausleihen/umtauschen?

Can I *hire bottled gas/exchange gas*
***canisters* here?** kən_aɪ 'haɪə 'bɒtld
'gæs/_ɪks'tʃeɪndʒ 'gæs 'kænɪstəz hɪə

Können Sie mir
bitte … leihen?

Could you lend me …, please?
'kʊd_jʊ 'lend mɪ . . . pliːz

Jugendherberge, Camping

Abendessen	**dinner** 'dɪnə
abmelden	**to check out** tə tʃek_'aʊt
Abmeldung	**check-out** 'tʃekaʊt
anmelden	**to check in** tə tʃek_'ɪn
Anmeldung	**check-in** 'tʃekɪn
aufstellen	(*Zelt*) **to put up;** (*Wohnwagen*) **to park**
	tə pʊt_'ʌp; tə 'pɑːk
Benutzungsgebühr	(hire) **charge** 'haɪə tʃɑːdʒ
Bettwäsche	**bed linen** 'bed lɪnən
bügeln	**to iron, to do the ironing**
	tə_'aɪən, tə 'duː ðɪ_'aɪənɪŋ
Camping	**camping** 'kæmpɪŋ
-ausweis	**camping carnet** 'kæmpɪŋ kɑːneɪ
-platz	**campsite, camping site**
	'kæmpsaɪt, 'kæmpɪŋ saɪt

50

WORTLISTE

Chemieklo	**chemical *toilet*/*closet*** 'kemɪkl *'tɔɪlət*/'klɒzət
Doppelzimmer	**double room** 'dʌbl 'ruːm
Dusche	**shower** 'ʃaʊə
duschen	**to (have a) shower** tə ('hæv_ə) 'ʃaʊə
Einzelzimmer	**single room** 'sɪŋgl 'ruːm
entsorgen	**to empty, to get rid of** tʊ_'emptɪ, tə get 'rɪd_əv
Eßgeschirr	**crockery** 'krɒkərɪ
Familienzimmer	**family room** 'fæmlɪ 'ruːm
Frühstück	**breakfast** 'brekfəst
Gas	**gas** gæs
-flasche	**bottled gas** 'bɒtld 'gæs
-kartusche	**gas canister** 'gæs _'kænɪstə
-kocher	**gas cooker** 'gæs 'kʊkə
-lampe	**gas lamp** 'gæs læmp
Gemeinschaftsraum	**recreation room** rekrɪ'eɪʃn ruːm
Herbergseltern	**(hostel) wardens** ('hɒstl) 'wɔːdnz
Herbergsmutter	**(hostel) warden** ('hɒstl) 'wɔːdn
Herbergsvater	**(hostel) warden** ('hɒstl) 'wɔːdn
Hering	**tent peg** 'tent peg
Isomatte	**foam mattress** fəʊm 'mætrəs
Jugendgruppe	**youth group** 'juːθ gruːp
Jugendherberge	**youth hostel** 'juːθ hɒstl
Jugendherbergsausweis	**youth hostel ID** 'juːθ hɒstl_aɪ'diː
Jugendherbergsschlaf-sack	**youth hostel sleeping bag** 'juːθ hɒstl 'sliːpɪŋ bæg
Kerze	**candle** 'kændl
kochen	**to cook** tə 'kʊk
Kocher	**(primus) stove** ('praɪməs)_stəʊv
Kochgeschirr	**pots and pans *pl.*, cooking utensils *pl.*** 'pɒts_ən 'pænz, 'kʊkɪŋ jʊ'tenslz
Kochtopf	**pot, saucepan** pɒt, 'sɔːspən
leihen	**to hire out** tə 'haɪər_aʊt
leihen, sich	**to borrow, to hire** tə 'bɒrəʊ, tə 'haɪə

ÜBERNACHTEN

JUGENDHERBERGE etc.

Leihgebühr	**hire charge** ˈhaɪə tʃɑːdʒ
Luftmatratze	**lilo, airbed** ˈlaɪləʊ, ˈeəbed
Mitgliedskarte	**membership card** ˈmembəʃɪp ˈkɑːd
nachfüllen	**to fill up with** tə fɪl ˈʌp wɪð
parken	**to park** tə pɑːk
Schlafsaal	**dormitory** ˈdɔːmɪtrɪ
Schlafsack	**sleeping bag** ˈsliːpɪŋ bæg
Schließfach	**locker** ˈlɒkə
Speisesaal	**dining room** ˈdaɪnɪŋ ruːm
Spielplatz	**playground** ˈpleɪgraʊnd
Steckdose	**socket** ˈsɒkət
Stecker	**plug** plʌg
Stellplatz	**site** saɪt
Strom	**electricity** ɪlekˈtrɪsɪtɪ
Toilette	**toilet** ˈtɔɪlət
Trinkwasser	**drinking water** ˈdrɪŋkɪŋ wɔːtə
vermieten	**to rent out** tə ˈrent ˈaʊt
Voranmeldung	**(advance) booking** (ədˈvɑːns) ˈbʊkɪŋ
waschen	**to wash, to do the washing** tə wɒʃ, tə ˈduː ðə ˈwɒʃɪŋ
Wäschetrockner	**(tumble) drier** (ˈtʌmbl) ˈdraɪə
Waschmaschine	**washing machine** ˈwɒʃɪŋ məʃiːn
Waschmittel	**detergent, washing powder** dɪˈtɜːdʒənt, ˈwɒʃɪŋ paʊdə
Waschraum	**washroom** ˈwɒʃruːm
Wasser	**water** ˈwɔːtə
-kanister	**water canister** ˈwɔːtə ˈkænɪstə
Wohnmobil	**motor caravan, camper van** ˈməʊtə ˈkærəvæn, ˈkæmpə væn
Wohnwagen	**caravan** ˈkærəvæn
zelten	**to camp, to go camping** tə kæmp, tə gəʊ ˈkæmpɪŋ
Zelt	**tent** tent
-stange	**tent pole** ˈtent pəʊl

UNTERWEGS

AUSKUNFT

FRAGEN NACH DEM WEG

Entschuldigung, wo ist …?
Excuse me, where's …?
ɪkˈskjuːz mɪ ˈweəz . . .

Wie komme ich *nach/zu* …?
How do I get to …?
ˈhaʊ dʊ_aɪ ˈget tʊ . . .

Wie komme ich am *schnellsten/billigsten* zum …
What's the *quickest/cheapest* way to get to the … ˈwɒts ðə ˈkwɪkəst/ ˈtʃiːpəst weɪ tə ˈget tə ðə/ðɪ

    Bahnhof?
    Busbahnhof?

    Flughafen?
    Hafen?

    station? ˈsteɪʃn
    ***bus/coach* station?**
    ˈbʌs/ˈkəʊtʃ_steɪʃn
    airport? ˈeəpɔːt
    port? pɔːt

AUSKUNFT

Wie komme ich zur Autobahn? **How do I get onto the motorway?** 'haʊ dʊ_aɪ 'get ɒntʊ ðə 'məʊtəweɪ

I'm afraid I *don't know/can't tell you*. aɪm ə'freɪd_aɪ 'dəʊnt 'nəʊ/'kɑːnt 'tel jʊ
Tut mir leid, das weiß ich nicht.

Go back. gəʊ 'bæk
Zurück.

Straight ahead. 'streɪt_ə'hed
Geradeaus.

(To the) Right. (tə ðə) 'raɪt
Nach rechts.

(To the) Left. (tə ðə) 'left
Nach links.

The *first/second* road on your *left/right*. ðə 'fɜːst/'sekənd rəʊd_ɒn jɔː 'left/'raɪt
Die *erste/zweite* Straße *links/rechts*.

After the crossroads. 'ɑːftə ðə 'krɒsrəʊdz
Nach der Kreuzung.

Cross ... krɒs
Überqueren Sie ...

  the bridge. ðə 'brɪdʒ
    die Brücke!
  the square. ðə 'skweə
    den Platz!
  the road. ðə 'rəʊd
    die Straße!

Then ask again. ðen_'ɑːsk_ə'gen
Dann fragen Sie noch einmal.

You can take ... jʊ_kən 'teɪk
Sie können ... nehmen.

  the bus ðə 'bʌs
    den Bus
  the underground ðɪ_'ʌndəgraʊnd
    die U-Bahn

Ist das die Straße nach ...? **Is this the road to ...?** ɪz 'ðɪs ðə rəʊd tʊ ...

Wie weit ist es? **How far is it?** haʊ 'fɑːr_ɪz_ɪt

Quite a (long) way. 'kwaɪt_ə ('lɒŋ) 'weɪ Ziemlich weit.

Not far. 'nɒt 'fɑː Nicht weit.

Wie viele Minuten *zu Fuß/mit dem Auto*? **How many minutes *on foot/by car*?** 'haʊ menɪ 'mɪnɪts_ɒn 'fʊt/baɪ 'kɑː

UNTERWEGS

55

EINREISE

It's very near. ɪts 'verɪ 'nɪə   Ganz in der Nähe.

▶ Zeigen Sie mir das   **Could you show me on the map?**
bitte auf der Karte.   kʊd jʊ 'ʃəʊ mɪ_ɒn ðə 'mæp

EIN- UND AUSREISE

Paßkontrolle

Your passport, please. jɔː 'pɑːspɔːt pliːz   Ihren Paß, bitte.

Your passport has expired.   Ihr Paß ist abgelaufen.
jɔː 'pɑːspɔːt həz_ɪk'spaɪəd

How long are you planning to stay   Wie lange bleiben Sie
here? 'haʊ 'lɒŋ_ə jʊ 'plænɪŋ tə 'steɪ hɪə   hier?

What is the purpose of your visit? '   Was ist der Zweck
wɒt_ɪz ðə 'pɜːpəs_əv_jɔː 'vɪzɪt   Ihrer Reise?

Ich gehöre zur   **I'm with the … group.**
Reisegruppe …   'aɪm wɪð ðə … gruːp

Zoll

Do you have anything to declare?   Haben Sie etwas zu
dʊ jʊ hæv_'enɪθɪŋ tə də'kleə   verzollen?

▶ Ich habe nur *Sachen*   **I've only got *articles for personal use/**
für meinen persönlichen   ***presents.*** aɪv_'əʊnlɪ gɒt_'ɑːtɪklz
Bedarf/Geschenke.   fə 'pɜːsənəl 'juːs/'preznts

Would you open the *boot/suitcase*,   Öffnen Sie bitte den
please.   *Kofferraum/Koffer.*
wʊd jʊ 'əʊpən ðə *'buːt/'suːtkeɪs* pliːz

Ich habe *1 Stange*   **I've got *1 carton of cigarettes/5 bot-***
Zigaretten/5 Flaschen   ***tles of wine.*** aɪv gɒt 'wʌn 'kɑːtən_əv
Wein.   'sɪgə'rets/'faɪv 'bɒtlz_əv 'waɪn

56

WORTLISTE

You'll have to pay duty on that.　　　Das müssen Sie verjʊl ˈhæv tə peɪ ˈdjuːtɪ ɒn ˈðæt　　　zollen.

Wo kann ich die　　　**Where can I reclaim VAT?**
Mehrwertsteuer rück-　　ˈweə kən aɪ rɪˈkleɪm viːeɪˈtiː
erstattet bekommen?

UNTERWEGS

Ein- und Ausreise

Ausweis	**ID (card)** aɪˈdiː (kɑːd)
Fahrzeugpapiere	**vehicle documents** ˈviːɪkl ˈdɒkjʊmənts
Familienname	**surname** ˈsɜːneɪm
Führerschein	**driving licence** ˈdraɪvɪŋ laɪsəns
internationaler -	**international driving** *licence/permit* ɪntəˈnæʃənəl ˈdraɪvɪŋ *laɪsəns/pɜːmɪt*
Grenze	**border** ˈbɔːdə
gültig	**valid** ˈvælɪd
Mehrwertsteuer	**VAT** viːeɪˈtiː

EIN- UND AUSREISE

Nationalitätskenn-zeichen	**nationality *sticker/plate*** næʃəˈnælɪtɪ stɪkə/pleɪt
Nummer	**number** ˈnʌmbə
Papiere	**documents, papers** ˈdɒkjʊmənts, ˈpeɪpəz
Paß	**passport** ˈpɑːspɔːt
-kontrolle	**passport control** ˈpɑːspɔːt kəntrəʊl
Personalausweis	**ID (card)** aɪˈdiː (kɑːd)
Reise	**journey** ˈdʒɜːnɪ
-gruppe	**tour group** ˈtʊə gruːp
Staatsangehörigkeit	**nationality** næʃəˈnælɪtɪ
ungültig	**invalid** ɪnˈvælɪd
Unterschrift	**signature** ˈsɪgnətʃə
verlängern	**to renew** tə rɪˈnjuː
Versicherungskarte, grüne	**green card** ˈgriːn ˈkɑːd
verzollen	**to pay duty on** tə peɪ ˈdjuːtɪ ɒn
Vorname	**first name, forename** ˈfɜːst ˈneɪm, ˈfɔːneɪm
Wohnort	**place of residence** ˈpleɪs əv ˈrezɪdəns
Zertifikat	**certificate** səˈtɪfɪkət
Zoll	**customs** ˈkʌstəmz
-amt	**customs office** ˈkʌstəmz ɒfɪs
-beamter	**customs officer** ˈkʌstəmz ɒfɪsə
-erklärung	**customs declaration** ˈkʌstəmz dekləˈreɪʃn

58

BUCHUNG

FLUGZEUG

Auskunft und Buchung

Zu welchem Terminal muß ich, wenn ich mit … nach … fliegen möchte?
Which terminal do I need if I'm flying to … with …?
wɪtʃ 'tɜːmɪnl dʊ_aɪ 'niːd_ɪf_aɪm 'flaɪɪŋ tə . . . wɪð . . .

Wie komme ich zum Terminal 4?
How do I get to Terminal 4?
'haʊ_dʊ_aɪ 'get tə 'tɜːmɪnl 'fɔː

Wo ist der Schalter der …?
Where's the … desk?
'weəz ðə . . . desk

Wann fliegt die nächste Maschine nach …?
When's the next flight to …?
'wenz ðə 'nekst flaɪt tə . . .

Wann fliegt heute ein Flugzeug nach …?
When is there a flight to … today?
'wen_ɪz ðər_ə 'flaɪt tə . . . tə'deɪ

Sind noch Plätze frei?
Are there any seats left?
'ɑː_ðər_'enɪ siːts 'left

Wieviel kostet ein Flug nach … (und zurück)?
How much is a (return) flight to …?
'haʊ mʌtʃ_ɪz_ə (rɪ'tɜːn) 'flaɪt tə . . .

Bitte ein Flugticket nach …
A(n) … ticket to …, please.
ə(n) . . . tɪkət tə . . . pliːz

    einfach.
    hin und zurück.
    Economy class.
    Business class.
    1. Klasse.

    single 'sɪŋgl
    return rɪ'tɜːn
    economy class ɪ'kɒnəmɪ klɑːs
    business class 'bɪznɪs klɑːs
    first-class 'fɜːst klɑːs

I'm afraid the flight is full (up).
aɪm_ə'freɪd ðə 'flaɪt_ɪz 'fʊl_('ʌp)

Dieser Flug ist leider ausgebucht.

Gibt es *Sondertarife/ Stand-by-Plätze*?
Are there any *special rates/standby seats*? ɑː_ðər_enɪ 'speʃl 'reɪts/'stændbaɪ siːts

UNTERWEGS

59

FLUGZEUG

Ich hätte gerne einen *Fensterplatz/Platz am Gang, Nichtraucher/Raucher.*	**I'd like *a window seat/an aisle seat, non-smoking/smoking.*** aɪd 'laɪk ə 'wɪndəʊ siːt/ən 'aɪl siːt, 'nɒn'sməʊkɪŋ/'sməʊkɪŋ
This is a non-smoking flight. 'ðɪs ɪz ə 'nɒn'sməʊkɪŋ flaɪt	Dies ist ein Nichtraucher-Flug.
Kann ich das als Handgepäck mitnehmen?	**Can I take this as hand luggage?** kən aɪ teɪk 'ðɪs əz 'hænd lʌɡɪdʒ
▶ Wo ist der Ausgang B?	**Where's Gate B?** 'weəz ɡeɪt 'biː
Wieviel Verspätung hat die Maschine nach …?	**How long is the delay on the flight to …?** haʊ 'lɒŋ ɪz ðə dɪ'leɪ ɒn ðə 'flaɪt tə …

Ich möchte diesen Flug …
  rückbestätigen lassen.
  stornieren.
  umbuchen.
	I'd like to … my flight. aɪd 'laɪk tə … maɪ flaɪt
	  confirm kən'fɜːm
	  cancel 'kænsl
	  change 'tʃeɪndʒ

Mein Koffer ist beschädigt worden. An wen kann ich mich wenden?	**My case has been damaged. Who should I report it to?** maɪ 'keɪs həz bɪn 'dæmɪdʒd. 'huː ʃʊd aɪ rɪ'pɔːt ɪt tʊ

WORTLISTE

Im Flugzeug

Könnte ich bitte (noch) ... bekommen?	**Could I have (*another/some more*) ...?** 'kʊd_aɪ 'hæv_(ə'nʌðə/səm 'mɔː) ...
Mir ist schlecht.	**I feel sick.** aɪ fiːl 'sɪk
Haben Sie ein Mittel gegen Luftkrankheit?	**Do you have anything for airsickness?** də jʊ hæv_'enɪθɪŋ fər_'eəsɪknəs
Wann landen wir?	**When are we due to land?** 'wen_ə wɪ djuː tə 'lænd

Flugzeug

Abflug	**take-off, departure** 'teɪkɒf, dɪ'pɑːtʃə
Ankunft	**landing, arrival** 'lændɪŋ, ə'raɪvl
Anschlußflug	**connecting flight** kə'nektɪŋ flaɪt
anschnallen, sich	**to put one's seatbelt on** tə 'pʊt wʌnz 'siːtbelt_ɒn
Ausgang	**exit** 'eksɪt
ausgebucht	**full (up)** fʊl ('ʌp)
Bordkarte	**boarding pass** 'bɔːdɪŋ pɑːs
buchen	**to book** tə bʊk
Buchung	**booking, reservation** 'bʊkɪŋ, rezə'veɪʃn
Charterflug	**charter flight** 'tʃɑːtə flaɪt

UNTERWEGS

61

FLUGZEUG

Fenster	**window** 'wɪndəʊ
fliegen	**to fly** tə flaɪ
Flug	**flight** flaɪt
-gesellschaft	**airline** 'eəlaɪn
-hafen	**airport** 'eəpɔːt
-hafenbus	**airport shuttle bus** 'eəpɔːt 'ʃʌtl bʌs
-zeit	**flying time** 'flaɪɪŋ taɪm
-zeug	**aircraft, aeroplane** 'eəkrɑːft, 'eərəpleɪn
Frischluftdüse	**fresh air inlet,** *etwa:* **air conditioning** freʃ 'eər_ɪnlet, 'eə kəndɪʃənɪŋ
Gepäck	**luggage, baggage** 'lʌgɪdʒ, 'bægɪdʒ
Handgepäck	**hand luggage** 'hænd lʌgɪdʒ
Informationsschalter	**information desk** ɪnfə'meɪʃn desk
Klasse	**class** klɑːs
landen	**to land** tə lænd
Landung	**landing** 'lændɪŋ
Linienflug	**scheduled flight** 'ʃedjuːld 'flaɪt
Luftkrankheit	**airsickness** 'eəsɪknəs
Nichtraucher	**non-smoking (section)** 'nɒn'sməʊkɪŋ (sekʃn)
Notausgang	**emergency exit** ɪ'mɜːdʒənsɪ_'eksɪt
Notlandung	**emergency landing** ɪ'mɜːdʒənsɪ 'lændɪŋ
Notrutsche	**emergency chute** ɪ'mɜːdʒənsɪ 'ʃuːt
Ortszeit	**local time** 'ləʊkl taɪm
Raucher	**smoking (section)** 'sməʊkɪŋ (sekʃn)
rückbestätigen	**to confirm** tə kən'fɜːm
Rückflug	**return flight** rɪ'tɜːn flaɪt
Schalter	**(check-in) desk** ('tʃekɪn) desk
Schwimmweste	**life jacket** 'laɪf dʒækɪt
Spucktüte	**sick bag** 'sɪk bæg
Start	**take-off** 'teɪkɒf
starten	**to take off** tə teɪk 'ɒf
Steward(eß)	**flight attendant** 'flaɪt_ətendənt
stornieren	**to cancel** tə 'kænsl

ZUG

umbuchen	**to change (one's flight)** tə tʃeɪndʒ (wʌnz ˈflaɪt)
vegetarisches Essen	**vegetarian meal** vedʒəˈteərɪən ˈmiːl
Verspätung	**delay** dɪˈleɪ
Wickelraum	**baby-care room** ˈbeɪbɪ keə ruːm
Zwischenlandung	**stopover** ˈstɒpəʊvə

UNTERWEGS

ZUG

INFO ➡ Der „Brit-Rail Pass" für Touristen berechtigt zu unbegrenzten Fahrten in England, Schottland und Wales, muß aber vor der Anreise im Ausland gekauft werden. Da die Bahnfahrten in Großbritannien relativ teuer sind, ist diese Sonderfahrkarte sehr zu empfehlen, wenn Sie vorhaben, das Zugnetz auszunutzen. Ihr Reisebüro sagt Ihnen Näheres darüber.

63

ZUG

Auskunft und Fahrkarten

Zu welchem Bahnhof
muß ich, wenn ich
nach … fahren möchte?

**Which station do I need for the train
to …?** wɪtʃ 'steɪʃn dʊ_aɪ 'niːd fə ðə
'treɪn tə . . .

▶ Wo ist die Touristen-
information?

Where's the tourist information office?
'weəz ðə 'tʊərɪst_ɪnfə'meɪʃn_ɒfɪs

Wo finde ich die
*Gepäckaufbewahrung/
Schließfächer?*

**Where can I find the left-luggage
office/lockers?** 'weə kən_aɪ faɪnd ðə
'left'lʌɡɪdʒ_ɒfɪs/lɒkəz

INFO ▶

Schließfächer wurden in Großbritan-
nien aufgrund der häufigen Bomben-
alarme und -anschläge größtenteils
abgeschafft, so daß es sie relativ selten
gibt.

▶ Wann fährt der *näch-
ste/letzte* Zug nach …?

When's the *next/last* train to …?
'wenz ðə *'nekst/'lɑːst* treɪn tə . . .

Wann fahren
Züge nach …?

What time do trains leave for …?
wɒt 'taɪm dʊ 'treɪnz 'liːv fə . . .

Wann ist er in …?

When does it get to …?
'wen dəz_ɪt 'get tə . . .

Muß ich umsteigen?

Do I have to change trains?
dʊ aɪ 'hæv_tə 'tʃeɪndʒ 'treɪnz

Von welchem Gleis
fährt der Zug
nach … ab?

**Which platform does the train to …
leave from?** wɪtʃ 'plætfɔːm dəz ðə
'treɪn tə . . . 'liːv frəm

Was kostet die Fahrt
nach …?

How much is it to …?
'haʊ mʌtʃ_'ɪz_ɪt tə . . .

Gibt es eine
Ermäßigung für …?

**Are there *special rates/concessions*
for …?** 'ɑː_ðeə *'speʃl 'reɪts/
kən'seʃnz* fə . . .

64

FAHRKARTEN

Bitte *eine Karte/*
zwei Karten
nach …, …
    einfach.
    hin und zurück.
    erster/zweiter Klasse.

A … ticket/Two … tickets to …,
please. ə … tɪkət/'tuː: …tɪkəts tə
… pliːz
    single 'sɪŋgl
    return rɪ'tɜːn
    first-/second-class 'fɜːst/'sekənd-
    klɑːs

Eine Tagesrückfahr-
karte nach …, bitte.

A day return to …, please.
ə 'deɪ rɪ'tɜːn tə … pliːz

Bitte zwei Erwach-
sene und drei
Kinder nach …

Two adults and three children to …,
please. …tuː:_'ædʌlts_ənd 'θriː
'tʃɪldrən tə … pliːz

Bitte reservieren Sie
für den Zug nach …
um 13.30 Uhr einen
Platz …
    am Fenster.
    für *Nichtraucher/*
    Raucher.

I'd like to book a … seat on the 1.30
train to …, please. aɪd 'laɪk tə bʊk_ə
… 'siːt ɒn ðə 'wʌnθɜːtɪ 'treɪn tə …
pliːz
    window 'wɪndəʊ
    non-smoking/smoking
    'nɒn'sməʊkɪŋ/'sməʊkɪŋ

Gibt es im Zug
etwas zu essen
und zu trinken?

Will there be refreshments on the
train? 'wɪl ðə bɪ rɪ'freʃmənts_ɒn ðə
'treɪn

Ich möchte mein
Fahrrad mitnehmen.

I'd like to take my bicycle with me.
aɪd 'laɪk tə teɪk maɪ 'baɪsɪkl wɪð mɪ

INFO

Fahrräder und sperriges Gepäck mit
der Bahn zu befördern ist in Groß-
britannien recht teuer. Erkundigen
Sie sich am besten im voraus über
die Kosten.

UNTERWEGS

65

ZUG

The train to Coventry is about to leave from Platform 10.
ðə ˈtreɪn tə ˈkɒvəntrɪ ɪz əˈbaʊt tə ˈliːv frəm ˈplætfɔːm ˈten

Der Zug nach Coventry fährt gleich von Gleis 10 ab.

Hinweisschilder

Not for Drinking! nɒt fə ˈdrɪŋkɪŋ	Kein Trinkwasser!
Exit ˈeksɪt	Ausgang
Information ɪnfəˈmeɪʃn	Auskunft
Left Luggage ˈleft ˈlʌgɪdʒ	Gepäckaufbewahrung
Lockers ˈlɒkəz	Schließfächer
Platform ˈplætfɔːm	Gleis
Showers ˈʃaʊəz	Duschen
Toilets/WC ˈtɔɪləts, dʌbljuː ˈsiː	Toiletten
To Trains tə ˈtreɪnz	Zu den Bahnsteigen
Waiting Room ˈweɪtɪŋ ruːm	Wartesaal

Im Zug

▶ Ist dies der Zug nach …?

Is this the train to …? ɪz ˈðɪs ðə ˈtreɪn tə …

▶ Ist dieser Platz frei?

Is this seat taken? ɪz ˈðɪs siːt ˈteɪkən

Engländer fragen meistens "Is this seat taken?" – „Ist dieser Platz besetzt?". Wenn er frei ist, antwortet man also "No", wenn besetzt "Yes".

Entschuldigen Sie, das ist mein Platz.

Excuse me, that's my seat. ɪkˈskjuːz mɪ ðæts ˈmaɪ siːt

Können Sie mir bitte helfen?

Do you think you could help me? də jʊ ˈθɪŋk jʊ kʊd ˈhelp miː

WORTLISTE

Darf ich das Fenster *öffnen/schließen*?

Do you mind if I *open/close* the window? də jʊ ˈmaɪnd ɪf aɪ ˈəʊpən/ ˈkləʊz ðə ˈwɪndəʊ

Tickets, please! ˈtɪkəts pliːz

Die Fahrkarten bitte!

Wie viele Stationen sind es noch bis …?

How many (more) stops to …? ˈhaʊ menɪ (mɔː) ˈstɒps tə …

Sind wir pünktlich in …?

Will we be in … on time? ˈwɪl wɪ bɪ ɪn … ɒn ˈtaɪm

Wie lange haben wir dort Aufenthalt?

How long does the train stop there? ˈhaʊ ˈlɒŋ dəz ðə treɪn ˈstɒp ðeə

Erreiche ich den Zug nach … noch?

Will I catch my connection to …? ˈwɪl aɪ ˈkætʃ maɪ kəˈnekʃn tə …

UNTERWEGS

Zug

abfahren	**to leave** tə liːv
Abfahrt	**departure** dɪˈpɑːtʃə
Abteil	**compartment** kəmˈpɑːtmənt
ankommen	**to arrive** tʊ əˈraɪv
Ankunft	**arrival** əˈraɪvl
Anschluß	**connection** kəˈnekʃn
Aufenthalt	**stop** stɒp
Ausgang	**exit** ˈeksɪt
aussteigen	**to get out** tə get ˈaʊt
Bahnhof	**station** ˈsteɪʃn
Bahnsteig	**platform** ˈplætfɔːm
besetzt (*Platz*)	**taken** ˈteɪkən
Eingang	**entrance** ˈentrəns
einsteigen	**to get on** tə get ˈɒn
Ermäßigung	**special rate, concession** ˈspeʃl ˈreɪt, kənˈseʃn
fahren (*Zug*)	**to go, (*abfahren*) to leave** tə gəʊ, tə liːv
Fahrkarte	**ticket** ˈtɪkət

67

ZUG

Fahrplan	**timetable** 'taɪmteɪbl
Fahrpreis	**fare** feə
Fensterplatz	**window seat** 'wɪndəʊ siːt
Gepäckwagen	**luggage van** 'lʌgɪdʒ væn
Gleis	**platform** 'plætfɔːm
Großraumwagen	**open-plan carriage** 'əʊpənplæn 'kærɪdʒ
Klasse	**class** klɑːs
Liegewagen	**couchette (car)** kuːˈʃet (kɑː)
Nichtraucher	**non-smoking (compartment)** 'nɒn_ˈsməʊkɪŋ (kəmpɑːtmənt)
Notbremse	**emergency brake** ɪˈmɜːdʒənsɪ breɪk
Platz	**seat** siːt
Raucher	**smoking (compartment)** 'sməʊkɪŋ (kəmpɑːtmənt)
reserviert	**reserved** rɪˈzɜːvd
Schaffner	**guard** gɑːd
Schlafwagen	**sleeper, sleeping car** 'sliːpə, 'sliːpɪŋ kɑː
Schließfächer	**(left-luggage) lockers** (leftˈlʌgɪdʒ) 'lɒkəz
Speisewagen	**dining car** 'daɪnɪŋ kɑː
Tagesrückfahrkarte	**day return** 'deɪ rɪˈtɜːn
umsteigen	**to change trains** tə ˈtʃeɪndʒ 'treɪnz
Waggon	**carriage, car** 'kærɪdʒ, kɑː
Zug	**train** treɪn
Zuschlag	**extra charge** 'ekstrə 'tʃɑːdʒ

68

BUS

INFO

Die Abteile in manchen Nahzügen haben keinen Außengang, so daß man direkt in das Abteil einsteigt und unter Umständen unmittelbar neben der Tür sitzt. In solchen Zügen gibt es normalerweise auch keine Verbindung zu den anderen Wagen.

UNTERWEGS

BUS

Gibt es eine Busverbindung nach …?	**Is there a bus service to …?** ˈɪz ðər_ə ˈbʌs_sɜːvɪs tə …
Wo muß ich umsteigen?	**Where do I have to change?** ˈweə dʊ_aɪ hæv tə ˈtʃeɪndʒ

69

BUS

▶ Eine *einfache Karte/ (Tages)Rückfahrkarte* nach …, bitte.
A *single/(day) return* to …, please.
ə ˈsɪŋgl/(ˈdeɪ) rɪˈtɜːn tə . . . pliːz

Können Sie mir bitte sagen, wenn wir in … sind?
Can you tell me when we get to …, please? kən jʊ ˈtel mɪ wen wɪ get tə . . . pliːz

Wie lange dauert die Fahrt ungefähr?
How long will it take approximately? ˈhaʊ ˈlɒŋ wɪl ɪt ˈteɪk əˈprɒksɪmətlɪ

INFO

In Großbritannien gibt es ein umfassendes Netz von Busverbindungen für Kurz- und Langstrecken. Die Fahrpreise sind im Vergleich zu Bahnfahrkarten ausgesprochen billig. Auskünfte erteilen die Touristeninformationsstellen.

70

BUCHUNG

SCHIFF

Auskunft und Buchung

Welche ist die beste Schiffsverbindung nach …?	**Which is the best way to get to … by boat?** 'wɪtʃ_ɪz ðə 'best 'weɪ tə get tə … baɪ 'bəʊt
Wann fährt die Fähre nach … ab?	**When does the ferry to … leave?** 'wen dəz ðə 'ferɪ tə … liːv
Wie lange dauert die Überfahrt nach …?	**How long is the crossing to …?** 'haʊ 'lɒŋ_ɪz ðə 'krɒsɪŋ tə …
Welche *Häfen/Inseln* werden angelaufen?	**Which *ports/islands* does the boat call at?** wɪtʃ 'pɔːts/'aɪləndz dəz ðə bəʊt 'kɔːl_æt
Wann legen wir in … an?	**When do we dock in at …?** 'wen dʊ wɪ dɒk_'ɪn_ət …
Wann müssen wir wieder an Bord sein?	**When do we have to be back on board?** 'wen də wɪ hæv tə bɪ 'bæk ɒn 'bɔːd
Ich möchte das Auto mitnehmen.	**I'd like to take the car with me.** aɪd 'laɪk tə teɪk ðə 'kɑː wɪð mɪ
Ich möchte	**I'd like** aɪd 'laɪk_
eine Schiffskarte (erster Klasse) nach …	**a (first-class) passage to …** ə ('fɜːst klɑːs) 'pæsɪdʒ tə …
eine Einzelkabine.	**a single cabin.** ə 'sɪŋgl 'kæbɪn
eine Zweibettkabine.	**a twin cabin.** ə 'twɪn 'kæbɪn
eine Außenkabine.	**an outside cabin.** ən_'aʊtsaɪd 'kæbɪn
eine Innenkabine.	**an inside cabin.** ən_'ɪnsaɪd_'kæbɪn
Ich möchte eine Karte für die Rundfahrt um … Uhr.	**I'd like a ticket for the sightseeing cruise at …** aɪd 'laɪk_ə 'tɪkət fə ðə 'saɪtsiːɪŋ kruːz_ət …
An welcher Anlegestelle liegt die …?	**Where ist the … moored?** 'weər_ɪz ðə … mʊəd

UNTERWEGS

71

SCHIFF

An Bord

Ich suche die
Kabine Nr. …
I'm looking for cabin no. …
aɪm ˈlʊkɪŋ fə ˈkæbɪn nʌmbə . . .

Kann ich eine andere
Kabine bekommen?
Could I have another cabin?
ˈkʊd aɪ hæv‿ə'nʌðə ˈkæbɪn

Haben Sie ein Mittel
gegen Seekrankheit?
Do you have anything for seasickness?
də jʊ hæv‿'enɪθɪŋ fə ˈsiːsɪknəs

Schiff

anlaufen	**to call at** tə ˈkɔːl‿ət
anlegen	**to dock, to land** tə dɒk, tə lænd
ausbooten	**to disembark** tə dɪsəm'bɑːk
Ausflug	**excursion** ɪkˈskɜːʃn
auslaufen	**to sail** tə seɪl
Außenkabine	**outside cabin** 'aʊtsaɪd ˈkæbɪn
Autofähre	**car ferry** ˈkɑː feri
Backbord	**port** pɔːt
Deck	**deck** dek
Duty-free-Shop	**duty-free (shop)** djuːtɪ'friː (ʃɒp)
Einzelkabine	**single cabin** ˈsɪŋgl ˈkæbɪn
Fähre	**ferry** ˈferi
Festland	**mainland** ˈmeɪnlənd
Hafen	**port, harbour** pɔːt, ˈhɑːbə
Innenkabine	**inside cabin** ˈɪnsaɪd ˈkæbɪn
Insel	**island** ˈaɪlənd
Kabine	**cabin** ˈkæbɪn
Kai	**quay** kiː
Kanal	**canal; (Ärmelkanal) Channel** kə'næl; ˈtʃænl
Kapitän	**captain** ˈkæptɪn
Klimaanlage	**air conditioning** ˈeə kəndɪʃənɪŋ
Kommandobrücke	**bridge** brɪdʒ
Kreuzfahrt	**cruise** kruːz

FLUSSFAHRTEN

Küste	**coast** kəʊst
Landausflug	**(land) excursion** ('lænd) ɪk'skɜːʃn
Lazarett	**sick bay** 'sɪk beɪ
Leuchtturm	**lighthouse** 'laɪthaʊs
Liegestuhl	**deckchair** 'dektʃeə
Luftkissenboot	**hovercraft** 'hɒvəkrɑːft
Reiseleitung	**tour guide** 'tʊə gaɪd
Rettungsboot	**lifeboat** 'laɪfbəʊt
Rettungsring	**lifebelt** 'laɪfbelt
Schiff	**ship** ʃɪp
Schiffsagentur	**shipping agency** 'ʃɪpɪŋ_eɪdʒənsɪ
Schiffsarzt	**ship's doctor** 'ʃɪps 'dɒktə
Schwimmweste	**life jacket** 'laɪf dʒækɪt
Seegang (*hoher*)	**rough seas** *pl.* rʌf 'siːz
Seekrankheit	**seasickness** 'siːsɪknəs
Speisesaal	**dining room** 'daɪnɪŋ ruːm
Steuerbord	**starboard** 'stɑːbəd
Steward	**steward** 'stjuːəd
Tragflächenboot	**hydrofoil** 'haɪdrəfɔɪl
Überfahrt	**crossing** 'krɒsɪŋ
Ufer	**shore; (*Fluß*) bank** ʃɔː; bæŋk
Vierbettkabine	**four-berth cabin** 'fɔːbɜːθ 'kæbɪn
Welle	**wave** weɪv
Wolldecke	**blanket** 'blæŋkɪt
Zweibettkabine	**two-berth cabin** 'tuːbɜːθ 'kæbɪn

UNTERWEGS

KANAL- UND

FLUSSFAHRTEN

No mooring	Anlegen verboten
Mooring for residents only	Nur für Anlieger
Please report to the lock-keeper	Bitte beim Schleusen-wärter melden

AUTO, MOTORRAD UND FAHRRAD

Fluß	**river** ˈrɪvə
Kanal	**canal** kəˈnæl
Schleuse	**lock** lɒk
Schleusentor	**lock gate** ˈlɒk geɪt
Schleusenwärter	**lock-keeper** ˈlɒkkiːpə
Treidelpfad	**towpath** ˈtəʊpɑːθ

AUTO, MOTORRAD UND FAHRRAD

Mietvehikel

▶ Ich möchte ... (mit Automatik) mieten.
   I'd like to hire a/an (automatic) ... aɪd ˈlaɪk tə ˈhaɪər_ə/ən (ˈɔːtəˈmætɪk) ...

▶   ein Auto   **car.** kɑː
   einen Geländewagen   ***four-wheel drive/off-roader.*** ˈfɔːwiːl ˈdraɪv/ɒfˈrəʊdə

   einen Kleinbus   **minibus.** ˈmɪnɪbʌs
   ein Motorrad   **motorbike.** ˈməʊtəbaɪk
▶   ein Wohnmobil   ***motor caravan/camper van.*** ˈməʊtə ˈkærəvæn/ˈkæmpə væn

Could I see your (international) driving licence, please? ˈkʊd_aɪ ˈsiː jɔː (ɪntəˈnæʃənl) ˈdraɪvɪŋ laɪsəns pliːz   Könnte ich bitte Ihren (internationalen) Führerschein sehen?

FAHRZEUGMIETE

Ich möchte ein *Fahrrad/Montainbike* mit *3/18* Gängen mieten.

I'd like to hire *a 3-gear/an 18-gear bicycle/mountain bike.* aɪd 'laɪk tə 'haɪər_ə 'θriːgɪə/ən_eɪ'tiːngɪə 'baɪsɪkl/'maʊntən baɪk

Ich möchte es für … mieten.

I'd like to hire it for … aɪd 'laɪk tə 'haɪər_ɪt fə(r) . . .

morgen

tomorrow. tə'mɒrəʊ

übermorgen

the day after tomorrow. θə 'deɪ_ɑːftə tə'mɒrəʊ

einen Tag

one day. 'wʌn 'deɪ

zwei Tage

two days. 'tuː 'deɪz

eine Woche

a week. ə 'wiːk

What kind of car would you like? wɒt 'kaɪnd_əv 'kɑː wʊd_jʊ 'laɪk

Was für einen Wagen möchten Sie?

Wieviel kostet das?

How much does that cost? 'haʊ mʌtʃ dəz ðæt 'kɒst

Wie viele Meilen sind im Preis enthalten?

How many miles are included in the price? 'haʊ menɪ 'maɪlz_ər_ɪn'kluːdɪd_ɪn ðə 'praɪs

Was muß ich tanken?

What fuel does it take? wɒt 'fjuːəl dəz_ɪt 'teɪk

Ist eine Vollkaskoversicherung eingeschlossen?

Does it include fully comprehensive insurance? 'dʌz_ɪt_ɪnkluːd 'fʊlɪ kɒmprə'hensɪv_ɪn'ʃʊərəns

Wie hoch ist die Selbstbeteiligung?

Would I have to pay any excess? 'wʊd_aɪ hæv_tə 'peɪ_enɪ_'ekses

Kann ich das Auto auch in … abgeben?

Can I also hand the car back in …? kən_aɪ_'ɔːlsəʊ hænd ðə_kɑː 'bæk_ɪn …

Kann ich das Auto am Hotel hinterlassen?

Can I leave the car at the hotel? kən_aɪ 'liːv ðə kɑːr_ət ðə həʊ'tel

UNTERWEGS

75

AUTO, MOTORRAD UND FAHRRAD

Bis wann muß ich zurück sein?

When do I have to be back by?
ˈwen dʊ‿aɪ hæv tə bɪ ˈbæk baɪ

Bitte geben Sie mir auch einen Sturzhelm.

Could I also have a crash helmet, please? kʊd‿aɪ‿ˈɔːlsəʊ hæv‿ə ˈkræʃ helmət pliːz

Geschwindigkeitsbegrenzungen:

Geschlossene Ortschaft: 30 mph (48 km/h)

Außerhalb geschlossener Ortschaften: 60 mph (96 km/h)

Wohnwagen/-mobil: 50 mph (80 km/h)

Schnellstraße ("dual carriageway"), Autobahn ("motorway"): 70 mph (112 km/h)

Wohnwagen/-mobil: 60 mph (96 km/h)

Straßenbezeichnungen, die mit „A" oder „B" anfangen, entsprechen etwa den Bundesstraßen. Viele der **"A roads"** sind Schnellstraßen mit zwei Fahrspuren in jeder Richtung. „M" steht für **"motorway"** (= Autobahn).

Parken

▸ Ist hier in der Nähe ein *Parkhaus/ Parkplatz*?

Is there *a multi-storey car park/a car park* near here? ˈɪz ðər‿ə ˈmʌltɪstɔːrɪ ˈkaː paːk/ə ˈkaː paːk nɪə hɪə

TANKEN

Ist der Parkplatz bewacht?	**Is it a supervised car park?** ˈɪz_ɪt_ə ˈsuːpəvaɪzd ˈkɑː pɑːk
Ist das Parkhaus die ganze Nacht geöffnet?	**Is the (multi-storey) car park open all night?** ˈɪz ðə (ˈmʌltɪstɔːrɪ) ˈkɑː pɑːk ˈəʊpən_ɔːl ˈnaɪt
Kann ich hier parken?	**Can I park here?** kən_aɪ ˈpɑːk hɪə

Tanken und Service

Wo/Wie weit ist die nächste Tankstelle?	***Where's/How far* is it *to* the nearest petrol station?** ˈweəz/haʊ ˈfɑːr_ɪz_ɪt tə ðə nɪərəst ˈpetrəl steɪʃn
Bitte volltanken!	**Full, please.** ˈfʊl pliːz
Bitte für £ …	**… pounds' worth of …, please.** … ˈpaʊndz wɜːθ_əv … pliːz
Benzin bleifrei.	**unleaded** ʌnˈledɪd
Super bleifrei.	**super unleaded** ˈsuːpər_ʌnˈledɪd
Super verbleit.	**four-star** ˈfɔːstɑː
Diesel.	**diesel** ˈdiːzl
Ich möchte *1 Liter/ 2 Liter* Öl.	**I'd like *1 litre/2 litres* of oil.** aɪd laɪk ˈwʌn ˈliːtər_/ˈtuː ˈliːtəz_əv_ɔɪl
Machen Sie bitte einen Ölwechsel.	**Could you do an oil change, please?** kʊd_jə duː_ən_ˈɔɪl tʃeɪndʒ pliːz

UNTERWEGS

AUTO etc.

Panne, Unfall

▶ Rufen Sie bitte schnell … **Please call …, quick!**
'pliːz kɔːl … 'kwɪk

   die Feuerwehr! **the fire brigade** ðə 'faɪə brɪɡeɪd

   einen Krankenwagen! **an ambulance** _ən_'æmbjʊləns

▶   die Polizei! **the police** ðə pə'liːs

Ich habe einen Unfall gehabt. **I've had an accident.**
aɪv 'hæd_ən_'æksɪdənt

▶ Kann ich bei Ihnen telefonieren? **Could I use your phone?**
'kʊd aɪ 'juːz jɔː 'fəʊn

Es ist niemand verletzt. **Nobody's hurt.** 'nəʊbədɪz 'hɜːt

… Personen sind (schwer) verletzt. **… people have been (seriously) hurt.**
… 'piːpl həv bɪn ('sɪərɪəslɪ) 'hɜːt

▶ Bitte helfen Sie mir. **Please help me.** pliːz 'help miː

Ich brauche Verbandszeug. **I need *a first-aid kit/some bandages*.**
aɪ 'niːd _ə fɜːst'eɪd kɪt/səm 'bændɪdʒɪz

▶ Ich habe kein Benzin mehr. **I've run out of petrol.**
aɪv 'rʌn_aʊt_əv 'petrəl

Könnten Sie … **Could you …** 'kʊd jʊ …

   mich ein Stück mitnehmen? **give me a lift?**
'ɡɪv mɪ_ə 'lɪft

   meinen Wagen abschleppen? **tow my car away?**
'təʊ maɪ 'kɑːr_əweɪ

   mir einen Abschleppwagen schicken? **send me a breakdown van?**
'send mɪ_ə 'breɪkdaʊn væn

Es ist nicht meine Schuld. **It wasn't my fault.**
ɪt wɒznt 'maɪ fɔːlt

Ich glaube, wir sollten die Polizei holen. **I think we should call the police.**
aɪ 'θɪŋk wɪ ʃʊd 'kɔːl ðə pə'liːs

78

PANNE

Sie haben …	**You …** jʊ
die Vorfahrt nicht beachtet.	**ignored the right of way.** _ɪg'nɔːd ðə raɪt _əv 'weɪ
die Kurve geschnitten.	**cut the corner.** 'kʌt ðə 'kɔːnə

Sie sind …	**You were …** jʊ wə …
zu dicht aufgefahren.	**driving too close (to me).** 'draɪvɪŋ tuː 'kləʊs (tə miː)
zu schnell gefahren.	**driving too fast.** 'draɪvɪŋ tuː 'fɑːst

Ich bin … Stundenmeilen gefahren.	**I was doing … miles an hour.** aɪ wəz duːɪŋ … maɪlz _ən_ 'aʊə

INFO ➡ 1 Kilometer = 0,6214 Meilen

Als grobe Richtlinie kann man sich leicht merken:
50 Stundenmeilen = 80 km/h

Bitte geben sie mir *Ihren Namen und Ihre Adresse/Ihre Versicherung* an.	**Could you give me *your name and address/your insurance company*, please.** kʊd_ jʊ 'gɪv mɪ _jɔː 'neɪm_ ən_ ə'dres/jər_ ɪn'ʃʊərəns kʌmpənɪ pliːz
Hier ist *mein Name und meine Adresse/ meine Versicherung.*	**Here's *my name and address/my insurance company.*** 'hɪəz maɪ 'neɪm_ ən_ ə'dres/maɪ_ ɪn'ʃʊərəns kʌmpənɪ
Können Sie eine Zeugenaussage machen?	**Would you act as my witness?** wʊd_ jʊ_ 'ækt_ əz maɪ 'wɪtnəs
Vielen Dank für Ihre Hilfe.	**Thank you very much for your help.** 'θæŋk_ jʊ 'verɪ 'mʌtʃ fə jɔː 'help

Could I see your driving licence (and insurance), please? kʊd_ aɪ 'siː jɔː 'draɪvɪŋ laɪsəns_ (ənd_ ɪn'ʃʊərəns) pliːz	Ihre Papiere bitte.

79

AUTO etc.

Hilf dir selbst ...

Können Sie mir bitte ... leihen?	**Could you lend me ..., please?** kʊd jʊ 'lend mɪ ... pliːz
Bindfaden	**some string** səm 'strɪŋ
Fahrradflickzeug	**a bicycle repair kit** ə 'baɪsɪkl rɪ'peə kɪt
ein Kabel	**a lead** ə 'liːd
einen Kreuzschlüssel	**a wheel brace** ə 'wiːl breɪs
eine Luftpumpe	**a pump** ə 'pʌmp
Schmirgelpapier	**some sandpaper** səm 'sændpeɪpə
eine Schraube (Größe)	**a (...) screw** ə (...) skruː
eine Schraubenmutter (Größe)	**a (...) nut** ə (...) nʌt
einen Schrauben-schlüssel (Größe)	**a (...) spanner** ə (...) 'spænə
einen Schraubenzieher	**a screwdriver** ə 'skruːdraɪvə
einen Steckschlüssel (Größe)	**a (...) wrench** ə (...) rentʃ
einen Trichter	**a funnel** ə 'fʌnl
einen Wagenheber	**a jack** ə 'dʒæk
Werkzeug	**a toolkit** ə 'tuːlkɪt
eine Zange	**a pair of pliers** ə 'peər_əv 'plaɪəz

In der Werkstatt

Wo ist die nächste (Vertrags-)Werkstatt?	**Where's the nearest (BMW usw.) garage?** 'weəz ðə nɪərəst (biːem'dʌbljuː usw.) 'gærɑːʒ

WERKSTATT

Mein Wagen steht (an der Straße nach) …	**My car's (on the road to) …** maɪ ˈkɑːz_(ɒn ðə rəʊd tə) …
Können Sie ihn abschleppen?	**Can you tow it away?** kən jʊ ˈtəʊ_ɪt_əˈweɪ
Können Sie mal nachsehen?	**Could you have a look at it?** kʊd_jʊ ˈhæv_ə ˈlʊk_ət_ɪt
… ist kaputt.	**… is broken.** … ɪz ˈbrəʊkən
Mein Auto springt nicht an.	**My car won't start.** maɪ ˈkɑː wəʊnt ˈstɑːt
Die Batterie ist leer.	**The battery's flat.** ðə ˈbætərɪz flæt
Der Motor *klingt merkwürdig/zieht nicht.*	**The engine *sounds funny/hasn't got any power.*** ðɪ_ˈendʒɪn *saʊndz ˈfʌnɪ/hæznt ˈɡɒt_enɪ ˈpaʊə*
Haben Sie (Original-)Ersatzteile für …?	**Do you have (Volkswagen *usw.*) spares …?** də jʊ hæv (ˈvɒlkswæɡən *usw.*) ˈspeəz
Machen Sie bitte nur die nötigsten Reparaturen.	**Just do the essential repairs, please.** ˈdʒʌst dʊ ðɪ_ɪˈsenʃl rɪˈpeəz pliːz
Kann ich damit noch fahren?	**Can I still drive it?** kən_aɪ ˈstɪl ˈdraɪv_ɪt
Wann ist es fertig?	**When will it be ready?** ˈwen wɪl_ɪt bɪ ˈredɪ
Nehmen Sie Schecks vom …-Schutzbrief?	**Do you accept coupons from the … accident and breakdown cover?** də jʊ əkˈsept ˈkuːpɒnz frəm ðə … ˈæksɪdənt_ən ˈbreɪkdaʊn kʌvə

UNTERWEGS

→ *Tanken und Service (S. 77)*

AUTO etc.

Auto …

Abblendlicht	**dipped headlights** *pl.* dɪpt 'hedlaɪts
abgeben (*Auto*)	**to hand in** tə hænd_'ɪn
abschleppen	**to tow away** tə təʊ_ə'weɪ
Abschleppseil	**tow rope** 'təʊ rəʊp
Abschleppwagen	**breakdown *van/lorry*** 'breɪkdaʊn *væn/lɒrɪ*
Achse	**axle** 'æksl
Anlasser	**starter** 'stɑːtə
Auffahrunfall	**shunt (accident)** 'ʃʌnt_(æksɪdənt)
Auspuff	**exhaust** ɪg'zɔːst
Außenspiegel	**wing mirror** 'wɪŋ 'mɪrə
auswechseln	**to change, to replace** tə tʃeɪndʒ, tə rɪ'pleɪs
Auto	**car** kɑː
Autoatlas	**road atlas** 'rəʊd_ætləs
Autobahn	**motorway** 'məʊtəweɪ
-auffahrt	**slip road** 'slɪp rəʊd
-ausfahrt	**motorway exit** 'məʊtəweɪ_'eksɪt
-kreuz	**motorway intersection** 'məʊtəweɪ_ɪntə'sekʃn
Automatik	**automatic (transmission)** ɔːtə'mætɪk (trænz'mɪʃn)
Autonummer	**registration number** redʒɪ'streɪʃn nʌmbə
Autoschlüssel	**car key** 'kɑː kiː
Batterie	**battery** 'bætərɪ
Benzin	**petrol** 'petrəl
Blechschaden	**bodywork damage, bump** 'bɒdɪwɜːk 'dæmɪdʒ, bʌmp
bleifrei	**unleaded** ʌn'ledɪd
Blinklicht	**flashing lights** *pl.* 'flæʃɪŋ laɪts
Bremse	**brake(s** *pl.***)** breɪk(s)
Bremsflüssigkeit	**brake fluid** 'breɪk fluːɪd
Bremslicht	**brake light** 'breɪk laɪt

82

WORTLISTE

Bremspedal	**brake pedal** 'breɪk pedl
Bundesstraße	**major road** 'meɪdʒə 'rəud
Dichtung	**gasket** 'gæskɪt
Ersatzreifen	**spare tyre** speə 'taɪə
Ersatzteil	**spare (part)** speə ('pɑːt)
fahren	**to drive; (*Fahrrad*) to ride** tə draɪv; tə raɪd
Fahrrad	**bicycle** 'baɪsɪkl
Fernlicht	**full beam** 'ful 'biːm
mit - fahren	**to drive on full beam** tə 'draɪv_ɒn 'ful 'biːm
fertig	**ready** 'redɪ
Feuerlöscher	**fire extinguisher** 'faɪər_ɪk'stɪŋgwɪʃə
Frostschutzmittel	**antifreeze** 'æntɪfriːz
Führerschein	**driving licence** 'draɪvɪŋ laɪsəns
Gang	**gear** gɪə
den 3. - einlegen	**to move into 3rd gear** tə 'muːv_ɪntə 'θɜːd 'gɪə
Gas (*Pedal*)	**accelerator** ək'seləreɪtə
- geben	**to put one's foot down** tə 'put wʌnz 'fut daun
- wegnehmen	**to take one's foot off the accelerator** tə 'teɪk wʌnz 'fut_ɒf ðɪ_ək'seləreɪtə
Gaspedal	**accelerator** ək'seləreɪtə
Geländewagen	**four-wheel drive, off-roader** 'fɔːwiːl 'draɪv, ɒf'rəudə
Getriebe	**gears *pl.*, gearbox; transmission** gɪəz, 'gɪəbɒks; trænz'mɪʃn
Getriebeöl	**transmission oil** trænz'mɪʃn_ɔɪl
Glühbirne	**light bulb** 'laɪt bʌlb
Handbremse	**hand brake** 'hænd breɪk
Heizung	**heating** 'hiːtɪŋ
Helm	**helmet** 'helmət
Hupe	**horn** hɔːn

UNTERWEGS

83

AUTO etc.

hupen	**to sound the horn** tə saʊnd ðə ˈhɔːn
kaputt	**broken** ˈbrəʊkən
Katalysator	**catalytic converter, catalyst** kætəˈlɪtɪk kənˈvɜːtə, ˈkætəlɪst
Keilriemen	**fanbelt** ˈfænbelt
Kfz-Schein	**vehicle registration document** ˈviːɪkl redʒɪˈstreɪʃn ˈdɒkjʊmənt
Kilometer	**kilometre** ˈkɪləmiːtə, kɪˈlɒmɪtə
Kindersitz	**child seat** ˈtʃaɪld siːt
Kleinbus	**minibus** ˈmɪnɪbʌs
Klimaanlage	**air conditioning** ˈeə kəndɪʃənɪŋ
Kotflügel	**mudguard, wing** ˈmʌdgɑːd, wɪŋ
Kühler	**radiator** ˈreɪdɪeɪtə
Kühlwasser	**coolant** ˈkuːlənt
Kupplung	**clutch** klʌtʃ
Kurve	**bend, corner** bend, ˈkɔːnə
Lack	**paintwork** ˈpeɪntwɜːk
Landstraße	**country road** kʌntrɪ ˈrəʊd
Leerlauf:	**in neutral, idling** ɪn ˈnjuːtrəl,
im -	ˈaɪdlɪŋ
Lenkung	**steering** ˈstɪərɪŋ
Lichtmaschine	**dynamo** ˈdaɪnəməʊ
Luftfilter	**air filter** ˈeə fɪltə
mieten	**to hire** tə ˈhaɪə
Motor	**engine** ˈendʒɪn
-haube	**bonnet** ˈbɒnət
-öl	**engine oil** ˈendʒɪn_ɔɪl
Motorrad	**motorbike** ˈməʊtəbaɪk
nachsehen	**to have a look** tə hæv_ə ˈlʊk
Ölwechsel	**oil change** ˈɔɪl tʃeɪndʒ
Papiere	**documents, papers** ˈdɒkjʊmənts, ˈpeɪpəz
parken	**to park** tə pɑːk
Parkhaus	**multi-storey car park** ˈmʌltɪstɔːrɪ ˈkɑː pɑːk

84

WORTLISTE

Parkplatz	**car park;** *(einzelner)* **parking space** 'kɑː pɑːk; 'pɑːkɪŋ speɪs
Parkscheibe	**parking disc** 'pɑːkɪŋ dɪsk
Parkscheinautomat	**(car park) ticket dispenser** ('kɑː pɑːk) 'tɪkət dɪspensə
Parkuhr	**parking meter** 'pɑːkɪŋ miːtə

Parkverbot:
   hier ist -
	there's no parking here
	   ðəz nəʊ 'pɑːkɪŋ hɪə

Rad	**wheel** wiːl
-kappe	**hubcap** 'hʌbkæp
Raststätte	**motorway service area; (***Schild***)** **Services** 'məʊtəweɪ 'sɜːvɪs_eərɪə; 'sɜːvɪsɪz
Reifen	**tyre** 'taɪə
-druck	**tyre pressure** 'taɪə preʃə
-panne	**flat tyre** 'flæt 'taɪə
Reparatur	**repair** rɪ'peə
reparieren	**to repair** tə rɪ'peə
Reservekanister	**spare petrol can** speə 'petrəl kæn
Reservereifen	**spare tyre** speə 'taɪə
Rückspiegel	**rear-view mirror** 'rɪəvjuː 'mɪrə
Rückwärtsgang	**reverse (gear)** rɪ'vɜːs ('gɪə)
Schalter	**switch** swɪtʃ
Schaltknüppel	**gearstick, gear lever** 'gɪəstɪk, 'gɪə liːvə
Scheibenwaschanlage	**windscreen washer** 'wɪndskriːn wɒʃə
Scheibenwischer	**windscreen wipers** 'wɪndskriːn waɪpəz
Scheibenwischerblätter	**wiper blades** 'waɪpə bleɪdz
Scheinwerfer	**headlights, headlamps** 'hedlaɪts, 'hedlæmps
Schiebedach	**sunroof** 'sʌnruːf
Schlauch	**(inner) tube** ('ɪnə) 'tjuːb
Schlußlicht	**tail light** 'teɪl laɪt
Schnellstraße	**dual carriageway** 'djuːəl 'kærɪdʒweɪ
Schutzbrief	**accident and breakdown cover** 'æksɪdənt_ən 'breɪkdaʊn kʌvə

UNTERWEGS

AUTO etc.

Sicherheitsgurt	**seatbelt** 'siːtbelt
Sicherung	**fuse** fjuːz
Spiegel	**mirror** 'mɪrə
Standlicht	**parking light** 'pɑːkɪŋ laɪt
Standpur	**hard shoulder** 'hɑːd 'ʃəʊldə
Starter	**starter** 'stɑːtə
Starthilfekabel	**jump leads** *pl.* 'dʒʌmp liːdz
Stoßdämpfer	**shock absorber** 'ʃɒk_əbzɔːbə
Stoßstange	**bumper** 'bʌmpə
Tachometer	**speedometer** spɪ'dɒmɪtə
tanken	**to tank up, to get some petrol** tə tæŋk_'ʌp, tə 'get səm 'petrəl
Tankstelle	**petrol station** 'petrəl steɪʃn
Unfall	**accident** 'æksɪdənt
-protokoll	**accident report** 'æksɪdənt rɪpɔːt
Ventil	**valve** vælv
Verbandskasten	**first-aid kit** fɜːst_'eɪd kɪt
Vergaser	**carburettor** kɑːbə'retə
verletzt	**hurt** hɜːt
Verletzter	**casualty** 'kæʒəltɪ
Verletzung	**injury** 'ɪndʒərɪ
Versicherung	**insurance** ɪn'ʃʊərəns
Versicherungskarte, grüne	**green card** 'griːn 'kɑːd
Vertragswerkstatt	**BMW** *usw.* **garage** biːem'dʌbljʊ *usw.* 'gærɑːʒ
Vorfahrt	**right of way** 'raɪt_əv 'weɪ
Warndreieck	**warning triangle** 'wɔːnɪŋ 'traɪæŋgl
Wasser	**water** 'wɔːtə
destilliertes -	**top-up water** 'tɒpʌp 'wɔːtə
Werkstatt	**garage** 'gærɑːʒ
Wohnmobil	**motor caravan, camper van** 'məʊtə 'kærəvæn, 'kæmpə væn
Zeuge	**witness** 'wɪtnəs
Zündkabel	**ignition cable** ɪg'nɪʃn keɪbl

BUS & BAHN

Zündkerze	**spark plug** ˈspɑːk plʌg
Zündung	**ignition** ɪgˈnɪʃn
Zusammenstoß	**collision, crash, accident** kəˈlɪʒn, kræʃ, ˈæksɪdənt

UNTERWEGS

ÖFFENTLICHE VERKEHRS-MITTEL

Mit Bus und Bahn

INFO

Busfahrkarten werden im Bus (meistens beim Fahrer) gekauft.

U-Bahnkarten bekommt man in der U-Bahn-Station am Schalter bzw. vom

NAHVERKEHR

Automaten. Die U-Bahnkarte steckt man an der Schranke in den dafür vorgesehenen Schlitz, wonach sich die Schranke automatisch öffnet. Nach Beendigung der Fahrt werden Einzel- und Rückfahrkarten von der Schranke „verschluckt" bzw. von einem Kontrolleur entgegengenommen. Nur Tageskarten u. dgl. bekommen Sie zur Weiterbenutzung wieder.

▶ Wo ist die nächste U-Bahn-Station? — **Where's the nearest underground station?** 'weəz ðə nɪərəst ˈʌndəɡraʊnd steɪʃn

Wo hält der Bus nach …? — **Where does the bus to … stop?** 'weə dəz ðə 'bʌs tə … stɒp

Welcher Bus/Welche Bahn fährt nach …? — **Which *bus/underground* goes to …?** wɪtʃ 'bʌs/'ʌndəɡraʊnd ɡəʊz tə …

Number … 'nʌmbə … — Die Linie …

Zu welchem Busbahnhof muß ich, wenn ich nach … fahren will? — **Which bus station do I need to catch a bus to …?** wɪtʃ 'bʌs steɪʃn dʊ_aɪ 'niːd tə kætʃ_ə 'bʌs tə …

Wann fährt *der nächste Bus/die nächste Bahn* nach …? — **When is the next *bus/underground* to …?** 'wen_ɪz ðə 'nekst 'bʌs/_'ʌndəɡraʊnd tə …

Wann fährt *der letzte Bus/die letzte Bahn* zurück? — **When does the last *bus/underground* leave?** 'wen dəz ðə 'lɑːst 'bʌs/_'ʌndəɡraʊnd liːv

▶ Fährt *dieser Bus/diese Bahn* nach …? — **Does this *bus/underground* go to …?** dʌz 'ðɪs 'bʌs_/'ʌndəɡraʊnd ɡəʊ tə …

Muß ich nach … umsteigen? — **Do I have to change for …?** dʊ_aɪ 'hæv tə 'tʃeɪndʒ fə …

88

TAXI

Sagen Sie mir bitte, wo ich *aussteigen/ umsteigen* muß.	**Could you tell me where I have to *get off/change*, please?** kʊd_jʊ 'tel mɪ weər_aɪ hæv tə *get_ 'ɒf/'tʃeɪndʒ* pliːz
Wo gibt es die Fahrscheine?	**Where does one get the tickets?** 'weə dəz wʌn get ðə 'tɪkəts
Gibt es …	**Are there …** 'ɑː ðə …
Tageskarten?	**day tickets?** 'deɪ tɪkəts
Mehrfahrtenkarten?	**multiple-ride tickets?** 'mʌltɪpl'raɪd tɪkəts
Wochenkarten?	**weekly tickets?** 'wiːklɪ tɪkəts
Bitte einen Fahrschein nach …	**A ticket to …, please.** ə 'tɪkət tə … pliːz

Hallo, Taxi!

Wo bekomme ich ein Taxi?	**Where can I get a *taxi/cab*?** 'weə kən_aɪ get_ə *'tæksɪ/'kæb*
Könnten Sie für mich für … Uhr ein Taxi bestellen?	**Could you order a taxi for me for …?** kʊd_jʊ _'ɔːdər_ə 'tæksɪ fɔː mɪ fə …
Bitte …	**Can you take me …, please?** kən_jʊ 'teɪk mɪ … pliːz
zum Bahnhof!	**to the station** tə ðə 'steɪʃn
zum Flughafen!	**to the airport** tə ðɪ_'eəpɔːt
zum Hotel …!	**to the … Hotel** tə ðə … həʊ'tel
in die Innenstadt!	**to the *city/town* centre** tə ðə *'sɪtɪ/'taʊn* 'sentə
in die … Straße!	**to … *Street/Road*** tə … striːt/rəʊd
Wieviel kostet es nach …?	**How much is it to …?** 'haʊ mʌtʃ_'ɪz_ɪt tə …

UNTERWEGS

89

NAHVERKEHR

Bitte schalten Sie den Taxameter *ein/auf Null*.

Could you *switch on/reset* the meter, please? kʊd_jʊ ˈswɪtʃ_ɒn/ˈriːset ðə ˈmiːtə pliːz

Warten/Halten Sie hier bitte (einen Augenblick)!

Could you *wait/stop* here (for a moment), please? kʊd_jʊ ˈweɪt/ˈstɒp ˈhɪə (fər_ə ˈməʊmənt) pliːz

▶ Stimmt so!

Keep the change! ˈkiːp ðə ˈtʃeɪndʒ

90

WORTLISTE

INFO ➤ In Großbritannien ist es üblich, vor dem Einsteigen in das Taxi das Fahrtziel zu nennen, denn nicht jeder Taxifahrer ist bereit, längere Fahrten, die außerhalb seines „Reviers" führen, zu unternehmen. Es ist relativ unüblich, für eine Taxifahrt Quittungen auszustellen. Nicht jeder Taxifahrer ist deshalb dafür ausgerüstet.

Bus, Bahn, Taxi

Abfahrt	**departure** dɪˈpɑːtʃə
aussteigen	**to get off** tə get ˈɒf
Bus	**bus** bʌs
-bahnhof	***bus/coach* station** ˈbʌs/ˈkəʊtʃ steɪʃn
-haltestelle	**bus stop** ˈbʌs stɒp
einsteigen	**to get on** tə get ˈɒn
Endstation	**terminus** ˈtɜːmɪnəs
Fahrer	**driver** ˈdraɪvə
Fahrkarte	**ticket** ˈtɪkət
Fahrkartenautomat	**ticket machine** ˈtɪkət məʃiːn
Fahrplan	**timetable** ˈtaɪmteɪbl
Fahrpreis	**fare** feə
halten	**to stop** tə stɒp
Haltestelle	**stop** stɒp
Kontrolleur	**inspector** ɪnˈspektə
Quittung	**receipt** rɪˈsiːt
Richtung	**direction** dɪˈrekʃn
Schaffner	**conductor** kənˈdʌktə
Stadtzentrum	***city/town* centre** ˈsɪtɪ/ˈtaʊn ˈsentə
Tageskarte	**day ticket** ˈdeɪ tɪkət
Taxi	**taxi, cab** ˈtæksɪ, kæb
-stand	**taxi *stand/rank*** ˈtæksɪ stænd/ræŋk

UNTERWEGS

91

TRAMPEN

U-Bahn	**underground;** (*in London auch*) **the Tube** ˈʌndəgraʊnd; ðə ˈtjuːb
umsteigen	**to change** tə ˈtʃeɪndʒ
Wochenkarte	**weekly ticket** ˈwiːklɪ ˈtɪkət

INFO ➡ In Großbritannien kann man sich bei den städtischen Omnibussen und U-Bahnen nur begrenzt nach dem Fahrplan richten. Wundern Sie sich also nicht über die weitverbreitete Unpünktlichkeit!

PER ANHALTER

Ich möchte nach … **I'm on my way to …** aɪm ˈɒn maɪ ˈweɪ tə …

▶ Wohin fahren Sie? **Where are you going?** ˈweər ə jʊ ˈgəʊɪŋ

▶ Können Sie mich (ein Stück) mitnehmen? **Could you give me a lift (for part of the way)?** kʊd jʊ ˈgɪv mɪ ə ˈlɪft (fə ˈpɑːt ˌəv ðə ˈweɪ)

Where do you want to get out? ˈweə dʊ jʊ ˌwɒnt tə get ˈaʊt — Wo wollen Sie aussteigen?

Bitte lassen Sie mich hier aussteigen. **Could you let me out here, please?** kʊd jʊ ˈlet mɪ aʊt ˈhɪə pliːz

▶ Vielen Dank fürs Mitnehmen. **Thanks for the lift.** ˈθæŋks fə ðə ˈlɪft

Kennen Sie jemanden, der (morgen) nach … fährt und mich mitnehmen könnte? **Do you know anyone who's going to … (tomorrow) and could give me a lift?** də jʊ ˈnəʊ ˌeniwʌn huːz ˈgəʊɪŋ tə … (təˈmɒrəʊ) ən kʊd ˈgɪv mɪ ə ˈlɪft

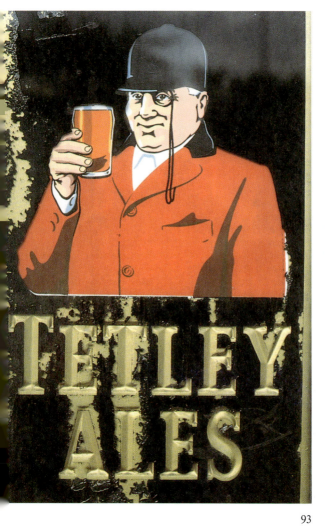

ESSEN UND TRINKEN

SPEISEKARTE

MENU SPEISEKARTE

Soups *Suppen*

asparagus soup ə'spærəgəs 'suːp	Spargelsuppe
beef tea biːf'tiː	Kraftbrühe
bird's nest soup 'bɜːdz nest 'suːp	Schwalbennestersuppe
bouillabaisse buːjə'bes	Fischsuppe
bouillon 'buːjɒn	Fleischbrühe
chicken broth 't ʃɪkn 'brɒθ	Hühnerbrühe/-suppe
chowder 't ʃaʊdə	Meeresfrüchtesuppe
clam chowder 'klæm 't ʃaʊdə	Muschelsuppe
clear soup klɪə 'suːp	Fleischbrühe
cock-a-leekie 'kɒkə'liːkɪ	Lauchsuppe mit Huhn
consommé kɒn'sɒmeɪ	klare Brühe
cream of ... soup kriːm_əv... 'suːp	...cremesuppe
julienne dʒuːlɪ'en	klare Gemüsesuppe
lentil soup 'lentl 'suːp	Linsensuppe
lobster bisque 'lɒbstə 'bɪsk	Hummersuppe
mulligatawny mʌlɪgə'tɔːnɪ	Currysuppe
mushroom soup 'mʌ ʃruːm 'suːp	Champignoncremesuppe
onion soup 'ʌnjən 'suːp	Zwiebelsuppe
oxtail soup 'ɒksteɪl 'suːp	Ochsenschwanzsuppe
poacher's soup 'pəʊt ʃəz suːp	Wildsuppe
pea soup 'piː 'suːp	Erbsensuppe
Scotch broth 'skɒt ʃ 'brɒθ	*Gemüsesuppe mit Hammel-fleisch und Gerstengraupen*
seafood soup 'siːfuːd 'suːp	Meeresfrüchtesuppe
tomato soup tə'maːtəʊ 'suːp	Tomatensuppe
vegetable soup 'vedʒtəbl 'suːp	Gemüsesuppe
vichyssoise viː ʃɪ'swaːz	*kalte Lauch- und Kartoffelcremesuppe*

VORSPEISEN

Starters, hors-d'œuvres *Vorspeisen*

anchovies 'æntʃəvɪz — Sardellen
antipasto æntɪ'pæstəʊ — italienische Vorspeise
artichoke hearts 'ɑːtɪtʃəʊk 'hɑːts — Artischockenherzen
avocado with prawns ævə'kɑːdəʊ wɪð 'prɔːnz — Avocado mit Shrimps
crudités 'kruːdɪteɪ — Rohkost
garlic bread 'gɑːlɪk 'bred — Knoblauchbrot
guacamole 'gwɑːkə'məʊlɪ — Avocadodip (*mexikanisch*)
ham hæm — Schinken
    boiled - 'bɔɪld 'hæm — gekochter -
    Parma - 'pɑːmə 'hæm — Parmaschinken
    raw - 'rɔː 'hæm — roher -
    smoked - 'sməʊkt 'hæm — geräucherter -
jellied eel 'dʒelɪd_'iːl — Aal in Aspik
melon 'melən — Melone
olives 'ɒlɪvz — Oliven
omelette 'ɒmlət — Omelett
    - Arnold Bennett 'ɒmlət_'ɑːnəld 'benɪt — *Omelett mit Schellfisch und geriebenem Käse, überbacken*
    cheese - 'tʃiːz_'ɒmlət — Käseomelett
    Spanish - 'spænɪʃ_'ɒmlət — *Omelett mit Paprika, Tomaten und Zwiebeln*
oysters 'ɔɪstəz — Austern
pâté de foie gras 'pæteɪ də 'fwɑː 'grɑː — Gänseleberpastete
potted shrimps 'pɒtɪd 'ʃrɪmps — *Krabben in Butter gebacken*
prawn cocktail 'prɔːn 'kɒkteɪl — Krabbencocktail
quiche kiːʃ — Lothringer Speckkuchen
salad 'sæləd — Salat
    mixed - 'mɪkst 'sæləd — gemischter Salat
    tomato - tə'mɑːtəʊ 'sæləd — Tomatensalat

ESSEN UND TRINKEN

SPEISEKARTE

salade niçoise səˈlɑːd nɪˈswɑːz	*grüner Salat mit Tomaten, Ei, Käse und Oliven*
shrimps ʃrɪmps	Garnelen
smoked eel ˈsməʊkt_ˈiːl	Räucheraal
smoked salmon ˈsməʊkt ˈsæmən	Räucherlachs
vol-au-vent ˈvɒləʊˈvɑː	Königinpastete

Meat dishes *Fleischgerichte*

bacon ˈbeɪkən	(Frühstücks)Speck
beef biːf	Rindfleisch
beef bourguignonne ˈbiːf bʊəgɪnˈjɒn	Rindsgulasch in Rotwein
beefburger ˈbiːfbɜːgə	Frikadelle
beef olives ˈbiːf_ˈɒlɪvz	Rindsrouladen
boar bɔː	Wildschwein
braised beef ˈbreɪzd ˈbiːf	Rinderschmorbraten
brisket of beef ˈbrɪskət_əv ˈbiːf	gerollte Rinderbrust
chop tʃɒp	Kotelett
Cornish pasty ˈkɔːnɪʃ ˈpæstɪ	*Teigtasche mit Rindfleisch, Kartoffeln und Zwiebeln*
cottage pie ˈkɒtɪdʒ ˈpaɪ	*gewürfeltes Fleisch in Soße, mit Kartoffelbrei bedeckt und gebacken*
cutlet ˈkʌtlət	Kotelett
entrecôte ˈɒntrəkəʊt	Rippenstück
escalope ˈeskələp	dünnes Kalbsschnitzel
escalope coated in breadcrumbs ˈeskələp ˈkəʊtəd_ɪn ˈbredkrʌmz	Wiener Schnitzel
fillet ˈfɪlət	Filet
filet of beef ˈfɪlət_əv ˈbiːf	Rinderfilet
game geɪm	Wild
game pie ˈgeɪm ˈpaɪ	Wildpastete

FLEISCHGERICHTE

gammon 'gæmən	*leicht geräucherter Vorderschinken*
ham and eggs 'hæm‿ən‿'egz	*Spiegeleier mit Schinkenspeck*
hamburger 'hæmbɜːgə	deutsches Beefsteak
hare heə	Hase
heart 'hɑːt	Herz
hotpot 'hɒtpɒt	*Fleischeintopf mit Kartoffeleinlage*
Irish stew 'aɪrɪʃ‿'stjuː	*Hammelfleischeintopf mit Kartoffeln und Zwiebeln*
kidneys 'kɪdnɪz	Nieren
lamb læm	Lammfleisch
leg leg	Keule
leg of lamb 'leg‿əv 'læm	Lammkeule
leg of mutton 'leg‿əv 'mʌtn	Hammelkeule
liver 'lɪvə	Leber
loin lɔɪn	Lende
meatballs 'miːtbɔːlz	Fleischklößchen
mince, minced meat mɪns, 'mɪnst miːt	Hackfleisch
mixed grill 'mɪkst 'grɪl	gemischte Grillplatte
mutton 'mʌtn	Hammelfleisch
noisettes nwɑː'zet	Medaillons
pork pɔːk	Schweinefleisch
pork loin 'pɔːk 'lɔɪn	Schweinelende
pork pie 'pɔːk 'paɪ	Schweinefleischpastete
Porterhouse steak 'pɔːtəhaʊs‿'steɪk	*dickes Rindersteak von der Rippe*
pot roast 'pɒt rəʊst	Schmorbraten
rabbit 'ræbɪt	Kaninchen
rissole 'rɪsəʊl	Frikadelle
roast rəʊst	Braten
roast beef 'rəʊst 'biːf	Rinderbraten
roast pork 'rəʊst 'pɔːk	Schweinebraten
saddle 'sædl	Rücken

ESSEN UND TRINKEN

SPEISEKARTE

saddle of lamb 'sædl_əv 'læm	Lammrücken
salted 'sɔːltɪd	gepökelt
sausages 'sɒsɪdʒɪz	Würstchen
shepherd's pie 'ʃepədz 'paɪ	*Auflauf aus Hackfleisch und Kartoffelbrei*
sirloin 'sɜːlɔɪn	Rinderlende
smoked sməʊkt	geräuchert
steak and kidney pie 'steɪk_ən 'kɪdnɪ 'paɪ	*Rindersteak und -nieren, gewürfelt, in Rindertalgteig gebacken*
steak au poivre 'steɪk əʊ 'pwɑːvrə	Pfeffersteak
steak Diane 'steɪk daɪ'æn	*Filetsteak mit Kognak und Worcestersoße*
steak tartare 'steɪk tɑː'tɑː	Tatar
steamed stiːmd	gedämpft
stew stjuː	Fleischeintopf
stewed stjuːd	geschmort
sucking pig 'sʌkɪŋ pɪg	Spanferkel
sweetbread(s) 'swiːtbredz	Bries
tenderloin 'tendəlɔɪn	zartes Lendenstück
tongue tʌŋ	Zunge
tournedos 'tʊənədəʊz	Rinderfiletmedaillons
tripe traɪp	Kutteln
veal viːl	Kalbfleisch
venison 'venɪsən	Reh

Poultry *Geflügel*

capon 'keɪpɒn	Kapaun
chicken 'tʃɪkən	Huhn, Hähnchen
chicken breasts 'tʃɪkən brests	Hühnerbrust
chicken leg 'tʃɪkən leg	Hühnerkeule
chicken in the basket 'tʃɪkən_ɪn ðə 'bɑːskɪt	*paniertes Hähnchen mit Pommes frites in einem Korb serviert*

FISCH

chicken livers 'tʃɪkən 'lɪvəz	Hühnerleber
chicken wings 'tʃɪkən wɪŋz	Hühnerflügel
coq au vin 'kɒk_əʊ 'væn	Hähnchen in Rotweinsoße
diced daɪst	in Würfeln
duck dʌk	Ente
duckling 'dʌklɪŋ	junge Ente
duckling à l'orange 'dʌklɪŋ_æ_'lɒrɪndʒ	(junge) Ente mit Orange
fowl faʊl	Geflügel
giblets 'dʒɪbləts	Hühnerklein
goose guːs	Gans
grouse graʊs	Moorhuhn
guinea fowl 'gɪnɪ faʊl	Perlhuhn
partridge 'pɑːtrɪdʒ	Rebhuhn
pheasant 'feznt	Fasan
pigeon 'pɪdʒən	Taube
pigeon breast 'pɪdʒən brest	Taubenbrust
poultry 'pəʊltrɪ	Geflügel
poussin 'puːsæn	Küken
quail kweɪl	Wachtel
roast chicken 'rəʊst 'tʃɪkən	Brathähnchen
roast duck 'rəʊst 'dʌk	Entenbraten
turkey 'tɜːkɪ	Pute, Truthahn
woodcock 'wʊdkɒk	Waldschnepfe
wood pigeon 'wʊd pɪdʒən	Ringeltaube

Fish *Fisch*

anchovies 'æntʃəvɪz	Sardellen
bass bæs	Seebarsch
bream briːm	Brasse
brill brɪl	Glattbutt
carp kɑːp	Karpfen
cod kɒd	Kabeljau
Dover sole 'dəʊvə 'səʊl	Seezunge

ESSEN UND TRINKEN

99

SPEISEKARTE

eel iːl — Aal
fishcake 'fɪʃkeɪk — Fischfrikadelle
fish fingers 'fɪʃ 'fɪŋɡəz — Fischstäbchen
fresh-water fish 'freʃwɔːtə 'fɪʃ — Süßwasserfisch
haddock 'hædək — Schellfisch
halibut 'hælɪbət — Heilbutt
herring 'herɪŋ — Hering
kedgeree 'kedʒəriː — *Reisgericht mit Fisch und hartgekochten Eiern*

kipper 'kɪpə — Bückling
mackerel 'mækərəl — Makrele
mixed fish grill 'mɪkst 'fɪʃ ɡrɪl — gemischte Fischplatte

monkfish 'mʌŋkfɪʃ — Engelhai
mullet 'mʌlɪt — Barbe
perch pɜːtʃ — Barsch
pike paɪk — Hecht
plaice pleɪs — Scholle
plaice mornay 'pleɪs 'mɔːneɪ — *Scholle mit Käse überbacken*
rainbow trout 'reɪnbəʊ 'traʊt — Regenbogenforelle
rock salmon 'rɒk 'sæmən — Dorsch
salmon 'sæmən — Lachs
salt-water fish 'sɔːltwɔːtə 'fɪʃ — Seefisch
sardines sɑːˈdiːnz — Sardinen
skate skeɪt — Rochen
sole səʊl — Seezunge
sole Florentine 'səʊl 'flɒrəntiːn — *Seezunge auf Spinat, mit Käse überbacken*
sturgeon 'stɜːdʒən — Stör
trout traʊt — Forelle
  - au bleu 'traʊt_əʊ 'blɜː — - blau
tuna 'tjuːnə — Thunfisch
turbot 'tɜːbət — Steinbutt
whitebait 'waɪtbeɪt — Breitling

100

BEILAGEN

Die traditionellen **"fish and chips"** sind kein Armeleuteessen, sondern werden auch von Gourmets geschätzt. Sie sollten sie auch mal probieren, entweder in einem guten Fischrestaurant oder als **"takeaway"** – zum Mitnehmen – von einem der vielen **"fish and chip shops"**. Dazu schmeckt **"malt vinegar"** (Malzessig) ausgezeichnet!

Seafood Andere Meeresfrüchte

calamari kælə'mɑːrɪ	gebratene Tintenfischringe
clam klæm	Venusmuschel
crab kræb	Krabbe, Krebs
crayfish 'kreɪfɪʃ	Flußkrebs
fruits de mer 'fruɪ də 'meə	Meeresfrüchte
king prawns 'kɪŋ 'prɔːnz	Riesengarnelen
lobster 'lɒbstə	Hummer
mussels 'mʌslz	Muscheln
oysters 'ɔɪstəz	Austern
prawns prɔːnz	Garnelen
scallops 'skɒləps	Jakobsmuscheln
seafood 'siːfuːd	Meeresfrüchte
shellfish 'ʃelfɪʃ	Schalentiere
shrimps ʃrɪmps	Garnelen
spiny lobster 'spaɪnɪ 'lɒbstə	Languste
squid skwɪd	Tintenfisch

Extras Beilagen

baked potato 'beɪkt pə'teɪtəʊ	gebackene Kartoffel
boiled potatoes 'bɔɪld pə'teɪtəʊz	Salzkartoffeln
boiled rice 'bɔɪld 'raɪs	gekochter Reis

ESSEN UND TRINKEN

101

SPEISEKARTE

brown rice 'braʊn 'raɪs — Naturreis
chips tʃɪps — Pommes frites
duchess potatoes — *überbackenes Kartoffelpüree*
'dʌtʃɪs pəˈteɪtəʊz
dumplings 'dʌmplɪŋz — Knödel
French fried potatoes — Pommes frites
'frentʃ fraɪd pəˈteɪtəʊz
fried potatoes 'fraɪd pəˈteɪtəʊz — Bratkartoffeln
jacket potato 'dʒækɪt pəˈteɪtəʊ — gebackene Pellkartoffel
mashed potatoes — Kartoffelpüree
'mæʃt pəˈteɪtəʊz
new potatoes 'njuː pəˈteɪtəʊz — Frühkartoffeln
potato croquettes — Kroketten
pəˈteɪtəʊ krəˈkets
potato fritters pəˈteɪtəʊ 'frɪtəz — Kartoffelkuchen
potato salad pəˈteɪtəʊ 'sæləd — Kartoffelsalat
sauté potatoes 'səʊteɪ pəˈteɪtəʊz — Schwenkkartoffeln
sweet potatoes 'swiːt pəˈteɪtəʊz — Süßkartoffeln
wild rice 'waɪld 'raɪs — wilder Reis

Vegetables Gemüse und Salat

asparagus əˈspærəgəs — Spargel
   - spears əˈspærəgəs_ 'spɪəz — Stangenspargel
   - tips əˈspærəgəs 'tɪps — Spargelspitzen
baked beans 'beɪkt 'biːnz — *gebackene Bohnen in Tomatensoße*

bamboo shoots bæm'buː 'ʃuːts — Bambussprossen
beans biːnz — Bohnen
bean sprouts 'biːn spraʊts — Sojasprossen
beetroot 'biːtruːt — rote Bete
broad beans 'brɔːd 'biːnz — dicke Bohnen
Brussels sprouts — Rosenkohl
'brʌsəlz_ 'spraʊts
butter beans 'bʌtə 'biːnz — weiße Bohnen
cabbage 'kæbɪdʒ — Kohl

GEMÜSE

cauliflower ˈkɒlɪflaʊə	Blumenkohl
- cheese ˈkɒlɪflaʊə ˈtʃiːz	*- mit Käse überbacken*
celeriac səˈlerɪæk	Knollensellerie
celery ˈselərɪ	Sellerie
chickpeas ˈtʃɪkpiːz	Kichererbsen
chicory ˈtʃɪkərɪ	Chicoree
chillis ˈtʃɪlɪz	Peperoni
coleslaw ˈkəʊlslɔː	Krautsalat
corn on the cob	Maiskolben
ˈkɔːn ɒn ðə ˈkɒb	
courgettes kʊəˈʒet	Zucchini
cucumber ˈkjuːkʌmbə	Gurke
eggplant ˈegplɑːnt	Aubergine
endive ˈendaɪv, ˈendɪv	Endivie
fennel ˈfenl	Fenchel
French beans ˈfrentʃ ˈbiːnz	grüne Bohnen
iceberg lettuce ˈaɪsbɜːg ˈletɪs	Eissalat
julienne dʒuːlɪˈen	*gemischtes, feingeschnittenes*
	Gemüse
kale keɪl	Grünkohl
kidney beans ˈkɪdnɪ biːnz	rote Bohnen
ladies' fingers ˈleɪdɪz ˈfɪŋgəz	Okra
lamb's lettuce ˈlæmz ˈletɪs	Feldsalat
lentils ˈlentlz	Linsen
lettuce ˈletɪs	Kopfsalat
mangetout mɒndʒˈtuː	Zuckererbsen
morels ˈmɒrəlz	Morcheln
mushrooms ˈmʌʃrʊmz	Pilze
onion ˈʌnjən	Zwiebel
parsnips ˈpɑːsnɪps	Pastinaken
peas piːz	Erbsen
peppers ˈpepəz	Paprikaschoten
pulses ˈpʌlsɪz	Hülsenfrüchte
pumpkin ˈpʌmpkɪn	Kürbis
radish ˈrædɪʃ	Radieschen
red cabbage ˈred ˈkæbɪdʒ	Rotkohl

ESSEN UND TRINKEN

SPEISEKARTE

runner beans 'rʌnə 'biːnz	Stangenbohnen
shallot ʃə'lɒt	Schalotte
sorrel 'sɒrəl	Sauerampfer
soya beans 'sɔɪə biːnz	Sojabohnen
spinach 'spɪnɪdʒ	Spinat
spring onions 'sprɪŋ_'ʌnjənz	Frühlingszwiebeln
squash skwɒʃ	Kürbis
stuffed mushrooms 'stʌft 'mʌʃrʊmz	gefüllte Champignons
stuffed peppers 'stʌft 'pepəz	gefüllte Paprikaschoten
swede swiːd	Steckrübe
sweetcorn 'swiːtkɔːn	Mais
tomatoes tə'mɑːtəʊz	Tomaten
turnip 'tɜːnɪp	Rübe
watercress 'wɔːtəkres	(Brunnen)Kresse

Herbs and Spices *Kräuter und Gewürze*

allspice 'ɔːlspaɪs	Piment
aniseed 'ænɪsiːd	Anis
basil 'bæzl	Basilikum
bay leaf 'beɪ liːf	Lorbeerblatt
capers 'keɪpəz	Kapern
caraway seed 'kærəweɪ siːd	Kümmel
chervil 'tʃɜːvl	Kerbel
chives tʃaɪvz	Schnittlauch
cinnamon 'sɪnəmən	Zimt
cloves kləʊvz	Nelken
garlic 'gɑːlɪk	Knoblauch
ginger 'dʒɪndʒə	Ingwer
horse radish 'hɔːs rædɪʃ	Meerrettich
mint mɪnt	Minze
mustard 'mʌstəd	Senf
nutmeg 'nʌtmeg	Muskat
parsley 'pɑːslɪ	Petersilie
pepper 'pepə	Pfeffer

ZUBEREITUNGSARTEN

rosemary 'rəʊzmərɪ	Rosmarin
saffron 'sæfrən	Safran
sage seɪdʒ	Salbei
salt sɔːlt	Salz
tarragon 'tærəgən	Estragon
thyme taɪm	Thymian

Pizzas *Pizzas*

cheese and tomato 'tʃiːz_ən tə'mɑːtəʊ	Käse und Tomate
four seasons 'fɔː 'siːzənz	Vier Jahreszeiten
ham and mushroom 'hæm_ən 'mʌʃrʊm	Schinken und Champignons

Ways of Cooking Zubereitungsarten

au gratin əʊ 'grætæn	überbacken
baked beɪkt	gebacken
barbecued 'bɑːbɪkjuːd	gegrillt
boiled bɔɪld	gekocht
braised breɪzd	geschmort
deep-fried 'diːpfraɪd	fritiert
devilled 'devld	scharf gewürzt
filleted 'fɪlɪtɪd	filetiert
fried fraɪd	(in der Pfanne) gebraten
grilled grɪld	gegrillt
marinated 'mærɪneɪtɪd	eingelegt, mariniert
medium(-rare) 'miːdɪəm('reə)	medium
on the bone 'ɒn ðə 'bəʊn	(*Fleisch*) am Knochen
pickled 'pɪkld	in Essig eingelegt, gepökelt
rare reə	englisch, blutig
salted 'sɔːltɪd	gepökelt
smoked sməʊkt	geräuchert
steamed stiːmd	gedämpft, gedünstet
well done 'wel 'dʌn	durchgebraten

ESSEN UND TRINKEN

SPEISEKARTE

Cheese Käse

blue cheese 'bluː 'tʃiːz	Blauschimmelkäse
Caerphilly keə'fɪlɪ	*weißer, krümeliger Käse aus Wales*
cheeseboard 'tʃiːzbɔːd	Käseplatte
chèvre 'ʃevrə	französischer Ziegenkäse
cottage cheese 'kɒtɪdʒ 'tʃiːz	Hüttenkäse
cream cheese 'kriːm 'tʃiːz	Frischkäse
double Gloucester 'dʌbl 'glɒstə	*voller, scharfer englischer Käse*
feta 'fetə	Schafskäse, Ziegenkäse
fromage frais 'frɒmɑːʒ 'freɪ	Frischkäse
Gloucester cheese 'glɒstə 'tʃiːz	*milder englischer Käse*
goat's cheese 'gəʊts tʃiːz	Ziegenkäse
mature mə'tʃʊə	reif, würzig
mild maɪld	mild
sheep's cheese 'ʃiːps tʃiːz	Schafskäse
soft cheese 'sɒft tʃiːz	Weichkäse
Stilton 'stɪltən	englischer Blauschimmelkäse
strong strɒŋ	würzig

Desserts/Sweets and Cakes Nachspeisen und Kuchen

apple crumble 'æpl 'krʌmbl	*Apfeldessert mit Streuseln*
apple pie 'æpl 'paɪ	(gedeckter) Apfelkuchen
baked apple 'beɪkt_'æpl	Bratapfel
Black Forest gâteau 'blæk 'fɒrəst 'gætəʊ	Schwarzwälder Kirschtorte
blancmange blə'mɒnʒ	Pudding
cheese cake 'tʃiːz keɪk	Käsekuchen (mit Obst)
chocolate mousse 'tʃɒklət 'muːs	Schokoladencreme

NACHSPEISEN

chocolate sauce 'tʃɒklət 'sɔːs	Schokoladensauce
clotted cream 'klɒtɪd 'kriːm	Dickrahm
cream 'kriːm	(Schlag)Sahne
crème brûlée 'krem bruː'leɪ	Karamelpudding
crème caramel 'krem kærə'mel	Karamelcreme
crumpet 'krʌmpɪt	*getoastetes Hefegebäck, mit Butter bestrichen*
custard 'kʌstəd	Vanillesoße
Danish pastry 'deɪnɪʃ 'peɪstrɪ	Plunderstück
doughnut 'dəʊnʌt	Krapfen
Eccles cake 'eklz keɪk	*Blätterteigkuchen mit Rosinen gefüllt*
éclair ɪ'kleə	Liebesknochen
fruit salad 'fruːt 'sæləd	Obstsalat
ice cream 'aɪs_'kriːm	Eis
chocolate - - 'tʃɒklət_'aɪs_'kriːm	Schokoladeneis
strawberry - - 'strɔːbrɪ_'aɪs_'kriːm	Erdbeereis
vanilla - - və'nɪlə 'aɪs_'kriːm	Vanilleeis
knickerbocker glory 'nɪkəbɒkə 'glɔːrɪ	*Früchtebecher mit Eis und Sahne*
macaroon mækə'ruːn	Makrone
meringue mə'ræŋ	Baiser
muffin 'mʌfɪn	*Hefeteigbrötchen, heiß mit Butter gegessen*
pancake 'pænkeɪk	Pfannkuchen
rice pudding 'raɪs 'pʊdɪŋ	Reisbrei
scone skɒn	*kleiner, runder Kuchen, mit Butter bzw. Dickrahm und Marmelade gegessen*
summer pudding 'sʌmə 'pʊdɪŋ	*etwa:* rote Grütze
sundae 'sʌndeɪ	Eisbecher
syllabub 'sɪləbʌb	Weincreme

ESSEN UND TRINKEN

107

SPEISEKARTE

trifle 'traɪfl

Trifle (*Biskuitboden in Sherry getränkt, mit Früchten in Wackelpeter, Vanillesoße und Sahne zugedeckt*)

Fruits and Nuts Obst und Nüsse

almonds 'ɑːməndz	Mandeln
apple 'æpl	Apfel
apricots 'eɪprɪkɒts	Aprikosen
banana bə'nɑːnə	Banane
blackberries 'blækbərɪz	Brombeeren
blackcurrants 'blæk'kʌrənts	schwarze Johannisbeeren
blueberries 'bluːbərɪz	Heidelbeeren
Brazil nuts brə'zɪl 'nʌts	Paranüsse
cherries 'tʃerɪz	Kirschen
chestnuts 'tʃesnʌts	Kastanien
coconut 'kəʊkəʊnʌt	Kokosnuß
cranberries 'krænbərɪz	Preiselbeeren
currants 'kʌrənts	Korinthen
dates deɪts	Datteln
dried fruit 'draɪd 'fruːt	Dörrobst
figs fɪgz	Feigen
fruit fruːt	Obst
gooseberries 'guːzbərɪz	Stachelbeeren
grapes greɪps	Weintraubend
greengage 'griːngeɪdʒ	Reineclaude
hazelnuts 'heɪzlnʌts	Haselnüsse
honeydew melon 'hʌnɪdjuː 'melən	Honigmelone
kiwifruit 'kiːwiːfruːt	Kiwi
lemon 'lemən	Zitrone
lime laɪm	Limone
mandarine 'mændərɪn	Mandarine
melon 'melən	Melone

WEIN, SEKT

morello cherries məˈreləʊ ˈtʃerɪz	Sauerkirschen
nuts nʌts	Nüsse
orange ˈɒrəndʒ	Orange
peach piːtʃ	Pfirsich
peanuts ˈpiːnʌts	Erdnüsse
pear peə	Birne
pineapple ˈpaɪnæpl	Ananas
pine nuts ˈpaɪn_nʌts	Pinienkerne
pistachios pɪˈstæʃɪəʊz	Pistazien
plum plʌm	Pflaume
pomegranate ˈpɒmɪgrænət	Granatapfel
prune pruːn	Backpflaume
quince kwɪns	Quitte
raisins ˈreɪznz	Rosinen
raspberries ˈrɑːzbərɪz	Himbeeren
redcurrants ˈredˈkʌrənts	rote Johannisbeeren
rhubarb ˈruːbɑːb	Rhabarber
strawberries ˈstrɔːbərɪz	Erdbeeren
tangerine tændʒəˈriːn	Mandarine
walnuts ˈwɔːlnʌts	Walnüsse

BEVERAGES GETRÄNKEKARTE

Wine, Champagne *Wein, Sekt*

buck's fizz ˈbʌks ˈfɪz	Champagner/Sekt mit Orangensaft
Burgundy ˈbɜːgəndɪ	Burgunder
champagne ʃæmˈpeɪn	Champagner, Sekt
claret ˈklærət	roter Bordeaux
dessert wine dɪˈzɜːt waɪn	Dessertwein
dry draɪ	trocken
hock hɒk	Rheinwein
house wine ˈhaʊs waɪn	Hauswein
medium ˈmiːdɪəm	halbtrocken
Moselle məʊˈzel	Moselwein

ESSEN UND TRINKEN

109

GETRÄNKEKARTE

muscatel mʌskə'tel	Muskateller
port pɔːt	Portwein
red wine 'red 'waɪn	Rotwein
rosé 'rəʊzeɪ	Rosé
sparkling wine 'spɑːklɪŋ waɪn	Schaumwein, Sekt
sweet swiːt	lieblich
white wine 'waɪt 'waɪn	Weißwein
wine waɪn	Wein
wine by the glass 'waɪn baɪ ðə 'glɑːs	offener Wein

Beer Bier

beer bɪə	Bier
bitter 'bɪtə	stark gehopftes Bier
draught beer 'drɑːft bɪə	Bier vom Faß
lager 'lɑːgə	helles Bier
low-alcohol beer 'ləʊ‿'ælkəhɒl bɪə	alkoholfreies Bier
pale ale 'peɪl‿'eɪl	helles Flaschenbier
stout staʊt	dunkles Bier

Other alcoholic drinks *Andere alkoholische Getränke*

bitters 'bɪtəz	Magenbitter
Bloody Mary 'blʌdɪ 'meərɪ	*Tomatensaft mit Wodka*
brandy 'brændɪ	Weinbrand, Cognac
cherry brandy 'tʃerɪ 'brændɪ	Kirschlikör
cider 'saɪdə	Apfelwein
gin and tonic 'dʒɪn‿ən 'tɒnɪk	Gin-Tonic
liqueur lɪ'kjʊə	Likör
malt whisky 'mɔːlt 'wɪskɪ	*aus gemälztem Korn gebrannter Whisky*
rum rʌm	Rum
whisky, Scotch 'wɪskɪ, skɒtʃ	Whisky

HEISSE GETRÄNKE

whisky/Scotch on the rocks
'wɪskɪ/'skɒtʃ ˌɒn ðə 'rɒks
Whisky mit Eis

whisky mac 'wɪskɪ 'mæk
Whisky mit Ingwerwein

Non-alcoholic drinks
alkoholfreie Getränke

apple juice 'æpl dʒuːs	Apfelsaft
fruit juice 'fruːt dʒuːs	Fruchtsaft
ginger ale 'dʒɪndʒər ˌeɪl	Ingwerlimonade
iced coffee 'aɪst 'kɒfɪ	Eiskaffee
juice dʒuːs	Saft
lemonade leməˈneɪd	Limonade
milkshake 'mɪlkʃeɪk	Milchmixgetränk
mineral water 'mɪnərəl wɔːtə	Mineralwasser
sparkling - - 'spɑːklɪŋ 'mɪnərəl wɔːtə	- mit Kohlensäure
still - - 'stɪl 'mɪnərəl wɔːtə	- ohne Kohlensäure
orange juice 'ɒrəndʒ dʒuːs	Orangensaft
soft drink 'sɒft 'drɪŋk	alkoholfreies Getränk
tap water 'tæp wɔːtə	Leitungswasser
tomato juice təˈmɑːtəʊ dʒuːs	Tomatensaft
tonic water 'tɒnɪk wɔːtə	Tonic

Hot drinks
Heiße Getränke

coffee 'kɒfɪ	Kaffee
white - 'waɪt 'kɒfɪ	- mit Milch
black - 'blæk 'kɒfɪ	- ohne Milch
hot chocolate 'hɒt 'tʃɒklət	heiße Schokolade
tea tiː	Tee
- with lemon 'tiː wɪð 'lemən	- mit Zitrone
- with milk 'tiː wɪð 'mɪlk	- mit Milch
herbal - 'hɜːbl 'tiː	Kräutertee

ESSEN UND TRINKEN

111

INFORMATION

INFORMATION

▶ Wo gibt es hier …	**Is there … around here?** 'ɪz ðər ⌣ … əraʊnd hɪə
ein Café?	**a café** ə kæˈfeɪ
eine Kneipe?	**a pub** əˈpʌb
▶ ein *gutes/preiswertes* Restaurant?	**a *good/reasonably cheap* restaurant** ə ˈgʊd/ˈriːznəblɪ ˈtʃiːp ˈrestərɒnt
ein typisch englisches Restaurant?	**a typical English restaurant** əˈtɪpɪkəl ⌣ ˈɪŋglɪʃ ˈrestərɒnt
▶ Einen Tisch für … Personen bitte.	**A table for …, please.** əˈteɪbl fə … pliːz
Ich möchte einen Tisch für *zwei/sechs* Personen um *acht Uhr/ halb acht* reservieren.	**I'd like to reserve a table for *two/six* for *eight o'clock/half-past seven*.** aɪd ˈlaɪk tə rɪˈzɜːv ⌣ ə ˈteɪbl fə ˈtuː/ˈsɪks fə(r) ⌣ ˈeɪt ⌣ əˈklɒk/ˈhɑːf pɑːst ˈsevən

112

HERR OBER!

Wir haben einen Tisch für … Personen reserviert (auf den Namen …)	**We've reserved a table for … (The name is …)** wiːv rɪˈzɜːvd_ə ˈteɪbl fə … (ðə ˈneɪm_ɪz …)
Ist dieser Platz noch frei?	**Is this seat taken?** ɪz ðɪs ˈsiːt ˈteɪkən ⟶ *Info S. 66*
Haben Sie einen Hochstuhl?	**Do you have a high chair?** də jʊ ˈhæv_ə ˈhaɪ tʃeə
Entschuldigung, wo sind hier die Toiletten?	**Excuse me, where are the toilets?** ɪkˈskjuːz mɪ ˈweər_ə ðə ˈtɔɪləts
This way. ˈðɪs weɪ	Hier entlang.
Smoking or non-smoking? ˈsməʊkɪŋ ɔː ˈnɒnˈsməʊkɪŋ	Raucher oder Nichtraucher?

INFO

In den meisten britischen Restaurants gibt es besondere Nichtraucherzonen. Man wird dann beim Betreten des Lokals gefragt, ob man im Raucher- oder Nichtraucherbereich sitzen möchte. Generell ist – dem Bedarf entsprechend – der Nichtraucher- bereich relativ klein.

HERR OBER!

Die *Karte/Getränke- karte* bitte.	**Could I have the *menu/wine list*, please?** ˈkʊd aɪ hæv ðə *ˈmenjuː/ˈwaɪn lɪst* pliːz
Ich möchte nur eine Kleinigkeit essen.	**I'd just like a snack.** aɪd ˈdʒʌst laɪk_ə ˈsnæk
Gibt es jetzt noch et- was Warmes zu essen?	**Are you still serving hot meals?** ˈɑː jʊ stɪl ˈsɜːvɪŋ ˈhɒt ˈmiːlz

ESSEN UND TRINKEN

HERR OBER!

▶ Ich möchte nur etwas trinken.

I'd just like something to drink.
aɪd ˈdʒʌst laɪk ˈsʌmθɪŋ tə ˈdrɪŋk

INFO ▶ Die Aufmerksamkeit der Kellner lenkt man meistens durch Augenkontakt oder durch ein Handzeichen an sich. Falls nötig, kann man **"Excuse me"** sagen. Den Kellner mit **"Waiter!"** bzw. die Kellnerin mit **"Waitress!"** zu rufen, ist relativ unüblich.

Wenn man in einem Restaurant die Getränkekarte sehen möchte, fragt man nach **"the wine list"** – hier werden hauptsächlich Weine, aber auch andere Getränke aufgeführt.

Wir haben leider nicht viel Zeit.

I'm afraid we're in a bit of a hurry.
aɪm_əˈfreɪd wɪər_ɪn ə ˈbɪt_əv_ə ˈhʌrɪ

Wir gehen in die Theatervorstellung um halb acht.

We're going to the theatre performance at 7.30. wɪə ˈgəʊɪŋ tə ðə ˈθɪətə pəfɔːməns_ət ˈsevənˈθɜːtɪ

114

HERR OBER!

What would you like to drink?
'wɒt wʊd_jʊ laɪk tə 'drɪŋk

Was möchten Sie
trinken?

Ich möchte …
 ein Glas
 Rotwein/Weißwein.
 ein Bier.
 eine (halbe)
 Flasche Hauswein.
 eine *kleine/*
 große Flasche
 Mineralwasser.
 eine Tasse Kaffee.

I'll have …, please. aɪl 'hæv_. . . pliːz
 a glass of *red/white* wine
 ə 'glɑːs_əv *'red/'waɪt* 'waɪn
 a beer ə 'bɪə
 a (half-)bottle of house wine
 ə ('hɑːf)bɒtl_əv 'haʊs 'waɪn
 **a *small/large* bottle of mineral
 water.** ə *'smɔːl/'lɑːdʒ* bɒtl_əv
 'mɪnərəl wɔːtə
 a cup of coffee ə 'kʌp_əv 'kɒfɪ

Sparkling or still?
'spɑːklɪŋ ɔː 'stɪl

Mit oder ohne
Kohlensäure?

Haben Sie auch
offenen Wein?

Do you sell wine by the glass?
də jʊ sel 'waɪn baɪ ðə 'glɑːs

INFO

Beachten Sie, daß man in manchen
Restaurants und Cafés keine alkoholi-
schen Getränke ohne Essen bestellen
kann. Es kommt auf die jeweilige
Schankerlaubnis an.

What would you like to eat?
'wɒt wʊd jʊ 'laɪk tʊ_'iːt

Was möchten Sie
essen?

Ich möchte …

I'd like/I'll have … aɪd 'laɪk/aɪl 'hæv

Haben Sie …?

Do you have …? də jʊ 'hæv . . .

Was empfehlen
Sie mir?

What can you recommend?
'wɒt kən jʊ rekə'mend

I can recommend … aɪ kən rekə'mend

Ich empfehle Ihnen …

Was sind die Speziali-
täten aus der Region?

Do you have any regional specialities?
də jʊ 'hæv_enɪ 'riːdʒnəl speʃɪ'ælətɪz

ESSEN UND TRINKEN

115

HERR OBER!

▶ Haben Sie …
diabetische Kost?
Diätkost?
vegetarische
Gerichte?

Do you serve … də jʊ 'sɜːv …
diabetic meals? daɪə'betɪk miːlz
dietary meals? 'daɪətrɪ miːlz
vegetarian dishes?
vedʒə'teərɪən dɪʃɪz

▶ Haben Sie
Kinderteller?

Do you have children's portions?
də jʊ hæv 'tʃɪldrənz pɔːʃnz

Ist … in dem
Gericht? Ich darf
das nicht essen.

**Does it have … in it? I'm not allowed
to eat any.** 'dʌz_ɪt hæv … 'ɪn_ɪt aɪm
'nɒt_ə'laʊd tʊ_'iːt_enɪ

What would you like *as a starter/
for dessert?* 'wɒt wʊd jʊ 'laɪk
_əz_ə 'stɑːtə/fə dɪ'zɜːt

Was nehmen Sie als
Vorspeise/Nachtisch?

Danke, ich nehme
*keine Vorspeise/
keinen Nachtisch.*

I won't have a *starter/dessert,* **thank
you.** aɪ 'wəʊnt hæv_ə 'stɑːtə/dɪ'zɜːt
'θæŋk_jʊ

What kind of dressing would you like?
'wɒt kaɪnd_əv 'dresɪŋ wʊd jʊ 'laɪk

Welche Salatsoße
hätten Sie gern?

Könnte ich …
statt … haben?

Could I have … instead of …?
'kʊd_aɪ hæv … ɪn'sted əv …

How would you like your steak?
'haʊ wʊd_jʊ 'laɪk jɔː 'steɪk

Wie möchten Sie Ihr
Steak?

Blutig.

Rare. reə

Englisch.

Medium-rare. 'miːdjəm 'reə

Medium.

Medium. 'miːdjəm

Gut durchgebraten.

Well done. 'wel 'dʌn

Bitte bringen Sie mir
noch (*ein/eine/einen*) …

**Could you bring me some more
(another) …, please?** 'kʊd jʊ 'brɪŋ mɪ
səm 'mɔː (ə'nʌðə) … pliːz

116

BESCHWERDEN

INFO ➤ Inzwischen hat sich die Qualität und Auswahl von **"pub food"**, also Essen in der Kneipe, wesentlich gebessert. Dort kann man – auch mit Kindern – besonders zu Mittag gut und preiswert essen.

„MECKERECKE"

Das habe ich nicht bestellt. Ich wollte …
That's not what I ordered. I wanted …
ðæts 'nɒt wɒt_aɪ 'ɔːdəd aɪ 'wɒntəd …

Hier *fehlt/fehlen* noch …
There's/There are no …
ðeəz/ðer_ə 'nəʊ …

Das Essen ist …
zu kalt.
versalzen.
The food is … ðə 'fuːd_ɪz …
cold. 'kəʊld
too salty. 'tuː 'sɔːltɪ

Das Essen ist nicht mehr frisch.
This food is stale. ðɪs 'fuːd_ɪz 'steɪl

Das Fleisch ist nicht lang genug gebraten.
The meat isn't cooked through.
ðə 'miːt_ɪznt 'kʊkt 'θruː

Das Fleisch ist zäh.
The meat's very tough.
ðə 'miːts 'verɪ 'tʌf

Bitte nehmen Sie es zurück.
Could you take it back, please?
'kʊd jʊ teɪk_ɪt 'bæk pliːz

Sagen Sie bitte dem Koch mein Kompliment!
Would you give my compliments to the chef, please? wʊd jʊ 'gɪv maɪ 'kɒmplɪmənts tə ðə 'ʃef pliːz

INFO ➤ Wobei man in GB üblicherweise das, was einem vorgesetzt wird, ohne zu meckern aufißt!!

ESSEN UND TRINKEN

117

RECHNUNG

DIE RECHNUNG BITTE!

Ich möchte zahlen.
Could I have the bill, please?
'kʊd aɪ hæv ðə 'bɪl pliːz

Ich möchte eine Quittung.
Could I have a receipt?
'kʊd aɪ hæv ə rɪ'siːt

Wir möchten getrennt bezahlen.
We'd like to pay separately.
wiːd 'laɪk tə peɪ 'seprətlɪ

Darf ich *Sie/dich* einladen?
I'd like to pay for your meal.
aɪd 'laɪk tə 'peɪ fə jɔː 'miːl

Sie sind/Du bist heute mein Gast.
I'd like to pay for this.
'aɪd laɪk tə 'peɪ fə ðɪs

Did you enjoy it? dɪd jʊ ɪn'dʒɔɪ_ɪt
Hat es Ihnen geschmeckt?

Danke, sehr gut.
It was very nice, thank you.
ɪt wəz 'verɪ 'naɪs θæŋk_jʊ

Ich glaube, hier stimmt etwas nicht.
I think there's been a mistake.
aɪ 'θɪŋk ðəz 'bɪn_ə mɪ'steɪk

Das hatten wir nicht bestellt.
We didn't order that.
wɪ 'dɪdnt 'ɔːdə ðæt

Es stimmt so.
Keep the change. 'kiːp ðə tʃeɪndʒ

Vielen Dank.
Thank you very much.
'θæŋk_jʊ 'verɪ 'mʌtʃ

INFO

In britischen Restaurants ist ein Trinkgeld von etwa 10% angebracht. Oft wird dies automatisch auf die Rechnung gesetzt. Sie sollten also, wenn Sie sich die Preise ansehen, etwa 10% hinzurechnen, es sei denn, es steht unten auf der Speisekarte ausdrück-

GEMEINSAM

lich **"Service (charge) included"**
(inklusiv Bedienung). In diesem Fall
brauchen Sie kein weiteres Trinkgeld
zu hinterlassen, außer wenn Sie eine
außerordentlich gute Bedienung
anerkennen wollen.

GEMEINSAM AM
GEDECKTEN TISCH

INFO

In Großbritannien ist es unüblich, sich
vor der Mahlzeit „Guten Appetit" zu
wünschen, obwohl man gelegentlich
das französische **„Bon appetit!"** hört.

Zum Wohl!

Cheers!/(formell) **To your good
health!** *tʃɪəz/tə jɔː 'gʊd 'helθ*

How are you enjoying your meal?
'haʊ‿ə jʊ ɪn'dʒɔɪŋ jɔː 'miːl

Wie schmeckt
es *Ihnen/dir*?

Danke, sehr gut.

It's very nice, thank you.
ɪts 'verɪ 'naɪs 'θæŋk‿jʊ

Would you like some of this?
wʊd jʊ 'laɪk səm‿əv ðɪs

*Möchten Sie/Möchtest
du* hiervon?

Would like some more?
wʊd jʊ 'laɪk səm 'mɔː

Noch etwas ...?

Ja, gerne.

Yes, please. *'jes 'pliːz*

Danke, im
Moment nicht.

Not at the moment, thanks.
'nɒt ət ðə 'məʊmənt 'θæŋks

Danke, ich bin satt.

No thank you, I'm full.
'nəʊ 'θæŋk‿jʊ aɪm 'fʊl

Was ist das?

What's that? *'wɒts 'ðæt*

ESSEN UND TRINKEN

119

ESSEN & TRINKEN

▶ *Würden Sie/Würdest du* mir bitte … reichen?
Could you pass me the …, please? kʊd jʊ 'pɑːs mɪ ðə . . . pliːz

Ich *möchte/darf* keinen Alkohol trinken.
***I don't want/I'm not allowed* to drink any alcohol.** aɪ 'dəʊnt 'wɒnt/aɪm 'nɒt ə'laʊd tə drɪŋk enɪ_ 'ælkəhɒl

▶ Stört es *Sie/dich*, wenn ich rauche?
Do you mind if I smoke? də jʊ 'maɪnd_ɪf aɪ 'sməʊk

▶ Danke für die Einladung.
Thank you very much for the meal. 'θæŋk_jʊ 'verɪ 'mʌtʃ fə ðə 'miːl

▶ Es war ausgezeichnet.
It was excellent. 'ɪt wəz_'eksələnt

Essen und Trinken

Abendessen	**dinner, supper** 'dɪnə, 'sʌpə
Alkohol	**alcohol** 'ælkəhɒl
alkoholfrei	**non-alcoholic, low-alcohol** 'nɒnælkə'hɒlɪk, 'ləʊ'ælkəhɒl
Aschenbecher	**ashtray** 'æʃtreɪ
ausgezeichnet	**excellent** 'eksələnt
Bedienung	**waiter, waitress** 'weɪtə, 'weɪtrəs
Besteck	**cutlery** 'kʌtlərɪ
bestellen	**to order** tʊ_'ɔːdə
Bestellung	**order** 'ɔːdə
bezahlen	**to pay** tə peɪ
Bier	**beer** bɪə
bringen	**to bring** tə brɪŋ
Brot	**bread** bred
belegtes -	**sandwich** 'sændwɪdʒ
Brötchen	**roll** rəʊl
Butter	**butter** 'bʌtə
Café	**café** kæ'feɪ
Diabetiker	**diabetic** daɪə'betɪk
diabetisch	**diabetic** daɪə'betɪk

120

WORTLISTE

Diät	**diet** 'daɪət
durstig sein	**to be thirsty** tə bɪ 'θɜːstɪ
Ei	**egg** eg
hartgekochtes -	**hard-boiled egg** 'hɑːdbɔɪld_'eg
weichgekochtes -	**soft-boiled egg** 'sɒftbɔɪld_'eg
einladen, jemanden	**to pay for somebody's meal** tə 'peɪ fə 'sʌmbədɪz 'miːl
Eis(würfel)	**ice (cubes)** 'aɪs_kjuːbz
essen	**to eat** tʊ_iːt
Essen	**food** fuːd
Essig	**vinegar** 'vɪnɪgə
Fett	**fat** fæt
fett	**greasy, fatty** 'griːsɪ, 'fætɪ
Filterkaffee	***real/filter* coffee** 'rɪəl/'fɪltə kɒfɪ
Fisch	**fish** fɪʃ
Flasche	**bottle** 'bɒtl
Fleisch	**meat** miːt
frisch	**fresh** freʃ
Frühstück	**breakfast** 'brekfəst
Füllung	**filling** 'fɪlɪŋ
Gabel	**fork** fɔːk
Gang	**course** kɔːs
Gast	**guest** gest
Gebäck	**cakes *pl.* (and biscuits *pl.*)** 'keɪks(_ən 'bɪskɪts)
Gedeck	**cover; (*Kosten*) cover charge** 'kʌvə; 'kʌvə tʃɑːdʒ
Gemüse	**vegetables *pl.*** 'vedʒtəblz
Gericht	**meal** miːl
Getränk	**drink** drɪŋk
Getränkekarte	**wine list** 'waɪn lɪst
getrennt bezahlen	**to pay separately** tə peɪ 'seprətlɪ
Gewürz	**spice** spaɪs
gewürzt	**seasoned** 'siːzənd
Glas	**glass** glɑːs

ESSEN UND TRINKEN

121

ESSEN & TRINKEN

Gräte	**bone** bəʊn
hart	**hard** hɑːd
Hauptgericht	**main course** ˈmeɪn kɔːs
hausgemacht	**homemade** ˈhəʊmmeɪd
heiß	**hot** hɒt
Hochstuhl	**high chair** ˈhaɪ tʃeə
Honig	**honey** ˈhʌnɪ
hungrig sein	**to be hungry** tə bɪ ˈhʌngrɪ
Kaffee	**coffee** ˈkɒfɪ
koffeinfreier -	**decaffeinated coffee, decaf** diːˈkæfɪneɪtəd ˈkɒfɪ, ˈdiːkæf
schwarzer -	**black coffee** ˈblæk ˈkɒfɪ
- mit Milch	**white coffee** ˈwaɪt ˈkɒfɪ
- mit Zucker	**coffee with sugar** ˈkɒfɪ wɪð ˈʃʊgə
Kakao	**cocoa** ˈkəʊkəʊ
kalt	**cold** kəʊld
Karaffe	**carafe** kəˈræf
Käse	**cheese** tʃiːz
Kellner	**waiter** ˈweɪtə
Kellnerin	**waitress** ˈweɪtrəs
Kinderteller	**children's portion** ˈtʃɪldrənz pɔːʃn
Kneipe	**pub** pʌb
Knoblauch	**garlic** ˈgɑːlɪk
Knochen	**bone** bəʊn
Korkenzieher	**corkscrew** ˈkɔːkskruː
Kräuter	**herbs** hɜːbz
Kuchen	**cake** keɪk
Löffel	**spoon** spuːn
mager	**lean** liːn
Margarine	**margarine** mɑːdʒəˈriːn
Marmelade	**jam** dʒæm
Mayonnaise	**mayonnaise** meɪəˈneɪz
Menü	**set *meal/lunch*** ˈset ˈmiːl/ˈlʌntʃ
Messer	**knife** naɪf
Milch	**milk** mɪlk

122

WORTLISTE

Mineralwasser	**mineral water**	'mɪnərəl wɔːtə
- mit Kohlensäure	**sparkling mineral water**	
	'spɑːklɪŋ 'mɪnərəl wɔːtə	
- ohne Kohlen-	**still mineral water**	
säure	'stɪl 'mɪnərəl wɔːtə	
Mittagessen	**lunch**	lʌntʃ
Nachtisch	**dessert**	dɪ'zɜːt
Obst	**fruit**	fruːt
Öl	**oil**	ɔɪl
Olivenöl	**olive oil**	'ɒlɪv‿'ɔɪl
Pfeffer	**pepper**	'pepə
Pilze	**mushrooms**	'mʌʃrʊmz
Pizza	**pizza**	'piːtsə
Platz	**seat**	siːt
Portion	**portion**	'pɔːʃn
probieren	**to try**	tə traɪ
Quark	**curd cheese**	'kɜːd 'tʃiːz
reservieren	**to book**	tə bʊk
Restaurant	**restaurant**	'restərɒnt
Rohkost	**crudités**	'kruːdɪteɪ
Rührei	**scrambled egg**	'skræmbld‿'eg
Sahne	**cream**	kriːm
Salat	**salad; (*Kopfsalat*) lettuce**	
	'sæləd; 'letɪs	
Salatsoße	**dressing**	'dresɪŋ
Salz	**salt**	sɔːlt
satt sein	**to be full**	tə bɪ 'fʊl
sauer	**sour**	'saʊə
scharf	**hot, spicey**	hɒt, 'spaɪsɪ
Scheibe	**slice**	slaɪs
Schinken	**ham**	hæm
schmecken	**to taste**	tə teɪst
Schonkost	**light food**	'laɪt 'fuːd
Senf	**mustard**	'mʌstəd
Serviette	**serviette, napkin**	sɜːvɪ'et, 'næpkɪn

ESSEN UND TRINKEN

ESSEN & TRINKEN

Soße	**sauce;** (*Bratensoße*) **gravy** sɔːs; ˈgreɪvɪ
Speisekarte	**menu** ˈmenjuː
Spezialität	**speciality** speʃɪˈælətɪ
Spiegelei	**fried egg** ˈfraɪd ˌ'eg
Strohhalm	**straw** strɔː
Stück	**piece** piːs
Suppe	**soup** suːp
süß	**sweet** swiːt
Süßstoff	**sweetener** ˈswiːtnə
Tagesgericht	**dish of the day** ˈdɪʃ ˌəv ðə ˈdeɪ
Tasse	**cup** kʌp
Tee	**tea** tiː
Teelöffel	**teaspoon** ˈtiːspuːn
Teller	**plate** pleɪt
Tisch	**table** ˈteɪbl
Toast	**toast** təʊst
Toilette	**toilet** ˈtɔɪlət
trinken	**to drink** tə drɪŋk
Trinkgeld	**tip** tɪp
vegetarisch	**vegetarian** vedʒəˈteərɪən
-e Gerichte	**vegetarian dishes** vedʒəˈteərɪən ˈdɪʃɪz
Vollkornbrot	**wholemeal bread** ˈhəʊlmiːl ˈbred
Vorspeise	**starter** ˈstɑːtə
warm	**warm** wɔːm
Wasser	**water** ˈwɔːtə
weich	**soft** sɒft
Wein	**wine** waɪn
Weißbrot	**white bread** ˈwaɪt ˈbred
zahlen	**to pay** tə peɪ
Zahnstocher	**toothpick** ˈtuːθpɪk
Zucker	**sugar** ˈʃʊgə
Zwiebel	**onion** ˈʌnjən

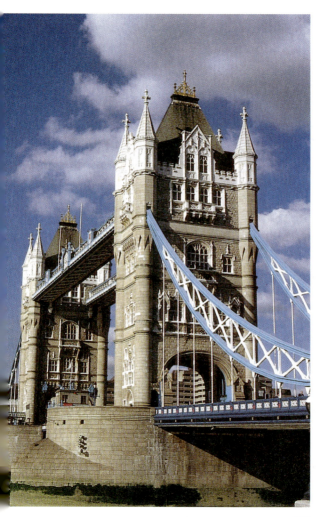

SEHENSWERTES

INFORMATION

BEI DER TOURISTEN-INFORMATION

▶ Ich möchte …
  einen Plan von
  der Umgebung.
▶ einen Stadtplan.

  einen U-Bahn-Plan.

  einen Veranstal-
  tungskalender.

Could I have … ˈkʊd_aɪ ˈhæv_ˈ…
  a map of the area? ə ˈmæp_əv
  ðɪ_ˈeərɪə
  a map of the *town/city*?
  ə ˈmæp_əv ðə *ˈtaʊn/ˈsɪtɪ*
  an underground map?
  ən_ˈʌndəɡraʊnd ˈmæp
  an events guide? ən_ɪˈvents ɡaɪd

▶ Gibt es
  Stadtrundfahrten/
  Stadtführungen?

Are there *city sightseeing tours/guided*
walks around the city ˈɑː ðə ˈsɪtɪ
ˈsaɪtsiːɪŋ tʊəz/ˈɡaɪdəd ˈwɔːks_əˈraʊnd
ðə ˈsɪtɪ

▶ Was kostet die
  Stadtrundfahrt/
  Stadtführung?

How much is the *(city) sightseeing*
***tour/guided walk (around the city)*?**
haʊ ˈmʌtʃ_ɪz ðə *(ˈsɪtɪ)* ˈsaɪtsiːɪŋ
tʊə/ˈɡaɪdəd ˈwɔːk_(əˈraʊnd ðə ˈsɪtɪ)

▶ Wie lange dauert
  die *Stadtrundfahrt/*
  Stadtführung?

How long does the *(city) sightseeing*
tour/guided walk (around the city)
take? haʊ ˈlɒŋ dʌz ðə *(ˈsɪtɪ)* ˈsaɪtsiːɪŋ
tʊə/ˈɡaɪdəd ˈwɔːk_(əˈraʊnd ðə ˈsɪtɪ)
teɪk

  Bitte *eine Karte/*
  zwei Karten für die
  Stadtrundfahrt/
  Stadtführung.

A ticket/Two tickets* for the *(city)
sightseeing tour/guided walk (around
***the city)*, please.** ə ˈtɪkət/ˈtuː ˈtɪkəts fə
ðə *(ˈsɪtɪ)* ˈsaɪtsiːɪŋ tʊə/ˈɡaɪdəd
ˈwɔːk_(əˈraʊnd ðə ˈsɪtɪ) pliːz

  Welche Sehenswürdig-
  keiten gibt es hier?

What are the places of interest
around here? ˈwɒt_ə ðə
ˈpleɪsəz_əv_ˈɪntrəst_əraʊnd hɪə

126

BESICHTIGUNGEN

Ich möchte … besichtigen.
I'd like to visit … aɪd 'laɪk tə 'vɪzɪt …

Wann/Wie lange ist … geöffnet?
When/How long is … open?
'wen/haʊ 'lɒŋ ɪz … 'əʊpən

Bitte für den Ausflug morgen nach … *einen Platz/zwei Plätze.*
One ticket/Two tickets for tomorrow's excursion to …, please.
'wʌn 'tɪkət/tuː 'tɪkəts fə tə'mɒrəʊz_ɪk'skɜːʃn tə … pliːz

Wann/Wo treffen wir uns?
When/Where do we meet?
'wen/'weə də wɪ 'miːt

Besichtigen wir auch …?
Do we also visit …?
dʊ wɪ 'ɔːlsəʊ 'vɪzɪt …

Wann geht es los?
When do we start? 'wen də wɪ 'stɑːt

Wann kommen wir zurück?
When do we get back?
'wen də wɪ get 'bæk

→ *Hotelreservierung: Hotel (S. 35);*
öffentliche Verkehrsmittel: Unterwegs (ab S. 59);
Fragen nach dem Weg (S. 54)

BESICHTIGUNGEN UND AUSFLÜGE

Wann/Wie lange ist … geöffnet?
When are the opening hours of …?
'wen_ə ðɪ_'əʊpənɪŋ_aʊəz_əv …

Wieviel kostet *der Eintritt/die Führung*?
What's the admission charge?/How much does the guided tour cost?
'wɒts ðɪ_əd'mɪʃn tʃɑːdʒ/'haʊ mʌtʃ dəz ðə 'gaɪdəd 'tʊə kɒst

Gibt es auch Führungen auf deutsch?
Are there guided tours in German, too? 'ɑː ðə 'gaɪdəd 'tʊəz_ɪn 'dʒɜːmən 'tuː

127

BESICHTIGUNGEN

▶ Gibt es eine
Ermäßigung für …
    Familien?
    Gruppen?
    Kinder?
▶   Studenten?

Are there … concessions?
'ɑː ðə … kən'seʃnz
    family 'fæmlı
    group 'gruːp
    child 'tʃaɪld
    student 'stjuːdənt

Gibt es eine
Ermäßigung für
Senioren?

**Are there concessions for senior
citizens?** 'ɑː ðə kən'seʃnz fə 'siːnjə
'sɪtɪzənz

**Do you have *your ID/your pass* with
you?** də jʊ 'hæv *jər_aɪ'diː/jɔː 'pɑːs*
wɪð jʊ

Haben Sie einen
Ausweis dabei?

▶ Wann beginnt
die Führung?

When does the guided tour start?
'wen dəz ðə 'gaɪdəd 'tʊə 'stɑːt

*Eine Karte/
Zwei Karten* bitte.

***One ticket/Two tickets*, please.**
'wʌn 'tɪkət/'tuː 'tɪkəts pliːz

▶ Zwei Erwachsene,
zwei Kinder bitte.

**Two adults and two *children/halves*,
please.** 'tuː_'ædʌlts_ən 'tuː
'tʃɪldrən/'hɑːvz pliːz

Darf man
fotografieren/filmen?

Is *photography/videoing* allowed?
ɪz fə'tɒgrəfɪ/'vɪdiəʊɪŋ_ə'laʊd

▶ Was für ein *Gebäude/
Denkmal* ist das?

What *building/monument* is that?
'wɒt *'bɪldɪŋ/'mɒnjʊmənt_ɪz* 'ðæt

▶ Haben Sie einen
Katalog/Führer?

Do you have a *catalogue/guide*?
də jʊ 'hæv_ə *'kætəlɒg/'gaɪd*

INFO ➡

In Großbritannien ist der Eintritt zu
den Museen und Gemäldegalerien
vorwiegend noch frei. Für freiwillige
Spenden stehen meistens Glaskästen
bereit.

128

WORTLISTE

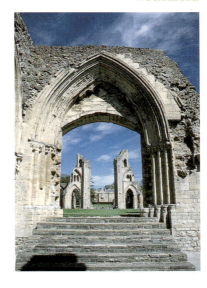

Besichtigungen und Ausflüge

abstrakt	**abstract** ˈæbstrækt
Abtei	**abbey** ˈæbɪ
Altar	**altar** ˈɔːltə
Alte Meister	**Old Masters** ˈəʊldˈmɑːstəz
Altstadt	**old (part of) town** ˈəʊld (pɑːt ˌəv) ˈtaʊn
angelsächsisch	**Anglo-Saxon** ˈæŋgləʊˈsæksən
Aquarell	**water-colour** ˈwɔːtəkʌlə
Archäologie	**archeology** ˈɑːkɪˈɒlədʒɪ
Architekt	**architect** ˈɑːkɪtekt
Architektur	**architecture** ˈɑːkɪtektʃə
Ausflug	**excursion, trip** ɪkˈskɜːʃn, trɪp
Ausgrabungen	**excavations, dig** *sg.* ˈekskəˈveɪʃnz, dɪg

SEHENSWERTES

BESICHTIGUNGEN

Aussicht	**view** vjuː
Ausstellung	**exhibition** 'eksɪ'bɪʃn
Barock	**baroque** bə'rɒk
barock	**baroque** bə'rɒk
Bauwerk	**building** 'bɪldɪŋ
besichtigen	**to visit** tə 'vɪzɪt
Besichtigung	**(sightseeing) tour, visit** ('saɪtsiːɪŋ) 'tʊə, 'vɪzɪt
Bibliothek	**library** 'laɪbrərɪ
Bild	**picture, painting** 'pɪktʃə, 'peɪntɪŋ
Bildhauer	**sculptor** 'skʌlptə
Botanischer Garten	**Botanical Gardens** bə'tænɪkl 'gɑːdnz
Brauerei	**brewery** 'bruːərɪ
Bronze	**bronze (*figure/statue*)** 'brɒnz ('fɪgə/'stætʃuː)
Brücke	**bridge** brɪdʒ
Brunnen	**fountain** 'faʊntən
Burg	**castle** 'kɑːsl
Büste	**bust** bʌst
Chor	**choir, chancel** 'kwaɪə, 'tʃɑːnsl
Chorgestühl	**choir stalls** *pl.* 'kwaɪə 'stɔːlz
Decke	**ceiling** 'siːlɪŋ
Denkmal	**monument; statue** 'mɒnjʊmənt; 'stætʃuː
unter -schutz stehen	**to be listed** tə bɪ 'lɪstəd
Destillerie	**distillery** dɪ'stɪlərɪ
Dom	**cathedral** kə'θiːdrəl
Druck	**print** prɪnt
Epoche	**epoch, era** 'iːpɒk, 'ɪərə
Fassade	**façade** fə'sɑːd
Fenster	**window** 'wɪndəʊ
Festung	**fortress, castle** 'fɔːtrəs, 'kɑːsl
filmen	**to video, to film** tə 'vɪdɪəʊ, tə fɪlm
Fluß	**river** 'rɪvə
Fotografie	**photography** fə'tɒgrəfɪ

WORTLISTE

fotografieren	**to take photographs** təˈteɪk ˈfəʊtəɡrɑːfs
Fremdenführer	**tourist guide** ˈtʊərɪst gaɪd
Fresko	**fresco** ˈfreskəʊ
Friedhof	**cemetery; (*Kirchhof*) churchyard** ˈsemətrɪ; ˈtʃɜːtʃjɑːd
Frühwerk	**early work** ˈɜːlɪ ˈwɜːk
Führung	**guided tour** ˈɡaɪdɪd ˈtʊə
Fußgängerzone	**pedestrian zone** pɪˈdestrɪən ˈzəʊn
Galerie	**gallery** ˈɡælərɪ
Garten	**garden** ˈɡɑːdn
Gebirge	**mountains** ˈmaʊntənz
Gedenkstätte	**memorial** məˈmɔːrɪəl
Gemälde	**painting** ˈpeɪntɪŋ
-sammlung	**art *collection/gallery*** ˈɑːt kəlekʃn/ɡælərɪ
geöffnet	**open** ˈəʊpən
Geschichte	**history** ˈhɪstərɪ
geschlossen	**closed** kləʊzd
Gewölbe	**vault; (*Kellergewölbe*) vaults *pl.*** vɔːlt; vɔːlts
Glas	**glass** glɑːs
Glocke	**bell** bel
Gotik	**Gothic** ˈɡɒθɪk
gotisch	**Gothic** ˈɡɒθɪk
Gottesdienst	**(church) service** (ˈtʃɜːtʃ) ˈsɜːvɪs
Grab	**grave; (*-mal*) tomb** greɪv; tuːm
Hafen	**port, harbour** pɔːt, ˈhɑːbə
Haus	**house** haʊs
Hof	**court** kɔːt
Höhle	**cave** keɪv
Holztäfelung	**wood panelling** ˈwʊd ˈpænəlɪŋ
Impressionismus	**Impressionism** ɪmˈpreʃənɪzm
Inschrift	**inscription** ɪnˈskrɪpʃn
Jahrhundert	**century** ˈsentʃərɪ

SEHENSWERTES

BESICHTIGUNGEN

Kanzel	**pulpit** 'pʊlpɪt
Kapelle	**chapel** 'tʃæpl
Kathedrale	**cathedral** kə'θiːdrəl
Keramik	**ceramic(s *pl.*)** sə'ræmɪk(s)
Kirche	**church** tʃɜːtʃ
Kirchturm	**church tower; (*mit Spitze*) steeple, spire** tʃɜːtʃ 'taʊə; 'stiːpl, 'spaɪə
Klippe	**cliff; (*Fels*) rock** klɪf; rɒk
Klassizismus	**neoclassicism** 'niːəʊ'klæsɪsɪzm
klassizistisch	**neoclassical** 'niːəʊ'klæsɪkl
Kloster	**monastery; (*Nonnenkloster*) convent** 'mɒnəstri; 'kɒnvənt
König	**king** kɪŋ
Königin	**queen** kwiːn
Kreuz	**cross** krɒs
Kreuzgang	**cloisters *pl.*** 'klɔɪstəz
Kronjuwelen	**crown jewels** 'kraʊn 'dʒuːəlz
Krypta	**crypt** krɪpt
Kunst	**art** ɑːt
Künstler	**artist; painter** 'ɑːtɪst; 'peɪntə
Kuppel	**dome** dəʊm
Landschaft	**landscape** 'lændskeɪp
Maler	**painter** 'peɪntə
Malerei	**painting** 'peɪntɪŋ
Markt	**market** 'mɑːkɪt
-halle	**covered market** 'kʌvəd 'mɑːkɪt
Marmor	**marble** 'mɑːbl
Mauer	**wall** wɔːl
Mittelalter	**Middle Ages *pl.*** 'mɪdl_'eɪdʒɪz
mittelalterlich	**mediaeval** medɪ'iːvl
Möbel	**furniture** 'fɜːnɪtʃə
Modell	**model** 'mɒdl
modern	**modern** 'mɒdn
Mosaik	**mosaic** məʊ'zeɪɪk
Museum	**museum** mjʊ'ziːəm

WORTLISTE

Nationalpark	**national park** 'næʃənəl 'pɑːk	
naturkundliches Museum	**natural history museum** 'nætʃərəl 'hɪstəri mjuˈziːəm	
Naturschutzgebiet	**conservation area;** (*in GB oft*) **National Trust property** 'kɒnsəˈveɪʃn‿ˌeərɪə; 'næʃənəl 'trʌst 'prɒpəti	
neugotisch	**neo-Gothic, Gothic revival** 'niːəʊ'gɒθɪk, 'gɒθɪk rɪ'vaɪvl	
normannisch	**Norman** 'nɔːmən	
Ölmalerei	**oil painting** 'ɔɪl peɪntɪŋ	
Opernhaus	**opera house** 'ɒpərə haʊs	
Orgel	**organ** 'ɔːgən	
Original	**original** əˈrɪdʒənəl	
Palast	**palace** 'pæləs	
Park	**park** pɑːk	
Plakat	**poster** 'pəʊstə	
Planetarium	**planetarium** plænəˈteərɪəm	
Plastik	**sculpture** 'skʌlptʃə	
Platz	**square** skweə	
Portal	**portal, main entrance** 'pɔːtl, 'meɪn‿'entrəns	
Portrait	**portrait** 'pɔːtrət	
Prospekt	**brochure** 'brəʊʃə	
Radierung	**etching** 'etʃɪŋ	
Rathaus	***town/city* hall** 'taʊn/'sɪtɪ 'hɔːl	
rekonstruieren	**to reconstruct** tə 'riːkən'strʌkt	
Relief	**relief** rɪ'liːf	
Religion	**religion** rɪ'lɪdʒən	
Renaissance	**renaissance** rɪ'neɪsns	
restaurieren	**to restore** tə rɪ'stɔː	
Romanik	(*in England*) **Norman era; Norman style** 'nɔːmən‿'ɪərə; 'nɔːmən 'staɪl	
romanisch	(*in England*) **Norman** 'nɔːmən	

SEHENSWERTES

133

BESICHTIGUNGEN

Romantik	**Romantic era; Romantic style** rə'mæntɪk _'ɪərə; rə'mæntɪk 'staɪl
Rosette	**rose window** 'rəʊz 'wɪndəʊ
Ruine	**ruin(s pl.)** 'ruːɪn(z)
Saal	**hall** hɔːl
Sand	**sand** sænd
Sandstein	**sandstone** 'sændstəʊn
Säule	**column, pillar** 'kɒləm, 'pɪlə
Schatzkammer	**treasury** 'treʒərɪ
Schloß	**castle, palace** 'kɑːsl, 'pæləs
Schnitzerei	**(wood) carving** ('wʊd) 'kɑːvɪŋ
See	**lake** leɪk
Sehenswürdigkeiten	**places of interest, sights** 'pleɪsɪz_əv_'ɪntrəst, saɪts
Skulptur	**sculpture** 'skʌlptʃə
Spätwerk	**late work** 'leɪt wɜːk
Stadt	**town, city** taʊn, 'sɪtɪ
-führung	**guided tour of the city** 'gaɪdəd 'tʊər_əv ðə 'sɪtɪ
-mauer	**city wall** 'sɪtɪ 'wɔːl
-teil	**part** *of town/of the city* 'pɑːt_əv 'taʊn/əv ðə 'sɪtɪ
-tor	***city/town* gate, entrance to the *city/town*** 'sɪtɪ/'taʊn 'geɪt, 'entrəns tə ðə 'sɪtɪ/'taʊn
-zentrum	***town/city* centre** 'taʊn/'sɪtɪ 'sentə
Statue	**statue** 'stætʃuː
Sternwarte	**observatory** əb'zɜːvətrɪ
Stil	**style** staɪl
Stilleben	**still life** 'stɪl 'laɪf
Strebepfeiler	**(flying) buttress** ('flaɪɪŋ) 'bʌtrəs
Synagoge	**synagogue** 'sɪnəgɒg
Tal	**valley** 'vælɪ
Theater	**theatre** 'θɪətə
Töpferei	**pottery** 'pɒtərɪ

WORTLISTE

Tor	**gate** geɪt
Touristeninformation	**tourist information** 'tʊərɪst_ɪnfə'meɪʃn
Treppe	**staircase; (*draußen*) steps** *pl.* 'steəkeɪs; steps
Tropfsteinhöhle	**stalactite cave** 'stæləktaɪt 'keɪv
Turm	**tower** 'taʊə
Überreste	**remains** rɪ'meɪnz
Umgebung	**surrounding area, surroundings** *pl.* sə'raʊndɪŋ_'eərɪə, sə'raʊndɪŋz
Universität	**university** 'juːnɪ'vɜːsətɪ
Vase	**vase** vɑːz
viktorianisch	**Victorian** vɪk'tɔːrɪən
Wachablösung	**changing of the guard** 'tʃeɪndʒɪŋ_əv ðə 'gɑːd
Wald	**wood, forest** wʊd, 'fɒrɪst
Wallfahrtsort	**place of pilgrimage** 'pleɪs_əv 'pɪlgrɪmɪdʒ
Wandmalerei	**mural** 'mjʊərəl
Wappen	**(coat of) arms** *pl.* ('kəʊt_əv)_'ɑːmz
Wasserspeier	**gargoyle** 'gɑːgɔɪl
Zeichnung	**drawing; (*Skizze*) sketch** 'drɔːɪŋ; sketʃ
Zoo	**zoo** zuː

TIERE UND PFLANZEN

aconite 'ækənaɪt	Eisenhut
cedar 'siːdə	Zeder
daffodil 'dæfədɪl	Narzisse
heather 'heðə	Heidekraut
horse chestnut 'hɔːs 'tʃesnʌt	Kastanie
maple 'meɪpl	Ahorn
oak əʊk	Eiche
wisteria wɪ'stɪərɪə	Glyzinie

SEHENSWERTES

135

TIERE

yew juː	Eibe
badger 'bædʒə	Dachs
bat bæt	Fledermaus
boar bɔː	Wildschwein
carp kɑːp	Karpfen
cattle 'kætl	Rindvieh
curlew 'kɜːljuː	Brachvogel
deer dɪə	Reh
duck dʌk	Ente
fox fɒks	Fuchs
grouse graʊs	Moorhuhn
hare heə	Hase
heron 'herən	Reiher
jackdaw 'dʒækdɔː	Dohle
mallard 'mæləd	Stockente
osprey 'ɒsprɪ	Fischadler
otter 'ɒtə	Otter
owl aʊl	Eule
partridge 'pɑːtrɪdʒ	Rebhuhn
pheasant 'feznt	Fasan
pig pɪg	Schwein
pike paɪk	Hecht
pigeon 'pɪdʒən	Taube
plover 'plʌvə	Regenpfeifer
rabbit 'ræbɪt	Kaninchen
robin 'rɒbɪn	Rotkehlchen
salmon 'sæmən	Lachs
seagull 'siːgʌl	Möwe
seal siːl	Seehund
sheep ʃiːp	Schaf
swan swɒn	Schwan
toad təʊd	Kröte
trout traʊt	Forelle
weasel 'wiːzl	Wiesel
wren ren	Zaunkönig

SHOPPING

ALLGEMEINES

ALLGEMEINES

Wo bekomme ich …?	**Where can I get …?** 'weə kən_aɪ 'get …
Can I help you (at all)? kən_aɪ 'help_juː(_ət_ɔːl)	Kann ich Ihnen helfen?
▶ Danke, ich sehe mich nur um.	**I'm just looking, thanks.** aɪm 'dʒʌst 'lʊkɪŋ 'θæŋks
▶ Ich werde schon bedient.	**I'm being served, thanks.** aɪm 'biːɪŋ 'sɜːvd 'θæŋks
▶ Ich hätte gerne …	**I'd like …** aɪd 'laɪk
Geben Sie mir bitte …	**Could I have …, please?** kʊd_aɪ 'hæv … pliːz
eine Dose …	**a tin of …** ə 'tɪn_əv …
eine Flasche …	**a bottle of …** ə 'bɒtl_əv …
ein Glas …	**a jar of …** ə 'dʒɑːr_əv …
einen Meter …	**a metre of …** ə 'miːtər_əv …
eine Packung …	**a packet of …** ə 'pækɪt_əv …
eine Tube …	**a tube of …** ə 'tjuːb_əv …
I'm afraid we've run out of … aɪm_ə'freɪd wiːv rʌn_'aʊt_əv …	Es tut mir leid, wir haben keine … mehr.
▶ Was *kostet/kosten* …?	**How much *is/are* …?** haʊ 'mʌtʃ_ɪz/ə …
Das gefällt mir nicht so gut.	**I don't like that so much.** aɪ 'dəʊnt 'laɪk ðæt səʊ 'mʌtʃ
Können Sie mir noch etwas anderes zeigen?	**Is there anything else you could show me?** ɪz ðər_'enɪθɪŋ_'els jʊ kʊd 'ʃəʊ mɪ
Haben Sie etwas Billigeres?	**Do you have anything cheaper?** də jʊ 'hæv_enɪθɪŋ 'tʃiːpə
Ich muß mir das noch mal überlegen.	**I'll have to think about it.** aɪl 'hæv_tə 'θɪŋk_əbaʊt_ɪt
▶ Das gefällt mir. Ich nehme es.	**I like it. I'll take that.** aɪ 'laɪk_ɪt aɪl 'teɪk ðæt

138

ALLGEMEINES

Anything else(, *Madam/Sir*)?
'enɪθɪŋ_'els ('mædəm/'sɜː)

Darf es sonst noch
etwas sein?

Danke, das ist alles.

That's all, thanks. ðæts_'ɔːl 'θæŋks

Kann ich *mit dieser
Kreditkarte/mit Euro-
scheck* zahlen?

**Can I pay *with this credit card/by
Eurocheque*?** kən aɪ 'peɪ wɪð 'ðɪs
'kredɪt kɑːd/baɪ_'jʊərəʊtʃek

Haben Sie
eine Tragetüte?

Do you have a (carrier) bag?
də jʊ 'hæv_ə ('kærɪə) 'bæg

Können Sie es mir
*für die Reise/als
Geschenk* einpacken?

**Could you *pack it up for my journey/
wrap it up as a present*, please?**
'kʊd_jʊ 'pæk_ɪt_'ʌp fə maɪ 'dʒɜːnɪ/
'ræp ɪt_ʌp_əz_ə 'preznt pliːz

Können Sie mir das
nach Deutschland
schicken?

**Can you send that to Germany for
me?** kən jʊ 'send ðæt tə 'dʒɜːmənɪ
fə miː

Bitte geben Sie
mir eine Quittung.

Could I have a receipt, please?
kʊd_aɪ 'hæv_ə rɪ'siːt pliːz

Das ist kaputt.
Können Sie es
reparieren?

**This is broken. Can you repair it for
me?** ðɪs_ɪz 'brəʊkən kən jʊ rɪ'peər_ɪt
fə miː

Wann ist es fertig?

When will it be ready?
'wen wɪl_ɪt bɪ 'redɪ

Ich möchte das
*umtauschen/
zurückgeben*.

**I'd like to *exchange this/hand this
back*.** aɪd 'laɪk tʊ ɪks'tʃeɪndʒ ðɪs/
'hænd ðɪs 'bæk

**Would you go to the customer
services department, please?**
wʊd_jʊ 'gəʊ tə ðə 'kʌstəmə
'sɜːvɪsɪz dɪpɑːtmənt pliːz

Gehen Sie bitte
zur Kundendienst-
abteilung.

Ich möchte mein
Geld zurück.

I'd like my money back.
aɪd 'laɪk maɪ 'mʌnɪ bæk

SHOPPING

139

ALLGEMEINES

Sie haben mir …
zu wenig gegeben.

I think you've given me the wrong change. I should have another …
aɪ ˈθɪŋk jʊv ˈɡɪvən mɪ ðə ˈrɒŋ ˈtʃeɪndʒ
aɪ ˈʃʊd hæv_ əˈnʌðə . . .

INFO ➤ Die Öffnungszeiten der Geschäfte sind in der Regel von 9 bis 17.30 Uhr (auch samstags). Donnerstags haben größere Geschäfte generell von 9 bis 20 Uhr auf, kleinere Geschäfte schließen um 18 oder 19 Uhr. Viele Geschäfte in London und anderen Großstädten bleiben unter der Woche abends generell bis 19 oder 20 Uhr offen, manche sogar länger. Auch werden Sie sonntags diverse Geschäfte finden, die offen sind.

Überall gibt es kleine Lebensmittelgeschäfte oder Supermärkte, die bis spät abends offenbleiben (22 Uhr, 23 Uhr oder Mitternacht, manche sogar rund um die Uhr) und das Allernötigste zum Einkaufen anbieten.

Allgemeines

Ausverkauf	**sale(s *pl.*)** seɪl(z)
bedienen	**to serve** tə sɜːv
besser	**better** ˈbetə
billiger	**cheaper** ˈtʃiːpə
Dose	**tin; (*Getränk*) can** tɪn; kæn
(zu) dunkel	**(too) dark** (ˈtuː) ˈdɑːk
einpacken	**to *pack/wrap* up** tə pæk/ræp_ ˈʌp
geben	**to give** tə ɡɪv
Geld	**money** ˈmʌnɪ

FARBEN UND MUSTER

Geschenk	**present** 'preznt
Glas	(*für Marmelade usw.*) **jar** dʒɑː
(zu) groß	(**too**) **big** ('tuː) 'bɪg
größer	**bigger** 'bɪgə
(zu) hart	(**too**) **hard** ('tuː) 'hɑːd
(zu) hell	(**too**) **light** ('tuː) 'laɪt
kaufen	**to buy** tə baɪ
(zu) klassisch	(**too**) **classical** ('tuː) 'klæsɪkl
(zu) klein	(**too**) **small** ('tuː) 'smɔːl
kleiner	**smaller** 'smɔːlə
eine Nummer -	**a size smaller** ə 'saɪz 'smɔːlə
(zu) leicht	(**too**) **light** ('tuː) 'laɪt
Mehrwertsteuer	**VAT** viːeɪˈtiː
(zu) modern	(**too**) **modern** ('tuː) 'mɒdn
Schaufenster	**shop window** 'ʃɒp 'wɪndəʊ
Scheck	**cheque** tʃek
(zu) schwer	(**too**) **heavy** ('tuː) 'hevɪ
Selbstbedienung	**self-service** 'self'sɜːvɪs
Sonderangebot	**special offer** 'speʃəl ˈɒfə
(zu) teuer	(**too**) **expensive** ('tuː)_ɪk'spensɪv
teurer	**more expensive** mɔːr_ɪk'spensɪv
Tüte	**bag** bæg
umtauschen	**to exchange** tʊ_ɪks'tʃeɪndʒ
viereckig	**square** skweə
(zu) weich	(**too**) **soft** ('tuː) 'sɒft
zeigen	**to show** tə ʃəʊ

Farben und Muster

beige	**beige** beɪʒ
blau	**blue** bluː
braun	**brown** braʊn
bunt	**colourful** 'kʌləfʊl
cremefarben	**cream** kriːm
dunkel	**dark** dɑːk

SHOPPING

STOFFE

dunkelblau	**navy** 'neɪvɪ
einfarbig	**self-coloured** 'self'kʌləd
Fischgrät	**herringbone** 'herɪŋbəʊn
gelb	**yellow** 'jeləʊ
gemustert	**patterned** 'pætənd
gestreift	**striped** straɪpt
golden	**gold(-coloured)** 'gəʊld(kʌləd)
grau	**grey** greɪ
grün	**green** griːn
hell	**light** laɪt
kariert	**checked** tʃekt
lila	**purple** 'pɜːpl
Nadelstreifen	**pinstripe** 'pɪnstraɪp
pink	**shocking pink** 'ʃɒkɪŋ 'pɪŋk
rosa	**pink** pɪŋk
rot	**red** red
schwarz	**black** blæk
silbern	**silver(y)** 'sɪlvə(rɪ)
türkis	**turquoise** 'tɜːkwɔɪz
weiß	**white** waɪt
weinrot	**wine-coloured, claret** 'waɪnkʌləd, 'klærət

Stoffe

atmungsaktiver Stoff	**breathable material** 'briːðəbl mə'tɪərɪəl
Baumwolle	**cotton** 'kɒtn
Kamelhaar	**camelhair** 'kæmlheə
Kaschmir	**cashmere** 'kæʃmɪə
Lammwolle	**lambswool** 'læmzwʊl
Naturfaser	**natural fibre** 'nætʃərəl 'faɪbə
reine Schurwolle	**pure new wool** 'pjʊə 'njuː 'wʊl
Seide	**silk** sɪlk
Synthetik	**synthetik fibre** sɪn'θetɪk 'faɪbə
Wolle	**wool** wʊl

GESCHÄFTE

Geschäfte

Andenkenladen	**souvenir shop** suːvəˈnɪə ʃɒp
Antiquitätengeschäft	**antique shop** ænˈtiːk ʃɒp
Apotheke	**chemist** ˈkemɪst
Bäckerei	**bakery** ˈbeɪkərɪ
Blumengeschäft	**florist, flower shop** ˈflɒrɪst, ˈflaʊə ʃɒp
Buchhandlung	**bookshop** ˈbʊkʃɒp
Boutique	**boutique** buːˈtiːk
Drogerie	**chemist** ˈkemɪst
Elektrohandlung	**electrical shop** ɪˈlektrɪkl ʃɒp
Fischgeschäft	**fishmonger** ˈfɪʃmʌŋgə
Fleischerei	**butcher('s shop)** ˈbʊtʃə(z ʃɒp)
Fotogeschäft	**photo shop, photographer's** ˈfəʊtəʊ ʃɒp, fəˈtɒgrəfəz
Friseur	**hairdresser;** *(Herren)* **barber** ˈheədresə; ˈbɑːbə
Gemüsehändler	**greengrocer** ˈgriːngrəʊsə
Haushaltswarenladen	**ironmonger** ˈaɪənmʌŋgə
Juwelier	**jeweller(y shop)** ˈdʒuːələ (ˈdʒuːəlrɪ ʃɒp)
Kaufhaus	**department store** dɪˈpɑːtmənt stɔː
Kiosk	**(newspaper) kiosk** (ˈnjuːzpeɪpə) kiːɒsk
Lederwarengeschäft	**leather shop** ˈleðə ʃɒp
Obstgeschäft	**fruitseller** ˈfruːtselə
Optiker	**optician** ɒpˈtɪʃn
Parfümerie	**perfume shop** ˈpɜːfjuːm ʃɒp
Reinigung	**dry cleaner** draɪ ˈkliːnə
Schallplattengeschäft	**record shop** ˈrekəd ʃɒp
Schuhgeschäft	**shoe shop** ˈʃuː ʃɒp
Schuhmacher	**shoemaker, shoe repair shop** ˈʃuːmeɪkə, ˈʃuː rɪˈpeə ʃɒp
Sportgeschäft	**sports shop** ˈspɔːts ʃɒp
Supermarkt	**supermarket** ˈsuːpəmɑːkɪt
Süßwarenladen	**sweet shop** ˈswiːt ʃɒp
Tabakwarenladen	**tobacconist** təˈbækənɪst
Uhrmacher	**watch shop** ˈwɒtʃ ʃɒp
Zeitungshändler	**newsagent** ˈnjuːzeɪdʒənt

SHOPPING

143

LEBENSMITTEL

INFO → Apotheken verkaufen generell nur Medikamente und keine Parfümerieartikel. Ausnahme: **Boots**, eine Drogeriekette mit einer sehr großen Auswahl an Toilettenartikeln neben der Apothekenabteilung.

LEBENSMITTEL

Was ist das?	**What's that?** wɒts ˈðæt
▶ Bitte geben Sie mir …	**Could I have …, please?** kʊd aɪ ˈhæv … pliːz
¼ Pfund …	**a quarter-pound of …** ə ˈkwɔːtəˌpaʊnd ˌəv …
1 Kilo …	**a kilo of …** ə ˈkiːləʊ ˌəv …
1 Liter …	**a litre of …** ə ˈliːtər ˌəv …
1 halben Liter …	*etwa:* **a pint of …** ə ˈpaɪnt ˌəv …
1 Pfund …	**a pound of …** ə ˈpaʊnd ˌəv …
4 Scheiben …	**four slices of …** ˈfɔː ˈslaɪsɪz ˌəv …
▶ 1 Stück …	**a piece of …** ə ˈpiːs ˌəv …

INFO → Ein englisches Pfund ist mit 454 Gramm etwas weniger als ein deutsches.

WORTLISTE

It's a bit over. Is that all right? | Darf es etwas mehr sein?
ɪts‿ə 'bɪt‿'əʊvə ɪz 'ðæt‿ɔːl 'raɪt

Etwas weniger, bitte. | **A bit less, please.** ə 'bɪt 'les pliːz

Etwas mehr, bitte. | **A bit more, please.** ə 'bɪt 'mɔː pliːz

Kann ich davon etwas probieren? | **Could I try some?** kʊd aɪ 'traɪ sʌm

INFO → Wundern Sie sich nicht, wenn auch an den Supermarktkassen bargeldlos bezahlt wird, was unter Umständen etwas länger dauern kann. Die Zahlung per Scheck bzw. Kredit- oder Kundenkarte ist hierzulande sehr verbreitet.

SHOPPING

Lebensmittel

Ananas | **pineapple** 'paɪnæpl
Apfel | **apple** 'æpl
  -saft | **apple juice** 'æpl dʒuːs
  -wein | **cider** 'saɪdə

LEBENSMITTEL

Aprikose	**apricot** 'eɪprɪkɒt
Artischocke	**artichoke** 'ɑːtɪtʃəʊk
Aubergine	**aubergine** əʊbə'ʒiːn
Austern	**oysters** 'ɔɪstəz
Avocado	**avocado** 'ævə'kɑːdəʊ
Babynahrung	**baby food** 'beɪbɪ fuːd
Banane	**banana** bə'nɑːnə
Basilikum	**basil** 'bæzl
Bier	**beer** bɪə
alkoholfreies -	*low-alcohol,/alcohol-free* **beer** *'ləʊ'ælkəhɒl/'ælkəhɒlfriː* 'bɪə
Birne	**pear** peə
Bohnen	**beans** biːnz
grüne -	**runner beans** 'rʌnə biːnz
Brokkoli	**broccoli** 'brɒkəlɪ
Brot	**bread; (-*laib*) loaf** bred; ləʊf
Brötchen	**roll** rəʊl
Butter	**butter** 'bʌtə
Chicoree	**chicory** 'tʃɪkərɪ
Ei	**egg** eg
Eis	**ice cream** 'aɪs 'kriːm
Eissalat	**iceberg lettuce** 'aɪsbɜːg 'letɪs
Erbsen	**peas** piːz
Erdbeeren	**strawberries** 'strɔːbərɪz
Erdnüsse	**peanuts** 'piːnʌts
Essig	**vinegar** 'vɪnɪgə
Estragon	**tarragon** 'tærəgən
Fisch	**fish** fɪʃ
Fleisch	**meat** miːt
Geflügel	**poultry** 'pəʊltrɪ
Gemüse	**vegetables** 'vedʒtəblz
Gewürze	**(herbs and) spices** ('hɜːbz_ən) 'spaɪsɪz
Gurke	**cucumber** 'kjuːkʌmbə
eingelegte -n	**pickled cucumbers** 'pɪkld 'kjuːkʌmbəz

WORTLISTE

Hackfleisch	**minced meat** 'mɪnst miːt
Haferbrei	**porridge** 'pɒrɪdʒ
Hähnchen	**chicken** 'tʃɪkən
Himbeeren	**raspberries** 'rɑːzbərɪz
Honig	**honey** 'hʌnɪ
Joghurt	**yoghurt** 'jɒgət
Kaffee	**coffee** 'kɒfɪ
Kakao	**cocoa** 'kəʊkəʊ
Kalbfleisch	**veal** viːl
Kartoffelchips	**potato crisps** pəˈteɪtəʊ 'krɪsps
Kartoffeln	**potatoes** pəˈteɪtəʊz
Käse	**cheese** tʃiːz
Kekse	**biscuits** 'bɪskɪts
Kichererbsen	**chick peas** 'tʃɪk piːz
Kirschen	**cherries** 'tʃerɪz
Kiwi	**kiwi(fruit)** 'kiːwiː(fruːt)
Knoblauch	**garlic** 'gɑːlɪk
Kohl	**cabbage** 'kæbɪdʒ
Konserven	**tinned foods** 'tɪnd 'fuːdz
Kotelett	**chop** tʃɒp
Kuchen	**cake** keɪk
Lammfleisch	**lamb** læm
Lauch	**leeks** *pl.* liːks
Leberpastete	**liver pâté** 'lɪvə 'pæteɪ
Limonade	**lemonade** leməˈneɪd
Mais	**maize** meɪz
Margarine	**margarine** mɑːdʒəˈriːn
Marmelade	**jam** dʒæm
Mayonnaise	**mayonnaise** meɪəˈneɪz
Melone	**melon** 'melən
Milch	**milk** mɪlk
fettarme -	**(semi-)skimmed milk** ('semɪ)'skɪmd 'mɪlk
Mineralwasser	**mineral water** 'mɪnərəl wɔːtə
Möhren	**carrots** 'kærəts

SHOPPING

147

LEBENSMITTEL

Nudeln	**noodles, pasta** *sg.* 'nuːdlz, 'pæstə
Nüsse	**nuts** nʌts
Obst	**fruit** fruːt
Öl	**oil** ɔil
Olive	**olive** 'ɒlɪv
Olivenöl	**olive oil** 'ɒlɪv_'ɔil
Orange	**orange** 'ɒrəndʒ
Orangenmarmelade	**marmalade** 'mɑːməleɪd
Orangensaft	**orange juice** 'ɒrəndʒ_dʒuːs
Paprika	(*Gewürz*) **paprika** 'pæprɪkə
-schote	**pepper** 'pepə
Peperoni	**chilli** 'tʃɪlɪ
Petersilie	**parsley** 'pɑːslɪ
Pfeffer	**pepper** 'pepə
Pfirsich	**peach** piːtʃ
Pflaumen	**plums** plʌmz
Pralinen	**chocolates** 'tʃɒkləts
Quark	(**low-fat**) **curd cheese, quark** ('ləʊfæt) 'kɜːd 'tʃiːz, kwɑːk
Reis	**rice** raɪs
Rindfleisch	**beef** biːf
Rosmarin	**rosemary** 'rəʊzmərɪ
Rotwein	**red wine** 'red 'waɪn
Saft	**juice** dʒuːs
Sahne	**cream** kriːm
Salat	**lettuce;** (*angemacht*) **salad** 'letɪs; 'sæləd
Salz	**salt** sɔːlt
Schinken	**ham** hæm
gekochter -	**boiled ham** 'bɔɪld 'hæm
roher -	**raw ham** 'rɔː 'hæm
Schnittlauch	**chives** *pl.* tʃaɪvz
Schokolade	**chocolate** 'tʃɒklət
Schweinefleisch	**pork** pɔːk
Spinat	**spinach** 'spɪnɪdʒ

WORTLISTE

Steak	**steak** steɪk
Süßigkeiten	**confectionery** *sg.* kənˈfekʃnərɪ
Süßstoff	**sweetener** ˈswiːtnə
Tee	**tea** tiː
-beutel	**teabag** ˈtiːbæg
Thymian	**thyme** taɪm
Thunfisch	**tuna** ˈtjuːnə
Tomate	**tomato** təˈmɑːtəʊ
Torte	**gateau** ˈgætəʊ
Wein	**wine** waɪn
Weintrauben	**grapes** greɪps
Weißbrot	**white bread** ˈwaɪt ˈbred
Weißwein	**white wine** ˈwaɪt ˈwaɪn
Wurst(aufschnitt)	*etwa:* **cold cuts** *pl.* ˈkəʊld ˈkʌts
Würstchen	**sausages** ˈsɒsɪdʒɪz
Zitrone	**lemon** ˈlemən
Zucchini	**courgettes** kʊəˈʒets
Zucker	**sugar** ˈʃʊgə
Zwiebel	**onion** ˈʌnjən

INFO

Alkoholische Getränke kann man außer im Supermarkt auch in den sogenannten **"Off-licences"** kaufen. Das sind Geschäfte mit einer Lizenz zum Verkauf von Alkoholika, die auch abends offen haben. Die bekanntesten von ihnen sind **Thresher's, Bottoms Up, Oddbins** und **Victoria Wine Shop**.

In England gibt es diverse Sahnearten:
Single cream Mindestens 18 % Fettgehalt.
Double cream Dicke Sahne mit mind. 48 % Fettgehalt.
Whipping cream Schlagsahne mit 30–60 % Fettgehalt.

SHOPPING

SOUVENIRS

Clotted cream Zähflüssige Sahne aus erhitzter Milch, die vorwiegend beim **afternoon tea** zu **scones** gegessen wird.
Crème fraiche Saure Sahne.

Obwohl sich die Auswahl an Brotsorten hierzulande erweitert hat, wundern Sie sich nicht, wenn Sie Ihr gewohntes Vollkornbrot im Supermarkt oder in der Bäckerei nicht finden. Auch die sogenannten "Wholemeal"-Brotsorten haben meist nicht die nötige Schwere. Echtes Vollkornbrot finden Sie in Delikatessenläden sowie in der Lebensmittelabteilung bei **Marks & Spencer**, eventuell auch in besseren Supermärkten wie **Sainsbury**, **Waitrose** oder **Tesco**.

SOUVENIRS, SOUVENIRS

▶ Was gibt es Typisches von dieser Gegend?	**What's typical of this area?** wɒts ˈtɪpɪkl_əv ðɪs_ˈeərɪə
Ist das Handarbeit?	**Is this handmade?** ɪz ˈðɪs ˈhændˈmeɪd
Ist das *antik/echt*?	**Is this *antique/genuine*?** ɪz ˈðɪs ænˈtiːk/ˈdʒenjʊɪn

Souvenirs, Souvenirs

Andenken	**souvenir** suːvəˈnɪə
Decke	**blanket** ˈblæŋkɪt
Handarbeit	**handicrafts** *pl.* ˈhændɪkrɑːfts
das ist -	**it's handmade** ɪts ˈhændˈmeɪd

KLEIDUNG

handgeknüpft	**handwoven** 'hænd'wəʊvən
handgemalt	**handpainted** 'hænd'peɪntɪd
handgeschnitzt	**hand-carved** 'hænd'kɑːvd
handgestrickt	**hand-knitted** 'hænd'nɪtɪd
Handtasche	**handbag** 'hændbæg
Kanne	**jug; (***Kaffeekanne usw.***) pot** dʒʌg; pɒt
Keramik	**pottery, ceramics** *pl.* 'pɒtərɪ, sə'ræmɪks
Leder	**leather** 'leðə
Lesezeichen	**bookmark** 'bʊkmɑːk
Porzellan	**china** 'tʃaɪnə
Pullover	**sweater** 'swetə
Rechnung	**bill** bɪl
Schmuck	**jewellery** 'dʒuːəlrɪ
Service	***tea/dinner* service** 'tiː/'dɪnə 'sɜːvɪs
Silber	**silver(ware)** 'sɪlvə(weə)
typisch	**typical** 'tɪpɪkl
Zertifikat	**certificate** sə'tɪfɪkət

KLEIDUNG UND

REINIGUNG

Ich suche …	**I'm looking for …** aɪm 'lʊkɪŋ fə . . .
What size are you? wɒt 'saɪz_ə juː	Welche Größe haben Sie?
Ich habe Größe …	**I'm (continental) size …** aɪm (kɒntɪ'nentl) 'saɪz . . .
Haben Sie das noch in einer anderen *Größe/Farbe*?	**Do you have it in *another size/a different colour*?** də jʊ 'hæv_ɪt_ɪn_ə'nʌðə 'saɪz/ə 'dɪfrənt 'kʌlə

➡ *Farben und Muster (S. 141)*

Es ist zu *blaß/dunkel*.	**It's too *pale/dark*.** ɪts 'tuː *'peɪl/'dɑːk*

SHOPPING

151

KLEIDUNG

▶ Kann ich das anprobieren?
Could I try this on?
ˈkʊd aɪ ˈtraɪ ðɪs ˈɒn

Haben Sie einen Spiegel?
Do you have a mirror?
də jʊ ˈhæv ə ˈmɪrə

▶ Wo sind die Umkleidekabinen?
Where are the fitting rooms?
ˈweər ə ðə ˈfɪtɪŋ ruːmz

Welches Material ist das?
What material is this?
wɒt məˈtɪərɪəl ɪz ˈðɪs

Es steht mir nicht.
It doesn't suit me. ɪt ˈdʌzənt ˈsuːt miː

Das ist mir zu *groß/klein*.
It's too *big/small*. ɪts ˈtuː ˈbɪg/ˈsmɔːl

▶ Das paßt gut.
It fits nicely. ɪt ˈfɪts ˈnaɪslɪ

Ich möchte das reinigen lassen.
I'd like this dry-cleaned.
aɪd ˈlaɪk ðɪs draɪˈkliːnd

Können Sie diesen Fleck entfernen?
Could you remove this stain?
kʊd jʊ rɪˈmuːv ðɪs ˈsteɪn

152

WORTLISTE

Kleidung und Reinigung

Abendkleid	**evening dress** 'iːvnɪŋ 'dres
Anorak	**anorak** 'ænəræk
anprobieren	**to try on** tə traɪ‿'ɒn
Anzug	**suit** suːt
Ärmel, kurze	**short sleeves** 'ʃɔːt 'sliːvz
Ärmel, lange	**long sleeves** 'lɒŋ 'sliːvz
ausgefallen	**unusual** ʌn'juːʒəl
Bademantel	**bathrobe, dressing gown** 'bɑːθrəʊb, 'dresɪŋ gaʊn
Baumwolle	**cotton** 'kɒtən
BH	**bra** brɑː
Blazer	**blazer** 'bleɪzə
Bluse	**blouse** blaʊz
bügelfrei	**non-iron** nɒn'aɪən
Druckknopf	**press stud** 'pres‿stʌd
elegant	**smart, elegant** smɑːt, 'elɪgənt
Farbe	**colour** 'kʌlə
gefüttert	**lined** laɪnd
Größe	**size** saɪz
Gürtel	**belt** belt
Halstuch	**scarf; (*Herren*) cravat** skɑːf, krə'væt
Handschuhe	**gloves** glʌvz
Hemd	**shirt** ʃɜːt
Hose	**trousers** *pl.* 'traʊzəz
imprägnieren	**to reproof** tə riː'pruːf
Jacke	**jacket** 'dʒækɪt
Jeans	**jeans** *pl.* dʒiːnz
Jogginganzug	**tracksuit** 'træksuːt
Jogginghose	**tracksuit trousers** *pl.* 'træksuːt 'traʊzəz
Kapuze	**hood** hʊd
klassisch	**classical** 'klæsɪkl
Kleid	**dress** dres
Knopf	**button** 'bʌtn
Kostüm	**suit** suːt

SHOPPING

KLEIDUNG

Kragen	**collar** 'kɒlə
Krawatte	**tie** taɪ
kurz	**short** ʃɔːt
lang	**long** lɒŋ
Leder	**leather** 'leðə
Leinen	**linen** 'lɪnən
Mantel	**coat** kəʊt
Mütze	**hat** hæt
Nachthemd	**nightdress** 'naɪtdres
Pullover	**pullover, jumper, sweater** 'pʊləʊvə, 'dʒʌmpə, 'swetə
Regenmantel	**raincoat, mac** 'reɪnkəʊt, mæk
reinigen	**to dry-clean** tə draɪ'kliːn
Reißverschluß	**zip** zɪp
Rock	**skirt** skɜːt
Sakko	**(sports) jacket** ('spɔːts) 'dʒækɪt
Schal	**scarf** skɑːf
Schlafanzug	**pyjamas** *pl.* pə'dʒɑːməz
Seide	**silk** sɪlk
Shorts	**shorts** ʃɔːts
Slip	**underpants** *pl.*; (*Damen*) *auch* (**ladies') panties** *pl.* 'ʌndəpænts; ('leɪdɪz) 'pæntɪz
Socken	**socks** sɒks
Strümpfe	**stockings** 'stɒkɪŋz
Strumpfhose	**tights** *pl.* taɪts
Synthetik	**man-made fibre** 'mænmeɪd 'faɪbə
T-Shirt	**T-shirt** 'tiːʃɜːt
Unterhemd	**vest** vest
Unterhose	**underpants** *pl.* 'ʌndəpænts
Unterwäsche	**underwear** 'ʌndəweə
Woll…	**wool(len)** 'wʊl(ən)
Wolle	**wool** wʊl

→ *Farben und Muster (S. 141)*

SCHUHE

SCHUHE

Ich möchte ein Paar …	**I'd like a pair of …** aɪ 'laɪk ə 'peər_əv . . .
Ich habe Schuhgröße …	**I take size … (continental).** aɪ 'teɪk 'saɪz . . . (kɒntɪ'nentl)
Der Absatz ist mir zu *hoch/niedrig*.	**The heels are too *high/low* for me.** ðə 'hiːlz_ə tuː *'haɪ/'ləʊ* fə miː
Sie sind zu *groß/klein*.	**They're too *big/small*.** ðeə 'tuː *'bɪg/'smɔːl*
Sie drücken hier.	**They're tight around here.** ðeə 'taɪt_əraʊnd 'hɪə
Bitte erneuern Sie *die Absätze/die Sohlen*.	**I'd like these shoes *reheeled/resoled*.** aɪd 'laɪk ðiːz 'ʃuːz *riːˈhiːld/riːˈsəʊld*

Schuhe

Absatz	**heel** hiːl
Bergschuhe	***climbing/mountain* boots** *'klaɪmɪŋ/'maʊntən* buːts
Einlegsohlen	**insoles** 'ɪnsəʊlz
eng	**tight** taɪt
Größe	**size** saɪz
Gummisohle	**rubber sole** 'rʌbə 'səʊl
Gummistiefel	**wellington boots** 'welɪŋtən 'buːts
Halbschuhe	**shoes** ʃuːz
Hausschuhe	**slippers** 'slɪpəz
Lackschuhe	**patent leather shoes** 'peɪtənt 'leðə ʃuːz
Leder	**leather** 'leðə
Ledersohle	**leather sole** 'leðə 'səʊl
Pumps	**court shoes** 'kɔːt ʃuːz
Sandalen	**sandals** 'sændlz
Schnürsenkel	**shoelaces** 'ʃuːleɪsɪz
Schuhcreme	**shoe polish** 'ʃuː pɒlɪʃ

SHOPPING

UHREN

Schuhe	**shoes** ʃuːz
offene -	**open shoes** ˈəʊpən ʃuːz
Stiefel	**boots** buːts
Turnschuhe	**trainers** ˈtreɪnəz
Wanderschuhe	**walking shoes** ˈwɔːkɪŋ ʃuːz
Wildleder	**suede** sweɪd

UHREN UND SCHMUCK

Meine Uhr geht vor/nach.

My watch is *fast/slow.* maɪ ˈwɒtʃ_ɪz ˈfaːst/ˈsləʊ

Ich suche ein hübsches *Andenken/Geschenk.*

I'm looking for a nice little *souvenir/ present.* aɪm ˈlʊkɪŋ fər_ə ˈnaɪs lɪtl suːvəˈnɪə/ˈpreznt

How much are you thinking of spending? ˈhaʊ mʌtʃ_ə jʊ ˈθɪŋkɪŋ_əv ˈspendɪŋ

Wieviel darf es denn kosten?

Woraus ist das?

What's this made of? ˈwɒts ðɪs ˈmeɪd_ɒv

Wie hoch ist der Silberanteil?

What hallmark has it got? wɒt ˈhɔːlmaːk həz_ɪt ˈgɒt

Wie hoch ist der Goldanteil?

How many carats is it? ˈhaʊ menɪ ˈkærəts_ɪz_ɪt

Uhren und Schmuck

Anhänger	**pendant** ˈpendənt
Armband	**bracelet; (*Uhr*) strap** ˈbreɪslət; stræp
Batterie	**battery** ˈbætərɪ
Brillanten	**diamonds, brilliants** ˈdaɪməndz, ˈbrɪljənts
Brosche	**brooch** brəʊtʃ
Diamanten	**diamonds** ˈdaɪməndz

WORTLISTE

Gelbgold	**yellow gold**	'jeləʊ 'gəʊld
Gold	**gold**	gəʊld
Halbedelstein	**semi-precious stone**	'semɪ'preʃəs 'stəʊn
Hochzeitsring	**wedding ring**	'wedɪŋ rɪŋ
Karat	**carat**	'kærət
Kette	(*Hals*) **chain, necklace**	tʃeɪn, 'nekləs
Messing	**brass**	brɑːs
Modeschmuck	**costume jewellery**	'kɒstjuːm 'dʒuːəlrɪ
Ohrklipse	**clip-on earrings**	'klɪpɒn 'ɪərɪŋz
Ohrringe	**earrings**	'ɪərɪŋz
Perle	**pearl**	pɜːl
Platin	**platinum**	'plætɪnəm
Ring	**ring**	rɪŋ
Rubin	**ruby**	'ruːbɪ
Saphir	**sapphire**	'sæfaɪə
Silber	**silver**	'sɪlvə
Smaragd	**emerald**	'emərəld
Uhr	**watch**	wɒtʃ
Uhrenarmband	**watchstrap**	'wɒtʃstræp
vergoldet	**gold-plated**	'gəʊld'pleɪtɪd
Verlobungsring	**engagement ring**	ɪn'geɪdʒmənt rɪŋ
versilbert	**silver-plated**	'sɪlvə'pleɪtɪd
Weißgold	**white gold**	'waɪt 'gəʊld
Zirkon	**zircon**	'zɜːkɒn
Zuchtperle	**cultured pearl**	'kʌltʃəd 'pɜːl

VON AFTERSHAVE BIS ZAHNSTOCHER

Aftershave	**aftershave**	'ɑːftəʃeɪv
Babyflasche	**baby's bottle**	'beɪbɪz 'bɒtl
Babyöl	**baby oil**	'beɪbɪ_ɔɪl
Babypuder	**baby powder**	'beɪbɪ 'paʊdə
Binden (*Damen*)	**sanitary towels**	'sænɪtrɪ 'taʊəlz

SHOPPING

DROGERIEARTIKEL

Bürste	**brush** brʌʃ
Deo	**deodorant** diːˈəʊdərənt
Duschgel	**shower gel** ˈʃaʊə ˈdʒel
Einweghandtücher	**disposable towels** dɪˈspəʊzəbl ˈtaʊəlz
Einwegwaschlappen	**disposable flannels** dɪˈspəʊzəbl ˈflænlz
Enthaarungscreme	**depilatory cream** dɪˈpɪlətrɪ ˈkriːm
Fleckentferner	**stain remover** ˈsteɪn rɪmuːvə
Haargel	**styling gel** ˈstaɪlɪŋ dʒel
Haargummi	**elastic hairband** ɪˈlæstɪk ˈheəbænd
Haarklammern	**hairgrips** ˈheəgrɪps
Haarspange	**hair slide** ˈheə slaɪd
Haarspray	**hairspray** ˈheəspreɪ
Haartrockner	**hair dryer** ˈheə draɪə
Handcreme	**handcream** ˈhændkriːm
Hautcreme	**skin cream** ˈskɪn kriːm
- für trockene Haut	**- for dry skin** fə ˈdraɪ skɪn
- für fettige Haut	**- for oily skin** fər ˈɔɪlɪ skɪn
- für normale Haut	**- for normal skin** fə ˈnɔːml skɪn
Kamm	**comb** kəʊm
Kondome	**condoms** ˈkɒndəmz
Lichtschutzfaktor	**sun protection factor** ˈsʌn prətekʃn ˈfæktə
Lidschatten	**eye shadow** ˈaɪ ʃædəʊ
Lippenpflegestift	**lip salve** ˈlɪp sælv
Lippenstift	**lipstick** ˈlɪpstɪk
Lockenwickler	**hair curlers** ˈheə kɜːləz
Make-up-Entferner	**makeup remover** ˈmeɪkʌp rɪmuːvə
Mückenschutz	**mosquito repellent** mɒˈskiːtəʊ rɪˈpelənt
Nachtcreme	**night cream** ˈnaɪt kriːm
Nagelbürste	**nailbrush** ˈneɪlbrʌʃ
Nagelfeile	**nail file** ˈneɪl faɪl
Nagellack	**nail varnish** ˈneɪl vɑːnɪʃ
Nagellackentferner	**nail varnish remover** ˈneɪl vɑːnɪʃ rɪˈmuːvə

WORTLISTE

Nagelschere	**nail scissors** *pl.* 'neɪl sɪzəz
Parfüm	**perfume** 'pɜːfjuːm
parfümfrei	**fragrance-free** 'freɪgrəns'friː
Pflaster	**plaster** 'plɑːstə
ph-neutral	**pH balanced** 'piːeɪtʃ 'bælənst
Pinzette	**tweezers** *pl.* 'twiːzəz
Puder	**(talcum) powder** ('tælkəm) 'paʊdə
Rasierapparat	**shaver, razor** 'ʃeɪvə, 'reɪzə
Rasiercreme	**shaving cream** 'ʃeɪvɪŋ kriːm
Rasierschaum	**shaving foam** 'ʃeɪvɪŋ fəʊm
Reinigungsmilch	**cleansing milk** 'klenzɪŋ mɪlk
Rouge	**blusher, rouge** 'blʌʃə, ruːʒ
Sauger	**(*für Babyflaschen*) teat** tiːt
Schaumfestiger	**mousse** muːs
Schnuller	**dummy** 'dʌmɪ
Seife	**soap** səʊp
Shampoo	**shampoo** ʃæm'puː
- für fettiges Haar	**- for greasy hair** - fə 'griːsɪ heə
- für normales Haar	**- for normal hair** - fə 'nɔːml heə
- gegen Schuppen	**- for dandruff** - fə 'dændrʌf
Sonnenöl	**suntan oil** 'sʌntæn_ɔɪl
Spiegel	**mirror** 'mɪrə
Tagescreme	**day creme** 'deɪ kriːm
Tampons	**tampons** 'tæmpɒnz
Taschentücher	**handkerchiefs; (*Papier*) tissues** 'hæŋkətʃɪfs; 'tɪʃjuːz
Toilettenpapier	**toilet paper** 'tɔɪlət peɪpə
Waschlappen	**flannel** 'flænl
Waschmittel	**detergent** dɪ'tɜːdʒənt
Watte	**cotton wool** 'kɒtən 'wʊl
Wattestäbchen	**cotton buds** 'kɒtən bʌdz
Wimperntusche	**mascara** mæ'skɑːrə
Windeln	**(disposable) nappies** (dɪ'spəʊzəbl) 'næpɪz
Zahnbürste	**toothbrush** 'tuːθbrʌʃ

SHOPPING

HAUSHALT

Zahnpasta	**toothpaste** 'tu:θpeɪst
Zahnseide	**dental floss** 'dentl 'flɒs
Zahnstocher	**toothpicks** 'tu:θpɪks

HAUSHALT

Adapter	**adapter** ə'dæptə
Alufolie	***tin/aluminium* foil** 'tɪn/"ælə'mɪnjəm 'fɔɪl
Batterie	**battery** 'bætrɪ
Besen	**broom** bru:m
Bindfaden	**string** strɪŋ
Brennspiritus	**methylated spirits** *pl.* 'meθɪleɪtɪd 'spɪrɪts
Dosenöffner	***can/tin* opener** 'kæn/'tɪn əʊpənə
Eimer	**bucket** 'bʌkət
Feuerzeug	**lighter** 'laɪtə
Flaschenöffner	**bottle opener** 'bɒtl _ əʊpənə
Frischhaltefolie	**cling film** 'klɪŋ fɪlm
Gabel	**fork** fɔ:k
Gaskartusche	**gas cartridge** 'gæs kɑ:trɪdʒ
Glas	**glass, tumbler** glɑ:s, 'tʌmblə
Glühlampe	**light bulb** 'laɪt bʌlb

160

WORTLISTE

Grill	**grill, barbecue** grɪl, ˈbɑːbɪkjuː
-kohle	**charcoal** ˈtʃɑːkəʊl
Insektenspray	**insect spray** ˈɪnsekt spreɪ
Kerzen	**candles** ˈkændlz
Korkenzieher	**corkscrew** ˈkɔːkskruː
Küchenpapier	**kitchen paper** ˈkɪtʃən peɪpə
Löffel	**spoon** spuːn
Messer	**knife** naɪf
Nähgarn	**sewing thread** ˈsəʊɪŋ θred
Nähnadel	**sewing needle** ˈsəʊɪŋ niːdl
Pappbecher	**paper cup** ˈpeɪpə ˈkʌp
Pappteller	**paper plate** ˈpeɪpə ˈpleɪt
Pfanne	**frying pan** ˈfraɪɪŋ pæn
Reinigungsmittel	**cleaning materials** ˈkliːnɪŋ mətɪərɪəlz
Schere	**scissors** *pl.* ˈsɪzəz
Servietten	**serviettes** sɜːvɪˈets
Sicherheitsnadel	**safety pin** ˈseɪftɪ pɪn
Spülbürste	**washing-up brush** wɒʃɪŋˈʌp brʌʃ
Spülmittel	**washing-up liquid, detergent** wɒʃɪŋˈʌp ˈlɪkwɪd, dɪˈtɜːdʒənt
Spültuch	**dishcloth** ˈdɪʃklɒθ
Streichhölzer	**matches** ˈmætʃɪz
Taschenlampe	**torch** tɔːtʃ
Taschenmesser	**pocket knife** ˈpɒkɪt naɪf
Tasse	**cup** kʌp
Tauchsieder	**immersion heater** ɪˈmɜːʃn hiːtə
Teller	**plate** pleɪt
Thermosflasche	**thermos flask** ˈθɜːməs flɑːsk
Topf	**pot, saucepan** pɒt, ˈsɔːspən
Verlängerungsschnur	**extension lead** ɪkˈstenʃn liːd
Wäscheklammern	**clothes pegs** ˈkləʊðz pegz
Wäscheleine	**washing line** ˈwɒʃɪŋ laɪn
Waschmittel	**soap powder** ˈsəʊp paʊdə
Wecker	**alarm clock** əˈlɑːm klɒk
Wischlappen	**cloth** klɒθ

SHOPPING

161

FRISEUR

BEIM OPTIKER

Meine Brille ist kaputt.
My glasses are broken.
maɪ 'glɑːsɪz_ə 'brəʊkən

▶ Können Sie
das reparieren?
Can you repair this? kən jʊ rɪ'peə ðɪs

Ich bin
kurzsichtig/weitsichtig.
I'm *shortsighted/longsighted*.
aɪm 'ʃɔːt'saɪtəd/'lɒŋ'saɪtəd

▶ Ich möchte
eine Sonnenbrille.
I'd like a pair of sunglasses.
aɪd 'laɪk ə 'peər_əv 'sʌnglɑːsɪz

Ich habe eine Kon-
taktlinse *verloren/*
kaputtgemacht.
I've *lost/broken* a contact lens.
aɪv 'lɒst/'brəʊkən_ə 'kɒntækt lenz

Ich brauche *Aufbewah-*
rungslösung/Reini-
gungslösung für harte/
weiche Kontaktlinsen.
I need some *rinsing/cleaning* solution
for *hard/soft* contact lenses. aɪ 'niːd
səm 'rɪnsɪŋ/'kliːnɪŋ səluːʃn fə 'hɑːd/
'sɒft 'kɒntækt lenzɪz

BEIM FRISEUR

Ich hätte gern einen
Termin für …
Could I have an appointment for …?
'kʊd aɪ 'hæv_ən_ə'pɔɪntmənt fə . . .

What are you having done?
'wɒt_ə jʊ hævɪŋ 'dʌn
Was wird bei Ihnen
gemacht?

▶ Ich möchte …
▶ mir die Haare
schneiden lassen.
eine Dauerwelle.
Strähnchen.

eine Tönung.
I'd like … aɪd 'laɪk . . .
a haircut. _ə 'heəkʌt

a perm _ə 'pɜːm
some highlights put in.
səm 'haɪlaɪts pʊt_ɪn
my hair tinted. maɪ 'heə 'tɪntɪd

WORTLISTE

Bitte nur schneiden.	**Just a *trim/cut*, please.** 'dʒʌst ə 'trɪm/'kʌt pliːz
Schneiden, waschen und fönen bitte.	**Cut and blow-dry, please.** 'kʌt_ən 'bləʊdraɪ pliːz
How would you like it? haʊ_wʊd_jʊ 'laɪk_ɪt	Wie hätten Sie's denn gern?
Nicht zu kurz, bitte.	**Not too short, please.** 'nɒt tuː 'ʃɔːt pliːz
Etwas kürzer, bitte.	**A bit shorter, please.** ə 'bɪt 'ʃɔːtə pliːz
Ganz kurz, bitte.	**A short crop, please.** ə 'ʃɔːt 'krɒp pliːz
Bitte nehmen Sie … etwas weg. hinten vorne an den Seiten oben	**Could you take some away …, please?** kʊd_jʊ 'teɪk səm_ə'weɪ_… pliːz **at the back** ət ðə 'bæk **at the front** ət ðə 'frʌnt **at the sides** ət ðə 'saɪdz **on top** ɒn 'tɒp
Den Scheitel bitte *links/rechts.*	**The parting on the *left/right,* please.** ðə 'pɑːtɪŋ ɒn ðə 'left/'raɪt pliːz
Bitte schneiden Sie mir den Bart.	**Could you trim my beard, please?** kʊd_jʊ 'trɪm maɪ 'bɪəd pliːz
Rasieren bitte.	**Just a shave, please.** 'dʒʌst ə 'ʃeɪv pliːz
Vielen Dank, so ist es gut.	**Thanks, that's fine.** 'θæŋks ðæts 'faɪn

Beim Friseur

Bart	**beard** bɪəd
blond	**blonde** blɒnd
braun	**brown** braʊn
Dauerwelle	**perm** pɜːm
färben	**to dye** tə daɪ

SHOPPING

FOTO

fönen	**to blow-dry** tə 'bləʊdraɪ
Gel	**gel** dʒel
grau	**grey** greɪ
Haar	**hair** heə
trockenes -	**dry -** draɪ -
fettiges -	**greasy -** 'griːsɪ -
Haarspray	**hairspray** 'heəspreɪ
Messerschnitt	**razor cut** 'reɪzə kʌt
Pony	**fringe** frɪndʒ
rötlich	**reddish** 'redɪʃ
Schuppen	**dandruff** *sg.*, **scurf** *sg.* 'dændrʌf, skɜːf
schwarz	**black** blæk
Strähnchen	**highlights** 'haɪlaɪts
Stufenschnitt	**layered cut** 'leɪəd kʌt
Tönung	**tint** tɪnt
waschen	**to wash** tə wɒʃ

BILD UND TON

▶ Ich hätte gern … **I'd like …** aɪd 'laɪk . . .
   einen Film für   **a film for this camera.**
   diesen Apparat.   ə 'fɪlm fə ðɪs 'kæmrə
   einen *Farbnegativfilm/*   **a *colour (negative) film/black***
   Schwarzweißfilm.   ***and white film.*** ə 'kʌlə ('negətɪv,
       'fɪlm/'blæk_ ən waɪt 'fɪlm

   einen Diafilm.   **a slide film.** ə 'slaɪd fɪlm
▶   einen Film mit   **a 24/36-exposure film.** ə 'twenti-
   24/36 Aufnahmen.   fɔː/'θɜːtɪsɪks_ɪk'spəʊʒə 'fɪlm
   einen Film   **a …-ASA film.** ə . . .'eɪeseɪ 'fɪlm
   mit … ASA.

   eine Videokassette   **a VHS video cassette.**
   VHS.   ə 'viːeɪtʃes 'vɪdɪəʊ kəset

▶ Ich hätte gerne Batte- **I'd like some batteries for this camera.**
rien für diesen Apparat. aɪd 'laɪk səm 'bætrɪz fə ðɪs 'kæmrə

164

FOTO

Können Sie mir bitte den Film einlegen?	**Could you put the film in for me, please?** kʊd jʊ 'pʊt ðə 'fɪlm_ɪn fə mɪ pliːz
Ich möchte diesen Film entwickeln lassen.	**I'd like this film developed.** aɪd 'laɪk ðɪs 'fɪlm dɪ'veləpt
Bitte nur Negative.	**Negatives only, please.** 'negətɪvz_'əʊnlɪ pliːz
Von jedem Negativ bitte einen Abzug im Format … mal …	**A … by … print of each negative, please.** ə … baɪ … 'prɪnt_əv_'iːtʃ 'negətɪv pliːz
Wann sind die Bilder fertig?	**When will the prints be ready?** 'wen wɪl ðə 'prɪnts bɪ 'redɪ
Können Sie meinen Fotoapparat reparieren?	**Can you repair my camera?** kæn jʊ rɪ'peə maɪ 'kæmrə
Er transportiert nicht.	**It won't wind on.** ɪt 'wəʊnt waɪnd_'ɒn
Der Auslöser/ Das Blitzlicht funktioniert nicht.	***The shutter release/The flash* won't work.** ðə 'ʃʌtə rɪliːs/ðə 'flæʃ wəʊnt 'wɜːk
Ich möchte gerne Paßbilder machen lassen.	**I'd like to have some passport photos done.** aɪd 'laɪk tə 'hæv səm 'pɑːspɔːt fəʊtəʊz 'dʌn
Haben Sie … von …?	**Do you have any … by …?** dʊ jʊ 'hæv_enɪ … baɪ …
Kassetten	**cassettes** kə'sets
CDs	**CDs** siː'diːz
Ich interessiere mich für traditionelle *schottische/irische* Musik. Können Sie mir etwas empfehlen?	**I'm interested in traditional *Scottish/ Irish* music. Can you recommend anything?** aɪm 'ɪntrəstɪd_ɪn trə'dɪʃənəl *'skɒtɪʃ/_'aɪrɪʃ* 'mjuːzɪk kən jʊ rekə'mend_enɪθɪŋ

SHOPPING

165

FOTO

Bild und Ton

belichten	**to expose** tʊ ɪk'spəʊz
Belichtungsmesser	**exposure meter** ɪk'spəʊʒə miːtə
Bild	**picture, photo** 'pɪktʃə, 'fəʊtəʊ
Blitz	**flash(light)** 'flæʃ(laɪt)
Camcorder	**camcorder** 'kæmkɔːdə
CD	**CD** siː'diː
Dia	**slide** slaɪd
Diafilm	**slide film** 'slaɪd fɪlm
Empfindlichkeit	**(film) speed** ('fɪlm) spiːd
Farbfilm	**colour film** 'kʌlə 'fɪlm
filmen	**to film, to video** tə fɪlm, tə 'vɪdɪəʊ
Fotoapparat	**camera** 'kæmrə
Kassette	**cassette** kə'set
Kompaktkamera	**compact camera** 'kɒmpækt 'kæmrə
Musik	**music** 'mjuːzɪk
Negativ	**negative** 'negətɪv
Objektiv	**lens** lenz
Objektivdeckel	**lens cap** 'lenz kæp
Radio	**radio** 'reɪdɪəʊ
Schwarzweißfilm	**black and white film** 'blæk‿ən waɪt 'fɪlm
Selbstauslöser	**(self-)timer** ('self)'taɪmə
Spiegelreflexkamera	**SLR camera** 'esel'ɑː kæmrə
Teleobjektiv	**telephoto (lens)** telɪ'fəʊtəʊ (lenz)
UV-Filter	**UV filter** juː'viː fɪltə
Videokassette	**video cassette** 'vɪdɪəʊ kə'set
Videokamera	**video camera, camcorder** 'vɪdɪəʊ kæmrə, 'kæmkɔːdə
Walkman (Wz.)	**walkman, personal stereo** 'wɔːkmən, 'pɜːsənəl 'sterɪəʊ
Weitwinkelobjektiv	**wide-angle lens** 'waɪd‿æŋgl 'lenz
Zoomobjektiv	**zoom (lens)** 'zuːm (lenz)

LESEN

LESEN UND SCHREIBEN

Haben Sie auch deutsche Zeitungen?	**Do you have German newspapers?** də jʊ 'hæv 'dʒɜːmən 'njuːzpeɪpəz
Haben Sie auch eine neuere Zeitung?	**Do you have a more recent paper?** də jʊ 'hæv_ə mɔː 'riːsnt peɪpə
Ich hätte gern eine Karte der Umgebung.	**I'd like a map of the area, please.** aɪd 'laɪk_ə 'mæp_əv ðɪ 'eərɪə pliːz
Haben Sie deutsche Bücher?	**Do you have any German books?** də jʊ 'hæv_enɪ 'dʒɜːmən 'bʊks
Haben Sie auch Briefmarken?	**Do you sell stamps, too?** də jʊ sel 'stæmps 'tuː

Lesen und Schreiben

Ansichtskarte	**postcard** 'pəʊstkɑːd
Bleistift	**pencil** 'pensl
Bilderbuch	**picture book** 'pɪktʃə bʊk
Briefmarke	**(postage) stamp** ('pəʊstɪdʒ) stæmp
Briefpapier	**writing paper** 'raɪtɪŋ peɪpə
Briefumschlag	**envelope** 'envələʊp

SHOPPING

167

TABAKWAREN

Buch	**book** bʊk
Comic-Heft	**Comic** 'kɒmɪk
Farbstift	**crayon** 'kreɪɒn
Geschenkpapier	**wrapping paper** 'ræpɪŋ peɪpə
Illustrierte	**magazine** 'mægə'zi:n
Klebstoff	**glue** glu:
Klebeband	**adhesive tape** əd'hi:sɪv 'teɪp
Kochbuch	**cookery book** 'kʊkərɪ bʊk
Kugelschreiber	**ballpoint pen** 'bɔ:lpɔɪnt 'pen
Malbuch	**colouring book** 'kʌlərɪŋ bʊk
Papier	**paper** 'peɪpə
Radiergummi	**rubber, eraser** 'rʌbə, ɪ'reɪzə
Radtourenkarte	**map of cycling routes** 'mæp_əv 'saɪklɪŋ ru:ts
Reiseführer	**travel guide, guidebook** 'trævl gaɪd, 'gaɪdbʊk
Spielkarten	**playing cards** 'pleɪɪŋ kɑ:dz
Stadtplan	**town plan** 'taʊn 'plæn
Straßenkarte	**road map** 'rəʊd mæp
Wanderkarte	**map of walks** 'mæp_əv 'wɔ:kz
Wörterbuch	**dictionary** 'dɪkʃənrɪ

TABAKWAREN

▶ Eine Schachtel … *mit/ohne* Filter, bitte.	**A packet of … *with/without* filters, please.** ə 'pækɪt_əv … 'wɪð/wɪ'ðaʊt 'fɪltəz pli:z
Eine Schachtel/ *Eine Stange …*, bitte.	***A packet/A carton* of …, please.** ə 'pækɪt/ə 'kɑ:tən_əv … pli:z
Eine Dose Pfeifen- tabak bitte.	**A tin of pipe tobacco please.** ə 'tɪn_əv 'paɪp tə'bækəʊ pli:z
▶ *Einmal Streichhölzer/* *Ein Feuerzeug* bitte.	**Could I have *a box of matches/a lighter*, please?** kʊd_aɪ 'hæv_ə 'bɒks_əv 'mætʃɪz/ə 'laɪtə pli:z

UNTERHALTUNG & SPORT

BADEN

„PACK DIE BADEHOSE EIN"
Am Strand

▶ Gibt es in der Nähe einen Strand?
Is there a beach near here?
ˈɪz ðər‿ə ˈbiːtʃ nɪə hɪə

Wo geht es zum Strand?
How do we get to the beach?
ˈhaʊ dʊ wɪ ˈget tə ðə ˈbiːtʃ

Kann man dort etwas zu essen und zu trinken bekommen?
Can you get refreshments there?
ˈkæn jʊ get rɪˈfreʃmənts ðeə

▶ Darf man hier baden?
Is swimming permitted here?
ɪz ˈswɪmɪŋ pəˈmɪtɪd hɪə

Wie *tief/warm* ist das Wasser?
How *deep/warm* is the water?
haʊ ˈdiːp/ˈwɔːm ɪz ðə ˈwɔːtə

Wie weit darf man hinausschwimmen?
How far out can one swim?
ˈhaʊ fɑːr‿ˈaʊt kən wʌn ˈswɪm

AM STRAND

As far as … əz ˈfɑːr_əz …

the buoy. ðə ˈbɔɪ
the rock. ðə ˈrɒk
the marker(s). ðə ˈmɑːkə(z)

Bis …
zur Boje.
zum Felsen.
zur Markierung.

Gibt es hier
Strömungen?

Are there currents around here?
ˈɑː ðə ˈkʌrənts_əraʊnd hɪə

Wann ist *Ebbe/Flut*?

When is *low/high* tide?
ˈwen_ɪz ˈ*ləʊ/ˈhaɪ* ˈtaɪd

Ist es für Kinder
gefährlich?

Is it dangerous for children?
ˈɪz_ɪt ˈdeɪndʒərəs fə ˈtʃɪldrən

Gibt es hier Quallen?

Are there jellyfish around here?
ˈɑː ðə ˈdʒelɪfɪʃ_əraʊnd hɪə

Wo kann man …
ausleihen?

Where can you hire …?
ˈweə kæn jʊ ˈhaɪə …

Ich möchte einen
Liegestuhl ausleihen.

I'd like to hire a deckchair.
aɪd ˈlaɪk tə ˈhaɪər_ə ˈdektʃeə

Ich möchte
Wasserski fahren.

I'd like to waterski.
aɪd ˈlaɪk tə ˈwɔːtəskiː

Ich möchte einen
*Tauchkurs/Windsurf-
kurs* machen.

**I'd like to do a *diving/windsurfing*
course.** aɪd ˈlaɪk tə dʊ ə ˈ*daɪvɪŋ/
ˈwɪndsɜːfɪŋ* kɔːs

Kann man mit einem
Fischerboot mitfahren?

Can one go out on a fishing boat?
ˈkæn wʌn ɡəʊ ˈaʊt_ɒn_ə ˈfɪʃɪŋ bəʊt

Wieviel kostet es für
eine Stunde/einenTag?

How much is it for *an hour/a day*?
ˈhaʊ mʌtʃ_ɪz_ɪt fər_ən_ˈaʊə/_ə ˈdeɪ

Würden Sie bitte
kurz auf meine
Sachen aufpassen?

**Would you mind keeping an eye on my
things for a moment, please?** ˈwʊd jʊ
ˈmaɪnd ˈkiːpɪŋ ən_ˈaɪ_ɒn maɪ ˈθɪŋz
fər_ə ˈməʊmənt pliːz

UNTERHALTUNG & SPORT

171

BADEN

Im Schwimmbad

▶ Welche Münzen brauche ich für *das Schließfach/den Haartrockner*?
What coins do I need for the *lockers/hair-dryers*? wɒt ˈkɔɪnz dʊ aɪ ˈniːd fə ðə ˈlɒkəz/ˈheədraɪəz

Ich möchte ...
ausleihen/kaufen.
I'd like to *hire/buy* ... aɪd ˈlaɪk tə ˈhaɪə/ˈbaɪ ...

    eine Badekappe.
    a swimming cap. ə ˈswɪmɪŋ kæp

    ein Handtuch.
    a towel. ə ˈtaʊəl

    Schwimmflügel.
    water wings. ˈwɔːtə wɪŋz

Gibt es Schwimmunterricht für *Kinder/Erwachsene*?
Are there swimming lessons for *children/adults*? ˈɑː ðə ˈswɪmɪŋ lesənz fə(r) ˈtʃɪldrən/_ ˈædʌlts

Wo ist *der Bademeister/die Sanitätsstelle*?
Where's the *pool attendant/first-aid-room*? ˈweəz ðə ˈpuːl_ əˈtendənt/ fɜːstˈeɪd ruːm

„Pack die Badehose ein"

Badeanzug	**swimming costume** ˈswɪmɪŋ kɒstjuːm
Badehose	**swimming trunks** *pl.* ˈswɪmɪŋ trʌŋks
Badekappe	**swimming cap** ˈswɪmɪŋ kæp
Bademeister	**pool attendant** ˈpuːl_ əˈtendənt
Badeschuhe	**flip-flops, bathing shoes** ˈflɪpflɒps, ˈbeɪðɪŋ ʃuːz
baden	**to swim, to go swimming** tə swɪm, tə ɡəʊ ˈswɪmɪŋ
Bikini	**bikini** bɪˈkiːnɪ
Boot	**boat** bəʊt
Bootsverleih	**boat hire** ˈbəʊt haɪə
Bucht	**bay** beɪ
Dusche	**shower** ˈʃaʊə
Ebbe	**low tide** ˈləʊ ˈtaɪd

WORTLISTE

fischen	**to fish, to go fishing** tə fɪʃ, tə gəʊ ˈfɪʃɪŋ
FKK-Strand	**nudist beach** ˈnjuːdɪst biːtʃ
Flut	**high tide** ˈhaɪ ˈtaɪd
Handtuch	**towel** ˈtaʊəl
Kieselstrand	**pebble/shingle beach** ˈpebl/ˈʃɪŋgl ˈbiːtʃ
Liegestuhl	**deckchair** ˈdektʃeə
Luftmatratze	**lilo, air mattress** ˈlaɪləʊ, ˈeə mætrəs
Motorboot	**motorboat** ˈməʊtəbəʊt
Muscheln	**shells** ʃelz
Nichtschwimmer	**non-swimmers** ˈnɒnˈswɪməz
Planschbecken	**paddling pool** ˈpædlɪŋ puːl
Qualle	**jellyfish** ˈdʒelɪfɪʃ
Rettungsring	**lifebelt** ˈlaɪfbelt
Ruderboot	**rowing boat** ˈrəʊɪŋ bəʊt
rudern	**to row, to go rowing** tə rəʊ, tə gəʊ ˈrəʊɪŋ
Sand	**sand** sænd
-strand	**sandy beach** ˈsændɪ ˈbiːtʃ
Schatten	**shade** ʃeɪd
Schlauchboot	**dinghy** ˈdɪŋɪ
Schnorchel	**snorkel** ˈsnɔːkl
Schwimmbad	**swimming pool** ˈswɪmɪŋ puːl
Schwimmbrille	**swimming goggles pl.** ˈswɪmɪŋ gɒglz
schwimmen	**to swim, to go swimming** tə swɪm, tə gəʊ ˈswɪmɪŋ
Schwimmflossen	**flippers** ˈflɪpəz
Schwimmflügel	**water wings** ˈwɔːtə wɪŋz
Segelboot	**sailing boat** ˈseɪlɪŋ bəʊt
segeln	**to sail, to go sailing** tə seɪl, tə gəʊ ˈseɪlɪŋ
Sonnenbad:	
ein - nehmen	**to sunbathe, to lie in the sun** tə ˈsʌnbeɪð, tə ˈlaɪ ɪn ðə ˈsʌn
Sonnenbrille	**sunglasses pl.** ˈsʌnglɑːsɪz

UNTERHALTUNG & SPORT

173

BADEN

Sonnencreme	**sun cream, suntan lotion** 'sʌn kriːm, 'sʌntæn ləʊʃn
Sprungbrett	**diving board** 'daɪvɪŋ bɔːd
Sprungturm	**diving platforms** *pl.* 'daɪvɪŋ plætfɔːmz
Strand	**beach** biːtʃ
Strömung	**current** 'kʌrənt
Sturm	**gale** geɪl
-flut	**storm tide** 'stɔːm taɪd
-warnung	**gale warning** 'geɪl wɔːnɪŋ
Surfanzug	**surfing suit, wetsuit** 'sɜːfɪŋ suːt, 'wetsuːt
Surfbrett	**surfboard** 'sɜːfbɔːd
surfen	**to surf, to go surfing** tə sɜːf, tə gəʊ 'sɜːfɪŋ
tauchen	**to dive, to go diving** tə daɪv, tə gəʊ 'daɪvɪŋ
Taucheranzug	**diving suit, wetsuit** 'daɪvɪŋ suːt, 'wetsuːt
Taucherausrüstung	**diving equipment** 'daɪvɪŋ ɪkwɪpmənt
Tauchermaske	**diving mask** 'daɪvɪŋ mɑːsk
tief	**deep** diːp
Tretboot	**pedalo** pə'dɑːləʊ
Umkleidekabine	**changing cubicle** 'tʃeɪndʒɪŋ kjuːbɪkl
Wasser	**water** 'wɔːtə
-ball	**water polo** 'wɔːtə pəʊləʊ
-ski	**water ski** 'wɔːtə skiː
-temperatur	**water temperature** 'wɔːtə 'temprətʃə
-tiefe	**depth of the water** 'depθ ˍəv ðə 'wɔːtə
Welle	**wave** weɪv
Wellenbad	**wave pool** 'weɪv puːl
Wellenreiten	**surfing** 'sɜːfɪŋ

➡ *Noch mehr Sport und Spiel (S. 177)*

DIE BERGE

UNTERHALTUNG & SPORT

DER BERG RUFT

Ich möchte eine …stündige Wanderung machen.	**I'd like to go on a …-hour walk.** aɪd ˈlaɪk tə ˈgəʊ ɒn ə … ˌaʊə ˈwɔːk
Ich möchte *nach/auf den …*	**I'd like to *go to/climb* …** aɪd ˈlaɪk tə *ˈgəʊ tʊ/ˈklaɪm* …
Können Sie mir eine *leichte/mittelschwere* Tour empfehlen?	**Can you recommend *an easy/ a moderately difficult* tour?** ˈkæn jʊ rekəˈmend *ən ˈiːzɪ/…ə ˌmɒdərətlɪ ˈdɪfɪkəlt* ˈtʊə
Wie lange dauert sie ungefähr?	**How long will it take approximately?** haʊ ˈlɒŋ wɪl ɪt ˈteɪk əˈprɒksɪmətlɪ
Ist der Weg gut *markiert/gesichert?*	**Is the route *well marked/safe for walking*?** ɪz ðə ˈruːt *wel ˈmɑːkt/ˈseɪf fə ˈwɔːkɪŋ*
Kann man unterwegs einkehren?	**Is there anywhere to eat en route?** ɪz ðər ˈenɪweə tʊ ˈiːt ɒn ˈruːt
Kann ich in diesen Schuhen gehen?	**Can I go in these shoes?** kən aɪ ˈgəʊ ɪn ˈðiːz ˈʃuːz

175

DIE BERGE

▶ Gibt es geführte Touren?
Are there guided walks?
ɑː_ðə ˈgaɪdəd ˈwɔːkz

▶ Sind wir hier auf dem richtigen Weg nach …?
Is this the right way to …?
ɪz ˈðɪz ðə ˈraɪt ˈweɪ tə …

▶ Wie weit ist es noch bis …?
How far is it to …?
haʊ ˈfɑːr_ɪz_ɪt tə …

Der Berg ruft

Berg	**mountain** ˈmaʊntən
-führer	**mountain guide** ˈmaʊntən ˈgaɪd
-schuhe	***mountain/climbing* boots** ˈmaʊntən/ˈklaɪmɪŋ buːts
-steigen	**mountain climbing** ˈmaʊntən ˈklaɪmɪŋ
-wacht	**mountain rescue service** ˈmaʊntən ˈreskjuː sɜːvɪs
Hütte	**hut** hʌt
klettern	**to climb** tə klaɪm
Proviant	**provisions** *pl.*, **food** prəˈvɪʒənz, fuːd
Schlucht	**ravine** rəˈviːn
schwindelfrei:	
- sein	**to have a head for heights** tə hæv ə ˈhed fə ˈhaɪts
Seil	**rope** rəʊp
Steigeisen	**crampon** ˈkræmpɒn
Tour	**(walking) tour, hike** (ˈwɔːkɪŋ) tʊə, haɪk
Wanderkarte	**map of walks** ˈmæp_əv ˈwɔːks
wandern	**to walk, to hike** tə wɔːk, tə haɪk
Wanderschuhe	**walking shoes** ˈwɔːkɪŋ ʃuːz
Wanderung	**walk, hike** wɔːk, haɪk
Wanderweg	**hiking trail** ˈhaɪkɪŋ treɪl
Weg	**route, path** ruːt, pɑːθ

SPORT

NOCH MEHR SPORT UND SPIEL

UNTERHALTUNG & SPORT

Haben Sie *Spielkarten/ Gesellschaftsspiele*?	**Do you have any *playing cards/ parlour games*?** də jʊ 'hæv_enɪ 'pleɪɪŋ kɑːdz/'pɑːlə ɡeɪmz
Treiben Sie irgendwelchen Sport?	**Are you interested in any sports?** 'ɑː jʊ 'ɪntrəstɪd_ɪn_enɪ 'spɔːts
Spielen Sie Schach?	**Do you play chess?** dʊ jʊ pleɪ 'tʃes
Welche Sportmöglichkeiten gibt es hier?	**What kind of sports facilities are there here?** 'wɒt kaɪnd_əv 'spɔːts fəsɪlɪtɪz_'ɑː_ðə hɪə
Ich möchte gerne einen ...-Kurs machen.	**I'd like to do a ... course.** aɪd 'laɪk tə dʊ_ə ... kɔːs
Darf ich mitspielen?	**Do you mind if I join in?** də jʊ 'maɪnd_ɪf_aɪ djɔɪn_'ɪn
Wir hätten gern einen *Tennisplatz/ Squashcourt* für *eine/ eine halbe* Stunde.	**We'd like to hire a *tennis court/ squash court* for *an hour/half an hour*.** wiːd 'laɪk tə 'haɪər_ə 'tenɪs kɔːt/'skwɒʃ kɔːt fə(r)_ən_'aʊə/ 'hɑːf_ən_'aʊə
Ich möchte ... ausleihen.	**I'd like to hire ...** aɪd 'laɪk tə 'haɪə(r). . .

177

SPORT

Sport, Spiel

Anfänger(in)	**beginner** bɪ'ɡɪnə
Angel	**fishing rod** 'fɪʃɪŋ rɒd
-haken	**fishing hook** 'fɪʃɪŋ hʊk
angeln	**to fish, to go *fishing/angling*** tə fɪʃ, tə ɡəʊ 'fɪʃɪŋ/'æŋglɪŋ
Angelschein	**fishing licence** 'fɪʃɪŋ laɪsns
Badminton	**badminton** 'bædmɪntən
Ball	**ball** bɔːl
Basketball	**basketball** 'bɑːskətbɔːl
Billard	**billiards, *etwa*: snooker** 'bɪljədz, 'snuːkə
Bowling	**(*auf dem Rasen*) bowls** bəʊlz
Bungee-Springen	**bungee jumping** 'bʌnʒɪ dʒʌmpɪŋ
Drachenfliegen	**hang-gliding** 'hæŋglaɪdɪŋ
Eishockey	**ice hockey** 'aɪs hɒkɪ
Ergebnis	**score** skɔː
Fallschirmspringen	**parachute jumping** 'pærəʃuːt dʒʌmpɪŋ
Fahrrad	**bicycle, bike** 'baɪsɪkl, baɪk
Fechten	**fencing** 'fensɪŋ
Federball	**shuttlecock; (*Spiel*) badminton** 'ʃʌtlkɒk; 'bædmɪntən
Fußball	**football** 'fʊtbɔːl
-platz	**football pitch** 'fʊtbɔːl pɪtʃ
-spiel	**football match** 'fʊtbɔːl mætʃ
gewinnen	**to win** tə wɪn
Gleitschirmfliegen	**paragliding** 'pærəglaɪdɪŋ
Golf	**golf** gɒlf
-platz	**golf course** gɒlf kɔːs
-schläger	**golf club** 'gɒlf klʌb
Gymnastik	**exercises *pl.*, gymnastics *pl.*** 'eksəsaɪzɪz, dʒɪm'næstɪks
Halbzeit	**half-time** hɑːf'taɪm
Handball	**handball** 'hændbɔːl

178

WORTLISTE

Kajak	**kayak**	'kaɪæk
Kanu	**canoe**	kə'nuː
Kartenspiel	**game of cards**	'geɪm_əv 'kɑːdz
Kegelbahn	**bowling alley**	'bəʊlɪŋ_æli
kegeln	**to bowl, to go bowling**	
		tə bəʊl, tə gəʊ 'bəʊlɪŋ
Köder	**bait**	beɪt
Kurs	**course**	kɔːs
Leichtathletik	**athletics**	æθ'letɪks
Mannschaft	**team**	tiːm
Meisterschaft	**championship**	'tʃæmpjənʃɪp
Minigolfplatz	**crazy golf course**	'kreɪzɪ gɒlf kɔːs
Pferd	**horse**	hɔːs
Pferderennen	**horse racing**	'hɔːs reɪsɪŋ
Programm	**programme**	'prəʊgræm
radfahren	**to cycle, to go cycling**	
		tə 'saɪkl, tə gəʊ 'saɪklɪŋ
Radtour	**bicycle tour**	'baɪsɪkl tʊə
Rafting	**river rafting**	'rɪvə rɑːftɪŋ
Regatta	**regatta**	rɪ'gætə
reiten	**to ride, to go (horse-)riding**	
		tə raɪd, tə gəʊ ('hɔːs)'raɪdɪŋ
rudern	**to row**	tə rəʊ
Schach	**chess**	tʃes
-brett	**chessboard**	'tʃesbɔːd
-figuren	**chessmen**	'tʃesmen
Schiedsrichter	**referee; (*Tennis*) umpire**	refə'riː; 'ʌmpaɪə
Schlittschuhe	**ice-skates**	'aɪs_skeɪts
Schlittschuhlaufen	**ice-skating**	'aɪs_skeɪtɪŋ
Sieg	**win, victory**	wɪn, 'vɪktrɪ
Solarium	**solarium**	sə'leərɪəm
Sonnenbank	**sunbed**	'sʌnbed
Spiel	**game**	geɪm
spielen	**to play**	tə pleɪ
Spielkarten	**playing cards**	'pleɪɪŋ kɑːdz

UNTERHALTUNG & SPORT

179

SPORT

Sport	**sport(s** *pl.***)** spɔːt(s)
sportlich	**sporty, athletic** 'spɔːtɪ, æθ'letɪk
Sportplatz	**sports ground** 'spɔːts graʊnd
Squash	**squash** skwɒʃ
-ball	**squash ball** 'skwɒʃ bɔːl
-court	**squash court** 'skwɒʃ kɔːt
-schläger	**squash racket** 'skwɒʃ rækɪt
Start	**start** stɑːt
Tennis	**tennis** 'tenɪs
-ball	**tennis ball** 'tenɪs bɔːl
-platz	**tennis court** 'tenɪs kɔːt
-schläger	**tennis racket** 'tenɪs rækɪt
Tischtennis	**table tennis** 'teɪbl tenɪs
-ball	**table tennis ball** 'teɪbl 'tenɪs bɔːl
-schläger	**table tennis bat** 'teɪbl 'tenɪs bæt
Tor	**goal** gəʊl
-wart	**goalkeeper, goalie** 'gəʊlkiːpə, 'gəʊlɪ
Trainer	**trainer, coach** 'treɪnə, kəʊtʃ
-stunde	**coaching session** 'kəʊtʃɪŋ seʃn
turnen	**to do gymnastics** tə duː dʒɪm'næstɪks
Umkleideräume	**changing rooms** 'tʃeɪndʒɪŋ ruːmz
unentschieden:	
es war -	**it was a draw** ɪt wəz_ə 'drɔː
verlieren	**to lose** tə luːz
Volleyball	**volleyball** 'vɒlɪbɔːl
Wasserball	**water polo** 'wɔːtə pəʊləʊ
Wettkampf	**competition** kɒmpə'tɪʃn
Ziel	**finishing line** 'fɪnɪʃɪŋ laɪn

KULTUR

UNTERHALTUNG & SPORT

KULTUR UND FESTE

box bɒks	Loge
centre, middle ˈsentə, ˈmɪdl	Mitte
circle ˈsɜːkl	Rang
dress circle ˈdres sɜːkl	erster -
upper circle ˈʌpə ˈsɜːkl	zweiter -
emergency exit ɪˈmɜːdʒənsɪ eksɪt	Notausgang
entrance ˈentrəns	Eingang
exit ˈeksɪt	Ausgang
gallery ˈgælərɪ	Galerie
left left	links
right raɪt	rechts
row rəʊ	Reihe
seat siːt	Platz
sold out ˈsəʊld aʊt	ausverkauft
stalls *pl.* stɔːlz	Parkett

Welche Veranstaltungen finden *diese/nächste* Woche statt?

What's on *this/next* week?
ˈwɒts ˌɒn ðɪs/nekst ˈwiːk

Haben Sie einen Veranstaltungskalender?

Do you have a programme of events?
dʊ jʊ ˈhæv ə ˈprəʊgræm əv ɪˈvents

181

KULTUR

▶ Was wird heute
abend gespielt?

What's on tonight? 'wɒts 'ɒn təˈnaɪt

▶ Wo bekommt
man Karten?

Where can one get tickets?
'weə kən wʌn get 'tɪkəts

▶ Wann beginnt
*die Vorstellung/
das Konzert*?

**When does the *performance/concert*
start?** 'wen dəz ðə pəˈfɔːməns/
'kɒnsət 'stɑːt

▶ Ab wann ist Einlaß?

When do the doors open?
'wen dʊ ðə 'dɔːz‿'əʊpən

Sind die Plätze
numeriert?

Are the seats numbered?
ɑː ðə 'siːts 'nʌmbəd

Kann man Karten
reservieren lassen?

Can one reserve tickets?
kæn wʌn rɪˈzɜːv 'tɪkəts

Haben Sie noch
Karten für
heute/morgen?

**Do you have any tickets for *today/
tomorrow*?** də jʊ 'hæv‿enɪ 'tɪkəts fə
təˈdeɪ/təˈmɒrəʊ

▶ Bitte *eine Karte/
zwei Karten* für …
    heute (abend).
    die Matinee.

***One ticket/Two tickets* for …, please.**
'wʌn 'tɪkət/'tuː 'tɪkəts fə . . . pliːz
    today/tonight təˈdeɪ/təˈnaɪt
    the matinée (performance)
    ðə 'mætɪneɪ (pəˈfɔːməns)

▶   morgen.
    die Nachmittags-
    vorstellung.

    tomorrow təˈmɒrəʊ
    the matinée (performance)
    ðə 'mætɪneɪ (pəˈfɔːməns)

Wieviel kostet
eine Karte?

How much does a ticket cost?
'haʊ mʌtʃ dəz‿ə 'tɪkət 'kɒst

Gibt es eine
Ermäßigung für …
    Kinder?
    Senioren?
    Studenten?

Are there concessions for …
'ɑː ðeə kənˈseʃənz fə . . .
    children? 'tʃɪldrən
    senior citizens? 'siːnjə 'sɪtɪzənz
    students? 'stjuːdənts

WORTLISTE

INFO

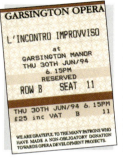

In manchen Opernhäusern gibt es an den Sitzen Operngläser, die man nach Eingeben einer 20-Pence-Münze ausleihen kann.

In London kann man für viele Musicals und Theaterstücke Karten zum halben Preis für Vorstellungen am gleichen Tag bekommen. Dazu muß man sich am offiziellen Kiosk am Leicester Square mit anderen Theaterhungrigen anstellen, aber das Warten lohnt sich meistens! Hüten Sie sich jedoch vor den Schwarzhändlern, die dort ebenfalls Karten anbieten, jedoch zu unverschämt hohen Preisen.

UNTERHALTUNG & SPORT

KULTUR UND FESTE

Abendkasse	**box office** 'bɒks ˌɒfɪs
Akt	**act** ækt
Ballett	**ballet** 'bæleɪ
Beginn	**start** stɑːt
Bühnenbild	**(stage) set** ('steɪdʒ) set
Chor	**choir** 'kwaɪə
Dirigent	**conductor** kən'dʌktə
Eintrittskarte	**ticket** 'tɪkət
Ende	**end** end
Film	**film** fɪlm
Foyer	**foyer** 'fɔɪeɪ
Freilichtbühne	**open-air theatre** 'əʊpəneə 'θɪətə
Garderobe	**cloakroom** 'kləʊkruːm
Garderobenmarke	**cloakroom ticket** 'kləʊkruːm tɪkət
Hauptrolle	**leading role, lead** 'liːdɪŋ 'rəʊl, liːd
Inszenierung	**production** prə'dʌkʃn

183

KULTUR

Kabarett	**cabaret** 'kæbəreɪ
Kammermusik	**chamber music** 'tʃeɪmbə mjuːzɪk
Kasse	**box office** 'bɒks ˌɒfɪs
Kino	**cinema** 'sɪnəmə
Komponist(in)	**composer** kəm'pəʊzə
Konzert	**concert** 'kɒnsət
-saal	**concert hall, auditorium**
	'kɒnsət hɔːl, ɔːdɪ'tɔːrɪəm
Liederabend	**song recital** 'sɒŋ rɪ'saɪtl
Musical	**musical** 'mjuːzɪkl
Musik	**music** 'mjuːzɪk
Oper	**opera** 'ɒpərə
Operette	**operetta** ɒpə'retə
Orchester	**orchestra** 'ɔːkəstrə
Originalfassung	**original version** ə'rɪdʒɪnəl 'vɜːʃn
Pause	**interval** 'ɪntəvl
Platz	**seat** siːt
-anweiser(in)	**usher(ette)** 'ʌʃə (ʌʃə'ret)
Premiere	**première, first night** 'premjeə, 'fɜːst 'naɪt
Programm	**programme** 'prəʊɡræm
-heft	**programme** 'prəʊɡræm
Regisseur(in)	**director** də'rektə
Sänger(in)	**singer** 'sɪŋə
Schauspieler	**actor** 'æktə
Schauspielerin	**actress** 'æktrəs
Solist(in)	**soloist** 'səʊləʊɪst
spielen	**to play; (*Stück*) to perform**
	tə pleɪ, tə pə'fɔːm
Spielfilm	**feature film** 'fiːtʃə fɪlm
synchronisiert	**dubbed** dʌbd
Tänzer(in)	**dancer** 'dɑːnsə
Theater	**theatre** 'θɪətə
-stück	**play** pleɪ
Untertitel	**subtitle** 'sʌbtaɪtl
Varieté	**variety show** və'raɪətɪ ʃəʊ

AUSGEHEN

Vorstellung	**performance** pə'fɔːməns
Vorverkauf	**advance booking** əd'vɑːns 'bʊkɪŋ
Zirkus	**circus** 'sɜːkəs

→ *Noch mehr Sport und Spiel (S. 177)*

FERNSEHEN

Wo ist der
Fernsehraum?

Where's the *television/TV* room?
'weəz ðə 'telɪvɪʒn/'tiː'viː ruːm

Was kommt heute
abend im Fernsehen?

What's on TV tonight?
'wɒts_ɒn 'tiː'viː tənaɪt

Bekommen Sie auch
deutsche Sender?

Do you also get German programmes?
də jʊ_'ɔːlsəʊ get 'dʒɜːmən
prəʊɡræmz

Haben Sie
Satellitenempfang?

Do you have satellite TV?
də jʊ 'hæv 'sætəlaɪt tiː'viː

Sind Sie verkabelt?

Do you have cable TV?
də jʊ 'hæv 'keɪbl tiː'viː

Dürfte ich umschal-
ten? Ich würde gerne
*die Nachrichten/
die Sendung ...*
sehen.

**Do you mind if I switch channels?
I'd like to watch *the news/the ...
programme.*** də jʊ 'maɪnd_ɪf aɪ
'swɪtʃ 'tʃænl. aɪd 'laɪk tə 'wɒtʃ ðə
'njuːz/ðə . . . prəʊɡræm

ABENDS AUSGEHEN

Gibt es hier
eine nette Kneipe?

Is there a nice pub around here?
'ɪz ðər_ə 'naɪs 'pʌb əraʊnd hɪə

Wo kann man
hier tanzen gehen?

**Where can you go dancing around
here?** 'weə kən jʊ ɡəʊ 'dɑːnsɪŋ əraʊnd
hɪə

UNTERHALTUNG & SPORT

185

AUSGEHEN

Trägt man dort Abendgarderobe?	**Do you have to wear evening dress?** də jʊ ˈhæv tə ˈweərˈiːvnɪŋ dres
▶ Ist hier noch frei?	**Is this seat taken?** ɪz ˈðɪs siːt ˈteɪkn
⟶ *Info S. 66*	
Kann man hier auch etwas essen?	**Do you serve refreshments?** də jʊ ˈsɜːv rɪˈfreʃmənts
Haben Sie eine Getränkekarte?	**Could I see the wine list, please?** ˈkʊd aɪ ˈsiː ðə ˈwaɪn lɪst pliːz

Ein *Bier/Glas Wein*, bitte.	**A *beer/glass of wine*, please.** ə ˈbɪə/ˈglɑːsˈəv ˈwaɪn pliːz
Das gleiche noch einmal, bitte.	**Same again, please.** ˈseɪmˈəˈgen pliːz
▶ Was *möchten Sie/ möchtest du* trinken?	**What would you like to drink?** ˈwɒt wʊdˈjʊ ˈlaɪk tə ˈdrɪŋk
Darf ich *Sie/dich* zu … einladen?	**Can I buy you …?** kən aɪ ˈbaɪˈjʊ …
▶ *Tanzen Sie/Tanzt du* mit mir?	**Would you like this dance?** wʊdˈjʊ ˈlaɪk ðɪs ˈdɑːns
Sie tanzen/Du tanzt sehr gut.	**You dance very well.** jʊ ˈdɑːns verɪ ˈwel

POST UND BANK

POST

POST, TELEGRAMM,

TELEFON

Briefe, Pakete, Päckchen

▶ Wo ist *der nächste Briefkasten/das nächste Postamt*?

Where's the nearest *letterbox/post office*? 'weəz ðə nɪərəst 'letəbɒks/ 'pəʊst ˌɒfɪs

▶ Was kostet *ein Brief/eine Karte* …
nach Deutschland?
nach Österreich?
in die Schweiz?

How much is a *letter/postcard* … haʊ 'mʌtʃ ɪz ə 'letə/'pəʊstkɑːd …
to Germany? tə 'dʒɜːmənɪ
to Austria? tʊ 'ɒstrɪə
to Switzerland? tə 'swɪtsələnd

Fünf Briefmarken zu …, bitte.

Five …-pence stamps, please. 'faɪv … pens 'stæmps pliːz

▶ Haben Sie auch Sondermarken?

Do you have any special-issue stamps? də jʊ 'hæv ˌenɪ 'speʃl'ɪʃjuː stæmps

188

TELEFON

Diesen Brief/Dieses Päckchen … bitte.
I'd like to send this *letter/packet* …, please. aɪd 'laɪk tə 'send ðɪs 'letə/'pækɪt . . . pliːz

    per Einschreiben   **recorded delivery** rɪ'kɔːdɪd dɪ'lɪvərɪ

    erster Klasse   **first class** 'fɜːst 'klɑːs
    per Luftpost   **(by) airmail** (baɪ) 'eəmeɪl
    per Express   **special delivery** 'speʃl dɪ'lɪvərɪ
    per Seepost   **(by) surface mail** (baɪ) 'sɜːfɪs meɪl

Ich möchte ein Paket aufgeben.
I'd like to send a parcel. aɪd 'laɪk tə 'send ə 'pɑːsl

▸ Wo ist der Schalter für postlagernde Sendungen?
Where's the poste restante counter? 'weəz ðə 'pəʊst re'stɑːnt kaʊntə

▸ Haben Sie Post für mich?
Is there any mail for me? 'ɪz ðər 'enɪ 'meɪl fə miː

Der Draht nach Hause

Kann ich bei Ihnen ein Telegramm aufgeben?
Can I send a telegram from here? kən aɪ 'send ə 'telɪɡræm frəm hɪə

Geben Sie mir bitte ein Telegrammformular.
Could I have a telegram form, please? 'kʊd aɪ 'hæv ə 'telɪɡræm fɔːm pliːz

Können Sie für mich ein Telefax senden?
Can you send a fax for me? 'kæn jʊ 'send ə 'fæks fɔː miː

Telefonieren in Großbritannien

Die meisten Telefonapparate in Großbritannien sind inzwischen Kartentelefone (durch die Aufschrift **"Phonecard"** gekennzeichnet). Karten bekommt man u.a. bei Zeitungshänd-

POST UND BANK

POST

lern und bei der Post. Beachten Sie aber bitte, daß es zwei Haupttelefongesellschaften gibt, nämlich **British Telecom (BT)** und **Mercury,** für die man verschiedene Karten braucht. Die Mehrzahl der Telefonapparate werden vom BT geführt. Manche öffentlichen Fernsprecher nehmen auch Kreditkarten an.

Münztelefone sind etwas komplizierter zu handhaben:
1. Halten Sie genügend Münzen bereit (10 Pence, 50 Pence bzw. 1 Pfund). Heben Sie den Hörer ab und warten Sie, bis Sie den Freiton hören.
2. Wählen Sie die Nummer.
3. Wenn am anderen Ende abgehoben wird, hören Sie die Stimme ganz kurz, bevor sie von kurzen Tönen unterbrochen wird. Sie müssen nun schnell eine Münze einwerfen (kräftig drücken!), damit die Verbindung erhalten bleibt.

In Großbritannien werden beim Abheben des Telefons meistens nur die Nummer bzw. der Ort und die Nummer angegeben (z.B. Stockton 67439). Im Geschäftsbereich wird die Firma und eventuell auch der Personenname (Vor- und Nachname) genannt. Man meldet sich nie, wie in den deutschsprachigen Ländern, nur mit dem Nachnamen.

190

WORTLISTE

Wo kann ich hier telefonieren?
Where can I make a phone call around here? 'weə kən_aɪ 'meɪk ə 'fəʊn kɔːl_əraʊnd hɪə

Wo bekomme ich eine Telefonkarte?
Where can I get a phonecard? 'weə kən_aɪ get ə 'fəʊnkɑːd

Entschuldigung, ich brauche Münzen zum Telefonieren.
Excuse me, could you give me some change to make a phone call? ɪk'skjuːz mɪ 'kʊd jʊ 'gɪv mɪ səm 'tʃeɪndʒ tə meɪk ə 'fəʊn kɔːl

Können Sie mir diesen Schein wechseln?
Can you change this note for me? kən jʊ 'tʃeɪndʒ ðɪs 'nəʊt fə miː

Was kostet ein 3-minütiges Gespräch nach Deutschland?
How much is a 3-minute call to Germany? 'haʊ mʌtʃ_ɪz_ə 'θriːmɪnɪt 'kɔːl tə 'dʒɜːmənɪ

Wie ist die Vorwahl von ...?
What's the code for ...? 'wɒts ðə 'kəʊd fə . . .

The line is *engaged/out of order.* ðə 'laɪn_ɪz_ɪn'geɪdʒd/_aʊt_əv 'ɔːdə
Die Leitung ist *besetzt/gestört.*

There's no reply. ðəz 'nəʊ rɪ'plaɪ
Es meldet sich niemand.

POST UND BANK

Post, Telegramm, Telefon

Absender	**sender** 'sendə	
Adresse	**address** ə'dres	
Ansichtskarte	**postcard** 'pəʊstkɑːd	
aufgeben	**to send** tə send	
Auslandsgespräch	**international call** ɪntə'næʃənəl 'kɔːl	
besetzt	**engaged** ɪn'geɪdʒd	

POST

Brief	**letter** 'letə
-kasten	**letterbox** 'letəbɒks
-marke	**stamp** stæmp
-markenautomat	**stamp machine** 'stæmp mə'ʃiːn
Eilbrief	**express letter** ɪk'spres 'letə
Empfänger	**addressee** ˌædre'siː
Gebühr	**charge** tʃɑːdʒ
Kartentelefon	**cardphone** 'kɑːdfəʊn
Luftpost	**airmail** 'eəmeɪl
per -	**(by) airmail** (baɪ)_'eəmeɪl
Münztelefon	**payphone** 'peɪfəʊn
Nachnahme	**COD, cash on delivery** siːəʊ'diː, 'kæʃ_ɒn dɪ'lɪvərɪ
Nachttarif	**cheap rate** 'tʃiːp reɪt
Päckchen	**packet** 'pækɪt
Paket	**parcel** 'pɑːsl
-karte	**parcel form** 'pɑːsl fɔːm
Post(amt)	**post office** 'pəʊst_ɒfɪs
postlagernd	**poste restante** 'pəʊst re'stɑːnt
Postsparbuch	**post office savings book** 'pəʊst_ɒfɪs 'seɪvɪŋz bʊk
R-Gespräch	**reversed charge call** rə'vɜːst 'tʃɑːdʒ kɔːl
Schalter	**counter** 'kaʊntə
schicken	**to send** tə send
Telefax	**fax** fæks
Telefon	**(tele)phone** ('telə)fəʊn
-buch	**telephone directory** 'teləfəʊn də'rektrɪ
-karte	**phonecard** 'fəʊnkɑːd
-zelle	**(tele)phone box** ('telə)fəʊn bɒks
telefonieren	**to make a phone call** tə 'meɪk_ə 'fəʊn kɔːl
Telegramm	**telegram** 'teləgræm

GELD

verbinden	**to put (*someone*) through** tə ˈpʊt (ˈsʌmwʌn) ˈθruː
Vermittlung	**telephone exchange** ˈteləfəʊn ɪksˈtʃeɪndʒ
Vorwahl	**dialling code** ˈdaɪəlɪŋ kəʊd
Wertangabe	**declaration of value** dekləˈreɪʃn̩ əv ˈvæljuː
Wertpaket	**registered parcel** ˈredʒɪstəd ˈpɑːsl
Zollerklärung	**customs declaration** ˈkʌstəmz dekləˈreɪʃn

POST UND BANK

GELDANGELEGENHEITEN

INFO

Britisches Kleingeld ist teilweise recht schwer und massig; deshalb lohnt es sich, die verschiedenen Münzen kennenzulernen, damit man sie schnell wieder los wird!

Wundern Sie sich nicht, wenn man an den Ladenkassen Ihre Geldscheine gegen das Licht hält, um zu prüfen,

193

GELD

ob sie echt sind. Das ist hierzulande ganz üblich und wird sogar von den Angestellten verlangt. Besonders bei £50-Scheinen ist man skeptisch!

Banken haben in der Regel von 9.30 bzw. 10.00 Uhr bis 16.30 Uhr offen, am Donnerstag manchmal eine Stunde länger. Bargeld bekommt man mit einer Euroscheck- oder Kreditkarte auch an den mit dem entsprechenden Symbol gekennzeichneten Geldautomaten.

▶ Wo kann ich Geld wechseln?

Where can I exchange some money?
'weə kən_aɪ ɪks'tʃeɪndʒ səm 'mʌnɪ

Wie hoch sind die Gebühren?

What's the commission charge?
'wɒts ðə kə'mɪʃn tʃɑːdʒ

▶ Wie lange ist die Bank geöffnet?

What time does the bank close?
'wɒt 'taɪm dəz ðə bæŋk 'kləʊz

▶ Ich möchte ... in Pfund umtauschen.
      DM
      Schilling
      Schweizer Franken

I'd like to change ... into pounds.
aɪd 'laɪk tə tʃeɪndʒ . . . ɪntʊ 'paʊndz
      deutschmarks 'dɔɪtʃmɑːkz
      Austrian shillings 'ɒstrɪən 'ʃɪlɪŋz
      Swiss francs 'swɪs 'fræŋks

Ich habe mir telegrafisch Geld überweisen lassen. Ist es schon da?

I've had some money wired to me. Could you tell me if it's arrived yet?
aɪv 'hæd səm 'mʌnɪ waɪəd tə mɪ
kʊd_jʊ 'tel mɪ_ɪf_ɪts_ə'raɪvd jet

▶ Kann ich mit meiner Kreditkarte Bargeld bekommen?

Can I use my credit card to get cash?
kən_aɪ 'juːz maɪ 'kredɪt kɑːd tə get 'kæʃ

WORTLISTE

Ich möchte Geld von meinem Postsparbuch abheben.

I'd like to withdraw some money from my post office savings book. aɪd 'laɪk tə wɪð'drɔː səm 'mʌnɪ frəm maɪ 'pəʊst ɒfɪs 'seɪvɪŋz bʊk

Ich möchte einen *Euroscheck/Reisescheck* einlösen.

I'd like to cash a *Eurocheque/traveller's cheque.* aɪd 'laɪk tə 'kæʃ ə 'jʊərəʊtʃek/'trævələz tʃek

Was ist der Höchstbetrag?

What's the *limit/maximum amount?* wɒts ðə 'lɪmɪt/'mæksɪməm ə'maʊnt

Could I see your Eurocheque card, please? kʊd aɪ 'siː jɔː 'jʊərəʊtʃek kɑːd pliːz

Ihre Euroscheck-karte, bitte.

Do you have any identification? dʊ jʊ 'hæv enɪ aɪ'dentɪfɪ'keɪʃn

Ihren *Paß/Personalausweis*, bitte.

Would you sign here, please? wʊd jʊ 'saɪn 'hɪə pliːz

Unterschreiben Sie bitte hier.

How would you like it? haʊ wʊd jʊ 'laɪk ɪt

Wie möchten Sie das Geld haben?

In kleinen Scheinen, bitte.

In small notes, please. ɪn 'smɔːl nəʊts pliːz

Geben Sie mir bitte auch etwas Kleingeld.

Could you give me some small change as well, please? kʊd jʊ 'gɪv mɪ səm 'smɔːl tʃeɪndʒ əz 'wel pliːz

Geldangelegenheiten

abheben	**to withdraw** tə wɪð'drɔː
Bank	**bank** bæŋk
-konto	**bank account** 'bæŋk əkaʊnt
-leitzahl	**bank code** 'bæŋk kəʊd
-überweisung	**cash transfer** 'kæʃ 'trænsfɜː

POST UND BANK

195

GELD

bar	**cash** kæʃ
Bargeld	**cash** kæʃ
Betrag	**amount** ə'maʊnt
D-Mark	**deutschmarks** 'dɔɪtʃmɑːks
einzahlen	**to pay in** tə 'peɪ_'ɪn
Euroscheck	**Eurocheque** 'jʊərəʊtʃek
-karte	**Eurocheque card** 'jʊərəʊtʃek kɑːd
Gebühr	**commission (charge)** kə'mɪʃn (tʃɑːdʒ)
Geheimzahl	**PIN number** 'pɪn nʌmbə
Geld	**money** 'mʌnɪ
-automat	**cash dispenser** 'kæʃ dɪspensə
-schein	**banknote** 'bæŋknəʊt
Kartennummer	**card number** 'kɑːd nʌmbə
Kreditkarte	**credit card** 'kredɪt kɑːd
Kurs	**exchange rate** ɪks'tʃeɪndʒ reɪt
Münze	**coin** kɔɪn
Quittung	**receipt** rɪ'siːt
Reisescheck	**traveller's cheque** 'trævələz tʃek
Schalter	**counter, desk** 'kaʊntə, desk
Scheck	**cheque** tʃek
-karte	**cheque card** 'tʃek kɑːd
Schein	**(bank)note** ('bæŋk)nəʊt
Schilling	**Austrian shillings** 'ɒstrɪən 'ʃɪlɪŋz
Schweizer Franken	**Swiss francs** 'swɪs 'fræŋks
Sparbuch	**savings book** 'seɪvɪŋz bʊk
telegrafisch:	
Geld - überweisen	**to have money wired**
lassen	tə hæv 'mʌnɪ 'waɪəd
Überweisung	**transfer** 'trænsfɜː
unterschreiben	**to sign** tə saɪn
Unterschrift	**signature** 'sɪgnətʃə
Währung	**currency** 'kʌrənsɪ
Wechselkurs	**exchange rate** ɪks'tʃeɪndʒ reɪt
wechseln	**to (ex)change** tə_(ɪks)'tʃeɪndʒ
Wechselstube	**bureau de change** 'bjʊərəʊ də 'ʃɒndʒ
Zahlung	**payment** 'peɪmənt

IM ERNSTFALL

GESUNDHEIT

GESUNDHEIT

Information

Können Sie
mir ... empfehlen?
    einen Kinderarzt
    einen praktischen Arzt
    einen Zahnarzt

Can you recommend ...?
'kæn jʊ rekə'mend_...
    a paediatrician ə 'piːdɪə'trɪʃn
    a GP ə 'dʒiː'piː
    a dentist ə 'dentɪst

Spricht er Deutsch?

Does he speak German?
'dʌz hɪ spiːk 'dʒɜːmən

Wann hat er
Sprechstunde?

When are his surgery hours?
'wen_ə hɪz 'sɜːdʒərɪ_aʊəz

Kann er herkommen?

Can he come here? 'kæn hɪ kʌm 'hɪə

*Mein Mann/
Meine Frau* ist krank.

My *husband/wife* is sick.
maɪ *'hʌzbənd/'waɪf_ɪz* 'sɪk

Rufen Sie bitte einen
Krankenwagen/Notarzt!

Please call *an ambulance/a doctor*!
'pliːz kɔːl_ən_ *'æmbjʊləns/ə 'dɒktə*

Wohin bringen
Sie *ihn/sie*?

Where are you taking *him/her*?
'weər_ə jʊ 'teɪkɪŋ *hɪm/hɜː*

Ich möchte
mitkommen.

I'd like to come as well.
'aɪd laɪk tə kʌm_əz_'wel

Wo ist die nächste
Apotheke
(mit Nachtdienst)?

Where's the nearest (duty) chemist?
'weəz ðə nɪərəst ('djuːtɪ) 'kemɪst

Apotheke

Haben Sie
etwas gegen ...?

Do you have anything for ...?
də jʊ 'hæv_enɪθɪŋ fə ...

→ *Krankheiten/Arzt/Krankenhaus (S. 210)*

WORTLISTE

Eine kleine Packung genügt.
A small pack will do.
ə 'smɔːl pæk wɪl 'duː

Wie muß ich es einnehmen?
How should I take it?
'haʊ ʃʊd_aɪ 'teɪk_ɪt

Ich brauche dieses Medikament.
I need *this medicine/these tablets*.
aɪ niːd 'ðɪs 'medsn/'ðiːz 'tæbləts

You need a prescription for this medicine. jʊ 'niːd_e prɪ'skrɪpʃn fə ðɪs 'medsn
Dieses Medikament ist rezeptpflichtig.

I'm afraid we haven't got that. aɪm_ə'freɪd wɪ 'hævnt 'gɒt ðæt
Das haben wir nicht da.

Wann kann ich es abholen?
When can I pick it up?
'wen kən_aɪ 'pɪk_ɪt_'ʌp

Apotheke

dissolve on the tongue	im Munde zergehen lassen
external	äußerlich
for external use only	nur zur äußerlichen Anwendung
insert through the rectum	rektal einführen
internal	innerlich
may cause drowsiness	kann zu Müdigkeit führen
on an empty stomach	auf nüchternen Magen
side effects	Nebenwirkungen
take after food	nach dem Essen einnehmen
take before food	vor dem Essen einnehmen
three times a day	dreimal täglich
to be swallowed whole, unchewed	unzerkaut einnehmen
to be taken as directed	nach Anweisung des Arztes

Abführmittel	**laxative** 'læksətɪv
Alkohol	**alcohol** 'ælkəhɒl

IM ERNSTFALL

APOTHEKE

Antibabypille	**contraceptive pill** kɒntrəˈseptɪv ˈpɪl
Antibiotikum	**antibiotic** ˈæntɪbaɪˈɒtɪk
Apotheke	**chemist** ˈkemɪst
Augentropfen	**eye drops** ˈaɪ drɒps
Baldrian	**valerian** vəˈlɪərɪən
Beruhigungsmittel	**tranquillizer** ˈtræŋkwɪlaɪzə
Damenbinde	**sanitary towel** ˈsænɪtrɪ ˈtaʊəl
Desinfektionslösung	**antiseptic solution** æntɪˈseptɪk səˈluːʃn
Elastikbinde	**elasticated bandage** ɪˈlæstɪkeɪtɪd ˈbændɪdʒ
fiebersenkendes Mittel	**something to bring down the fever** ˈsʌmθɪŋ tə ˈbrɪŋ daʊn ðə ˈfiːvə
Fieberthermometer	**thermometer** θəˈmɒmətə
Halsschmerztabletten	**throat pastilles** ˈθrəʊt pæstəlz
homöopathisch	**homeopathic** ˈhəʊmɪəʊˈpæθɪk
Hustensaft	**cough mixture** ˈkɒf mɪkstʃə
Insulin	**insulin** ˈɪnsjʊlɪn
Internist	**internist, internal specialist** ɪnˈtɜːnɪst, ɪnˈtɜːnl ˈspeʃlɪst
Jod	**iodine** ˈaɪədiːn
Kamillentee	**camomile tea** ˈkæməmaɪl ˈtiː
Kohletabletten	**charcoal tablets** ˈtʃɑːkəʊl tæbləts
Kondome	**condoms** ˈkɒndəmz
Kopfschmerztabletten	**headache pills** ˈhedeɪk pɪlz
Kreislaufmittel	**circulatory stimulant** sɜːkjʊˈleɪtərɪ ˈstɪmjʊlənt
Magentabletten	**indigestion tablets** ɪndɪˈdʒestʃən ˈtæbləts
Medikament	**medicine, tablets** *pl.* ˈmedsn, ˈtæbləts
Mittel gegen …	**something for …** ˈsʌmθɪŋ fə …

⟶ *Krankheiten/Arzt/Krankenhaus (S. 210)*

Mullbinde	**gauze bandage** ˈgɔːz ˈbændɪdʒ
Nachtdienst	**night duty** ˈnaɪt djuːtiː
Nasentropfen	**nose drops** ˈnəʊz drɒps

ARZT

Ohrentropfen	**ear drops** 'ɪə drɒps
Orthopäde	**orthopaedist** ɔːθə'piːdɪst
Pfefferminztee	**mint tea** 'mɪnt 'tiː
Pflaster	**plaster** 'plɑːstə
Puder	**powder** 'paʊdə
Pulver	**powder** 'paʊdə
Rezept	**prescription** prə'skrɪpʃən
rezeptpflichtig:	
-es Mittel	**prescription medicine** prɪ'skrɪpʃn 'medsn
Salbe	**ointment** 'ɔɪntmənt
- gegen Juckreiz	**- for itching** - fər_'ɪtʃɪŋ
- gegen Mückenstiche	**- for mosquito bites** - fə mɒs'kiːtəʊ baɪts
- gegen Sonnenallergie	**- for sun allergy** - fə 'sʌn_ælədʒɪ
- gegen Sonnenbrand	**- for sunburn** - fə 'sʌnbɜːn
Schlaftabletten	**sleeping *tablets/pills*** 'sliːpɪŋ *tæbləts/pɪlz*
Schmerzmittel	**painkiller** 'peɪnkɪlə
Spritze	**injection** ɪn'dʒekʃn
Tablette	**tablet, pill** 'tæblət, pɪl
Tampons	**tampons** 'tæmpɒnz
Tropfen	**drops** drɒps
Verbandszeug	**first-aid kit** fɜːst'eɪd kɪt
Watte	**cotton wool** 'kɒtən 'wʊl
Wundsalbe	**(antiseptic) ointment** (æntɪ'septɪk)_'ɔɪntmənt
Zäpfchen	**suppository** sə'pɒzɪtrɪ

IM ERNSTFALL

Beim Arzt

INFO ➡ Ausländer werden in Großbritannien unter dem "National Health Service" kostenlos behandelt, wobei die Vorlage eines Krankenscheins die bürokratische Abwicklung erleichtert.

201

GESUNDHEIT

Private Behandlung gibt es natürlich nicht umsonst, deshalb sollten sich Privatversicherte eine Rechnung über Arzt- bzw. Krankenhauskosten geben lassen, um sie der Versicherung im Heimatland vorzulegen.

Rezeptgebühren sind relativ hoch: Sie liegen zur Zeit bei £ 4.75.

Ich bin (stark) erkältet. **I've got a (bad) cold.**
aɪv 'gɒt_ə ('bæd) 'kəʊld

Ich habe … **I've got …** aɪv gɒt . . .
Durchfall. **diarrhoea.** daɪə'rɪə
(hohes) Fieber. **a (very high) temperature.**
_ə ('verɪ) 'haɪ 'temprətʃə

Ich habe Verstopfung. **I'm suffering from constipation.**
aɪm 'sʌfrɪŋ frəm kɒnstɪ'peɪʃn

Ich fühle mich **I don't feel well.** aɪ 'dəʊnt fiːl 'wel
nicht wohl.

Mir *tun/tut*… weh. **My … hurt(s).** maɪ . . . hɜːt(s)

→ *Körperteile und Organe (S. 205)*

Hier habe ich **It hurts here.** ɪt 'hɜːts 'hɪə
Schmerzen.

Ich habe mich ***I've been vomiting./I've been sick***
(mehrmals) ***(several times).*** aɪv bɪn 'vɒmɪtɪŋ/aɪv
übergeben. *bɪn 'sɪk ('sevərəl 'taɪmz)*

Ich habe mir den **My stomach is upset.**
Magen verdorben. maɪ 'stʌmək_ɪz_ʌp'set

Ich kann … **I can't move …** aɪ 'kɑːnt 'muːv . . .
nicht bewegen.

→ *Körperteile und Organe (S. 207)*

ARZT

Ich habe mich verletzt. **I've hurt myself.** aɪv ˈhɜːt maɪself

Ich bin gestürzt. **I've had a fall.** aɪv ˈhæd_ə ˈfɔːl

Ich bin von ... *gesto-* **I've been *stung/bitten* by ...**
chen/gebissen worden. aɪv bɪn ˈstʌŋ/ˈbɪtn baɪ . . .

Was Ihr Arzt unbedingt wissen muß

Ich bin (nicht) **I'm (not) vaccinated against ...**
gegen ... geimpft. aɪm (ˈnɒt) ˈvæksɪneɪtɪd_əgenst . . .

Meine letzte **I had my last tetanus injection about**
Tetanusimpfung **... years ago.** aɪ ˈhæd maɪ ˈlɑːst
war vor ca. ... Jahren. ˈtetənəs_ɪndʒekʃn_əbaʊt . . .
ˈjɪəz_əgəʊ

Ich bin allergisch **I'm allergic to penicillin.**
gegen Penizillin. aɪm_əˈlɜːdʒɪk tə penɪˈsɪlɪn

Ich habe ... **I've got ...** aɪv gɒt . . .
    einen *hohen/* **high/low** blood pressure.
    niedrigen Blutdruck. ˈhaɪ/ˈləʊ ˈblʌd preʃə
    einen Herz- **a pacemaker.** _ə ˈpeɪsmeɪkə
    schrittmacher.

Ich bin im ... Monat **I'm ... months pregnant.**
schwanger. aɪm . . . mʌnθs ˈpregnənt

Ich bin *Diabetiker/* **I'm *diabetic/HIV-positive*.**
HIV-positiv. aɪm daɪəˈbetɪk/eɪtʃaɪˈviːˈpɒzɪtɪv

Ich nehme **I take *these tablets/this medicine***
regelmäßig diese **regularly.** aɪ ˈteɪk ˈðiːz ˈtæbləts/ðɪs
Medikamente. ˈmedsn ˈregjʊləlɪ

Vom Arzt werden Sie hören

What can I do for you?   Was für Beschwerden
ˈwɒt kən_aɪ ˈduː fə jʊ   haben Sie?

IM ERNSTFALL

203

GESUNDHEIT

Where is the pain? 'weər_ɪz ðə 'peɪn

Wo haben Sie Schmerzen?

Does that hurt? dəz ðæt 'hɜːt

Ist das unangenehm?

Open your mouth, please. 'əʊpən jɔː 'maʊθ pliːz

Öffnen Sie den Mund.

Show me your tongue. 'ʃəʊ mɪ jɔː 'tʌŋ

Zeigen Sie die Zunge.

Cough, please. 'kɒf pliːz

Husten Sie.

Would you *get undressed/strip down to the waist*, please. wʊd_jʊ 'get ʌn'drest/'strɪp daʊn tə ðə 'weɪst pliːz

Bitte machen Sie *sich/den Oberkörper* frei.

Would you roll up your sleeve, please. wʊd jʊ 'rəʊl_ʌp jɔː 'sliːv pliːz

Bitte machen Sie den Arm frei.

Breathe deeply. Hold your breath. 'briːð 'diːplɪ 'həʊld_jɔː 'breθ

Atmen Sie tief. Atem anhalten.

How long have you had this complaint? 'haʊ lɒŋ hæv_jʊ 'hæd ðɪs kəm'pleɪnt

Wie lange haben Sie diese Beschwerden schon?

Are you vaccinated against ...? 'ɑː jʊ 'væksɪneɪtəd_ə'genst . . .

Sind Sie gegen ... geimpft?

We'll have to X-ray you. wiːl 'hæv_tʊ_'eksreɪ jʊ

Wir müssen Sie röntgen.

... is *broken/sprained*. . . . ɪz 'brəʊkən/'spreɪnd

... ist *gebrochen/verstaucht*.

You've pulled a *muscle/ligament*. jʊv 'pʊld_ə 'mʌsl/'lɪgəmənt

Sie haben eine *Muskelzerrung/Bänderzerrung*.

I'll need a *blood/urine* sample. aɪl 'niːd_ə 'blʌd/'jʊərɪn sɑːmpl

Ich brauche eine *Blutprobe/Urinprobe*.

You'll have to have an operation. jʊl 'hæv_tə hæv_ən_ɒpə'reɪʃn

Sie müssen operiert werden.

KRANKENHAUS

I'll have to refer you to a specialist.
aɪl 'hæv tə rə'fɜː jʊ tʊ_ə 'speʃəlɪst

Ich muß Sie an einen Facharzt überweisen.

You need a few days' rest in bed.
jʊ niːd ə 'fjuː deɪz 'rest_ɪn 'bed

Sie brauchen einige Tage Bettruhe.

It's nothing serious. ɪts 'nʌθɪŋ 'sɪərɪəs

Es ist nichts Ernstes.

Take … tablets/drops … times a day.
teɪk … 'tæbləts/'drɒps … taɪmz_ə 'deɪ

Nehmen Sie davon … mal täglich … Tabletten/Tropfen.

Come back tomorrow/in … days' time. kʌm 'bæk tə'mɒrəʊ/_ɪn … deɪz 'taɪm

Kommen Sie morgen/in … Tagen wieder.

Bevor Sie die Praxis verlassen

Ist es schlimm?

Is it bad? ɪz_ɪt 'bæd

Können Sie mir ein Attest ausstellen?

Can you give me a doctor's certificate?
kən jʊ 'gɪv mɪ_ə 'dɒktəz sə'tɪfɪkət

Muß ich noch einmal kommen?

Do I have to come back?
dʊ_aɪ 'hæv tə kəm 'bæk

Geben Sie mir bitte eine Quittung für meine Versicherung.

Could you give me a receipt for my medical insurance? kʊd_jʊ 'gɪv mɪ_ə rə'siːt fə maɪ 'medɪkl_ɪn'ʃʊərəns

Im Krankenhaus

Gibt es hier jemanden, der Deutsch spricht?

Is there anyone here who can speak German? ɪz ðər_'enɪwʌn 'hɪə hʊ kən 'spiːk 'dʒɜːmən

Ich möchte mit einem Arzt/dem Chefarzt sprechen.

I'd like to speak to a doctor/the senior consultant. aɪd 'laɪk tə 'spiːk tʊ_ə 'dɒktə/ðə 'siːnjə kən'sʌltənt

➡ Beim Arzt (S. 201)

IM ERNSTFALL

205

GESUNDHEIT

Wie lautet die Diagnose?

What's the diagnosis?
'wɒts ðə daɪəg'nəʊsɪs

Ich möchte mich lieber in Deutschland operieren lassen.

I'd rather have the operation in Germany. aɪd 'rɑːðə hæv ðɪ_ɒpe'reɪʃn_ɪn 'dʒɜːmənɪ

Ich habe eine Versicherung für den Rücktransport.

I'm insured for repatriation expenses. aɪm_ɪn'ʃʊəd fə 'riːpætrɪ'eɪʃn_ɪkspensɪz

▶ Bitte benachrichtigen Sie meine Familie.

Would you please let my family know. wʊd_jʊ 'pliːz let maɪ 'fæmlɪ nəʊ

Ich möchte vom Chefarzt behandelt werden.

I'd like to be treated by the senior consultant. aɪd 'laɪk tə bɪ 'triːtɪd baɪ ðə 'siːnjə kən'sʌltənt

▶ Kann ich ein Einzel-zimmer bekommen?

Can I have a private room? kən_aɪ 'hæv_ə 'praɪvət 'ruːm

▶ Wie lange muß ich noch hierbleiben?

How much longer do I have to stay here? 'haʊ mʌtʃ 'lɒŋgə dʊ_aɪ 'hæv tə 'steɪ hɪə

▶ Wann darf ich aufstehen?

When can I get out of bed? 'wen kən_aɪ 'get_aʊt əv 'bed

Geben Sie mir bitte etwas *gegen die Schmerzen/ zum Einschlafen.*

Could you give me *a painkiller/some-thing to get to sleep?* kʊd_jʊ 'gɪv mɪ_ə 'peɪnkɪlə/'sʌmθɪŋ tə 'get tə 'sliːp

▶ Bitte entlassen Sie mich (auf eigene Verantwortung).

I'd like to be discharged (at my own risk). aɪd 'laɪk tə bɪ dɪs'tʃɑːdʒd_(ət maɪ_'əʊn 'rɪsk).

KÖRPERTEILE

IM ERNSTFALL

Körperteile und Organe

Arm	**arm** ɑːm
Auge	**eye** aɪ
Augenlid	**eyelid** ˈaɪlɪd
Bandscheibe	**disc** dɪsk
Bauch	**abdomen** ˈæbdəmən
Becken	**pelvis** ˈpelvɪs
Bein	**leg** leg
Blase	**bladder** ˈblædə
Blinddarm	**appendix** əˈpendɪks
Bronchien	**bronchial tubes** ˈbrɒŋkjəl ˈtjuːbz
Brust	**chest;** (*Busen*) **breast** tʃest; brest
-korb	**rib cage, thorax** ˈrɪb keɪdʒ, ˈθɔːræks
Darm	**intestine** ɪnˈtestɪn
Daumen	**thumb** θʌm
Ellbogen	**elbow** ˈelbəʊ
Ferse	**heel** hiːl

207

KÖRPERTEILE

Finger	**finger** 'fɪŋgə
kleiner -	**little finger** 'lɪtl 'fɪŋgə
Fingernagel	**fingernail** 'fɪŋgəneɪl
Fuß	**foot** fʊt
Galle	**gall bladder** 'gɔːl blædə
Gelenk	**joint** dʒɔɪnt
Geschlechtsorgane	**genitals** 'dʒenɪtlz
Gesäß	**bottom** 'bɒtəm
Gesicht	**face** feɪs
Hals	**throat; (*Nacken*) neck** θrəʊt; nek
Hand	**hand** hænd
-gelenk	**wrist** rɪst
Haut	**skin** skɪn
Herz	**heart** hɑːt
Hoden	**testicle** 'testɪkl
Hüfte	**hip** hɪp
Kehlkopf	**larynx** 'lærɪŋks
Kiefer	**jaw** dʒɔː
Kinn	**chin** tʃɪn
Knie	**knee** niː
-scheibe	**kneecap** 'niːkæp
Knöchel	**ankle** 'æŋkl
Knochen	**bone** bəʊn
Kopf	**head** hed
Körper	**body** 'bɒdɪ
Leber	**liver** 'lɪvə
Lippe	**lip** lɪp
Lunge	**lung(s *pl.*)** lʌŋ(z)
Magen	**stomach** 'stʌmək
Mandeln	**tonsils** 'tɒnsəlz
Mittelfinger	**middle finger** 'mɪdl 'fɪŋgə
Mund	**mouth** maʊθ
Muskel	**muscle** 'mʌsl
Nacken	**neck** nek
Nase	**nose** nəʊz

WORTLISTE

(Nasen)Nebenhöhle	**sinus** ˈsaɪnəs
Nerv	**nerve** nɜːv
Niere	**kidney** ˈkɪdnɪ
Oberkiefer	**upper jaw** ˈʌpə ˈdʒɔː
Oberkörper	**upper part of the body, chest** ˈʌpə pɑːt ˌəv ðə ˈbɒdɪ, tʃest
Oberschenkel	**thigh** θaɪ
Ohr	**ear** ɪə
Penis	**penis** ˈpiːnɪs
Ringfinger	**ring finger** ˈrɪŋ fɪŋgə
Rippe	**rib** rɪb
Rücken	**back** bæk
Scheide	**vagina** vəˈdʒaɪnə
Schienbein	**shin(bone)** ˈʃɪn(bəʊn)
Schilddrüse	**thyroid (gland)** ˈθaɪrɔɪd (ˈglænd)
Schläfe	**temple** ˈtempl
Schlüsselbein	**collarbone** ˈkɒləbəʊn
Schulter	**shoulder** ˈʃəʊldə
-blatt	**shoulder blade** ˈʃəʊldə bleɪd
Sehne	**tendon** ˈtendən
Stirn	**forehead** ˈfɒrəd
-höhle	**(frontal) sinus** (ˈfrʌntl) ˈsaɪnəs
Trommelfell	**eardrum** ˈɪədrʌm
Unterleib	**abdomen** ˈæbdəmən
Unterschenkel	**lower leg** ˈləʊə ˈleg
Wade	**calf** kɑːf
Wange	**cheek** tʃiːk
Wirbel	**vertebra** ˈvɜːtəbrə
-säule	**spine** spaɪn
Zahn	**tooth** tuːθ
Zehe	**toe** təʊ
Zehnagel	**toenail** ˈtəʊnaɪl
Zeigefinger	**index finger** ˈɪndeks fɪŋgə
Zunge	**tongue** tʌŋ

IM ERNSTFALL

KRANKHEITEN

Krankheiten / Arzt / Krankenhaus

Abszeß	**abscess** 'æbses
Aids	**aids** eɪdz
Allergie	**allergy** 'ælədʒɪ
Angina	**tonsillitis** 'tɒnsɪ'laɪtɪs
ansteckend	**infectious** ɪn'fekʃəs
Arzt	**doctor** 'dɒktə
Arzt, praktischer	**general practitioner** 'dʒenərəl præk'tɪʃənə
Ärztin	**(lady) doctor** ('leɪdɪ) 'dɒktə
Asthma	**asthma** 'æsmə
Atembeschwerden:	
- haben	**have difficulty breathing** hæv 'dɪfɪkəltɪ 'briːðɪŋ
Attest	**certificate** sə'tɪfɪkət
aufstehen	**to get out of bed** tə 'get_aʊt_əv 'bed
Augenarzt	**eye specialist** 'aɪ speʃəlɪst
Ausschlag	**rash** ræʃ
Bänderriß	**torn ligament** 'tɔːn 'lɪgəmənt
Bindehautentzündung	**conjunctivitis** kən'dʒʌnktɪ'vaɪtɪs
Bienenstich	**bee sting** 'biː stɪŋ
Biß	**bite, sting** baɪt, stɪŋ
Blase (*Brandblase, Wundblase*)	**blister** 'blɪstə
Blasenentzündung	**cystitis** sɪ'staɪtɪs
Blinddarmentzündung	**appendicitis** ə'pendɪ'saɪtɪs
Blut	**blood** blʌd
-erguß	**haematoma; (*blauer Fleck*) bruise** hiːmə'təʊmə; bruːz
-gruppe	**blood group** 'blʌd gruːp
-probe	**blood test** 'blʌd test
-transfusion	**blood transfusion** 'blʌd træns'fjuːʒn
-vergiftung	**blood poisoning** 'blʌd pɔɪzənɪŋ

210

WORTLISTE

Blutdruck	**blood pressure** 'blʌd preʃə
zu hoher -	**high blood pressure** 'haɪ 'blʌd preʃə
zu niedriger -	**low blood pressure** 'ləʊ 'blʌd preʃə
Blutung	**bleeding; (*stark*) haemorrhage** 'bliːdɪŋ; 'hemərɪdʒ
Brechreiz	**nausea** 'nɔːzɪə
Bronchitis	**bronchitis** brɒŋ'kaɪtɪs
Diabetes	**diabetes** daɪə'biːtiːz
Diagnose	**diagnosis** daɪəg'nəʊsɪs
Durchfall	**diarrhoea** daɪə'rɪə
Eiter	**pus** pʌs
entlassen	**to discharge** tə dɪs'tʃɑːdʒ
Entzündung	**inflammation** ɪnflə'meɪʃn
Erbrechen	**vomiting** 'vɒmɪtɪŋ
Erkältung	**cold** kəʊld
Fieber:	
- haben	**to have a temperature** tə 'hæv_ə 'temprətʃə
Frauenarzt	**gynaecologist** gaɪnə'kɒlədʒɪst
Frauenärztin	**(lady) gynaecologist** ('leɪdɪ) gaɪnə'kɒlədʒɪst
Furunkel	**boil** bɔɪl
Gallensteine	**gallstones** 'gɔːlstəʊnz
gebrochen	**broken** 'brəʊkn
Gehirnerschütterung	**concussion** kən'kʌʃn
gelähmt	**paralysed** 'pærəlaɪzd
Geschlechtskrankheit	**sexually transmitted disease** 'sekʃəlɪ trænz'mɪtəd dɪ'ziːz
Geschwür	**ulcer; (*Hautgeschwür*) sore** 'ʌlsə; sɔː
Grippe	**flu, influenza** fluː, ɪnflʊ'enzə
Halsschmerzen:	
- haben	**to have a sore throat** tə 'hæv_ə 'sɔː 'θrəʊt
Hals-Nasen-Ohren-Arzt	**ear, nose and throat doctor** 'ɪə 'nəʊz_ən 'θrəʊt dɒktə

IM ERNSTFALL

211

KRANKHEITEN

Hämorrhoiden	**haemorrhoids, piles** 'hemərɔɪdz, paɪlz
Hautarzt	**dermatologist** dɜːmə'tɒlədʒɪst
Hautkrankheit	**skin disease** 'skɪn dɪziːz
Heilpraktiker	**alternative practitioner** ɒl'tɜːnətɪv præk'tɪʃənə
Herpes	**herpes** 'hɜːpiːz
Herz	**heart** hɑːt
-anfall	**heart attack** 'hɑːt_ətæk
-fehler	**heart complaint** 'hɑːt kəmpleɪnt
-infarkt	**coronary, cardiac infarction** 'kɒrənərɪ, 'kɑːdɪæk_ɪn'fɑːkʃn
-schrittmacher	**pacemaker** 'peɪsmeɪkə
Heuschnupfen	**hay fever** 'heɪ fiːvə
Hexenschuß	**lumbago** lʌm'beɪgəʊ
Hirnhautentzündung	**meningitis** 'menɪn'dʒaɪtɪs
Husten	**cough** kɒf
husten	**to cough** tə kɒf
Impfung	**vaccination** væksɪ'neɪʃn
Infektion	**infection** ɪn'fekʃən
Internist	**internist** ɪn'tɜːnɪst
Ischias	**sciatica** saɪ'ætɪkə
Keuchhusten	**whooping cough** 'huːpɪŋ kɒf
Kinderarzt	**paediatrician** piːdɪə'trɪʃn
Kinderlähmung	**polio** 'pəʊlɪəʊ
Kolik	**colic** 'kɒlɪk
Krampf	**cramp** kræmp
Krankenschwester	**nurse** nɜːs
Krankheit	**illness, disease** 'ɪlnəs, dɪ'ziːz
Kreislaufstörung	**circulatory problems** sɜːkjʊ'leɪtərɪ 'prɒbləmz
Lebensmittelvergiftung	**food poisoning** 'fuːd pɔɪzənɪŋ
Legionärskrankheit	**legionnaire's disease** liːdʒə'neəz dɪziːz
Leistenbruch	**hernia** 'hɜːnɪə
Lungenentzündung	**pneumonia** njuː'məʊnɪə

212

WORTLISTE

Magengeschwür	**stomach ulcer** 'stʌmək_ʌlsə
Magenschmerzen	**stomach-ache** *sg.* 'stʌmək_eɪk
Mandelentzündung	**tonsillitis** tɒnsɪ'laɪtɪs
Masern	**measles** 'miːzlz
Menstruation	**menstruation, period(s** *pl.***)** menstrʊ'eɪʃn, 'pɪərɪəd(z)
Migräne	**migraine** 'miːɡreɪn
Mittelohrentzündung	**inflammation of the middle ear** ɪnfləˈmeɪʃn_əv ðə 'mɪdl_'ɪə
Mückenstich	**mosquito bite** mɒ'skiːtəʊ baɪt
Mumps	**mumps** mʌmps
Nasenbluten	**nose bleed** 'nəʊz bliːd
Neuralgie	**neuralgia** njʊ'rældʒɪə
Nierensteine	**kidney stones** 'kɪdnɪ stəʊnz
ohnmächtig:	
- werden	**to faint** tə feɪnt
operieren	**to operate (on)** tʊ_'ɒpəreɪt_(ɒn)
Orthopäde	**orthopaedist** ɔːθə'piːdɪst
Pilzinfektion	**fungus infection; (*Soorpilz*) thrush** 'fʌŋɡəs_ɪn'fekʃn; θrʌʃ
Prellung	**bruise** bruːz
querschnittgelähmt	**paraplegic** pærə'pliːdʒɪk
Reisekrankheit	**travel sickness** 'trævl sɪknəs
Rheuma	**rheumatism** 'ruːmətɪzm
Rippenfellentzündung	**pleurisy** 'plʊərəsɪ
röntgen	**to X-ray** tʊ_'eksreɪ
Röteln	**German measles** 'dʒɜːmən 'miːzlz
Salmonellenvergiftung	**salmonella (poisoning)** sælmə'nelə ('pɔɪzənɪŋ)
Scharlach	**scarlet fever** 'skɑːlət 'fiːvə
Schlaganfall	**stroke** strəʊk
Schmerzen	**pain** *sg.* peɪn
Schnittwunde	**cut; (*große*) gash** kʌt; ɡæʃ
Schnupfen	**cold** kəʊld
Schock	**shock** ʃɒk

IM ERNSTFALL

213

KRANKHEITEN

Schüttelfrost	**shivering fit** ˈʃɪvərɪŋ fɪt
schwanger	**pregnant** ˈpregnənt
Schweißausbruch:	
einen - bekommen	**to break out into a sweat** tə ˈbreɪk_ˈaʊt_ˌɪntʊ_ə ˈswet
Schwellung	**swelling** ˈswelɪŋ
Schwindel	**dizziness** ˈdɪzɪnəs
Sehnenzerrung	**pulled tendon** ˈpʊld ˈtendən
Sodbrennen	**heartburn** ˈhɑːtbɜːn
Sonnenbrand	**sunburn** ˈsʌnbɜːn
Sprechstunde	**surgery (hours *pl.*)** ˈsɜːdʒərɪ_(aʊəz)
Station	**ward** wɔːd
Stich	**bite, sting** baɪt, stɪŋ
Tetanus	**tetanus** ˈtetənəs
Übelkeit	**nausea** ˈnɔːzɪə
Urinprobe	**urine sample** ˈjʊərɪn sɑːmpl
Urologe	**urologist** jʊˈrɒlədʒɪst
Verbrennung	**burn** bɜːn
- ersten Grades	**first degree -** ˈfɜːst dɪgriː ˈbɜːn
verletzt	**hurt** hɜːt
verrenkt	**dislocated** ˈdɪsləkeɪtɪd
verschreiben	**to prescribe** tə prɪˈskraɪb
verstaucht	**sprained** spreɪnd
Verstopfung	**constipation** kɒnstɪˈpeɪʃn
Wespenstich	**wasp sting** ˈwɒsp stɪŋ
Windpocken	**chicken pox** ˈtʃɪkən pɒks
Zerrung	**pulled *muscle/tendon/ligament*** ˈpʊld ˈmʌsl/ˈtendən/ˈlɪgəmənt

Beim Zahnarzt

INFO

Zahnärztliche Behandlung wird in Großbritannien in Rechnung gestellt. Lassen Sie sich also eine Quittung zur Vorlage bei der Krankenversicherung im Heimatland geben.

ZAHNARZT

Der Zahn ... tut weh.	**This tooth ... hurts.** 'ðɪs tuːθ ... 'hɜːts
hier	**here** 'hɪə
hinten	**at the back** _ət ðə 'bæk
links	**on the left** _ɒn ðə 'left
oben	**at the top** _ət ðə 'tɒp
rechts	**on the right** _ɒn ðə 'raɪt
unten	**at the bottom** _ət ðə 'bɒtəm
vorn	**at the front** _ət ðə 'frʌnt

Der Zahn ist abgebrochen.
This tooth has broken off. ðɪs 'tuːθ həz 'brəʊkən _ɒf

Ich habe eine Füllung verloren.
I've lost a filling. aɪv 'lɒst _ə 'fɪlɪŋ

Können Sie den Zahn provisorisch behandeln?
Could you do a temporary job on the tooth? kʊd_jʊ 'duː_ə 'temp[rəri] dʒɒb_ɒn ðə 'tuːθ

Den Zahn bitte nicht ziehen.
Please don't take the tooth out. 'pliːz dəʊnt 'teɪk ðə 'tuːθ_'aʊt

Geben Sie mir bitte *eine/keine* Spritze.
Would you give me/I'd rather not have an injection, please. wʊd_jʊ 'gɪv mɪ _/aɪd 'rɑːðə 'nɒt hæv_ən_ɪn'dʒekʃn pliːz

Können Sie diese Prothese reparieren?
Can you repair these dentures? kən jʊ rə'peə ðiːz 'dentʃəz

IM ERNSTFALL

Vom Zahnarzt werden Sie hören

You need a ... jʊ 'niːd_ə ...	Sie brauchen eine ...
bridge. 'brɪdʒ	Brücke.
filling. 'fɪlɪŋ	Füllung.
crown. 'kraʊn	Krone.

I'll have to take the tooth out. aɪl 'hæv tə teɪk ðə 'tuːθ_'aʊt	Ich muß den Zahn ziehen.

215

ZAHNARZT

Have a good rinse. 'hæv_ə 'gʊd 'rɪns   Bitte gut spülen.

Don't eat (anything) for two hours.   Bitte zwei Stunden
dəʊnt_'iːt_(enɪθɪŋ) fə 'tuː_'aʊəz   nichts essen.

Zahnarzt

Abdruck	**impression** ɪm'preʃn
Abszeß	**abscess** 'æbses
Amalgamfüllung	**amalgam filling** ə'mælgəm 'fɪlɪŋ
Betäubung	**(local) anaesthetic** ('ləʊkəl)_ænəs'θetɪk
Brücke	**bridge** brɪdʒ
Entzündung	**infection** ɪn'fekʃn
Füllung	**filling** 'fɪlɪŋ
Gebiß	**dentures** *pl.* 'dentʃəz
Goldfüllung	**gold filling** 'gəʊld 'fɪlɪŋ
Goldkrone	**gold crown** 'gəʊld 'kraʊn
Inlay	**inlay** 'ɪnleɪ
Karies	**tooth decay, caries** 'tuːθ dɪkeɪ, 'keəriːz
Kiefer	**jaw** dʒɔː
Krone	**crown** kraʊn
Kunststoffüllung	**temporary filling** 'temprərɪ 'fɪlɪŋ
Loch	**hole, cavity** həʊl, 'kævətɪ
Nerv	**nerve** nɜːv
Parodontose	**pyorrhoea** paɪə'rɪə
Porzellanfüllung	**porcelain filling** 'pɔːsəleɪn 'fɪlɪŋ
Porzellankrone	**porcelain crown** 'pɔːsəleɪn 'kraʊn
Prothese	**dentures** *pl.* 'dentʃəz
Provisorium	**temporary filling** 'temprərɪ 'fɪlɪŋ
Sprechstunde	**surgery (hours** *pl.***)** 'sɜːdʒərɪ_(aʊəz)
Spritze	**injection** ɪn'dʒekʃn
Stiftzahn	**pivot tooth** 'pɪvət tuːθ
Weisheitszahn	**wisdom tooth** 'wɪzdəm tuːθ
Wurzel	**root** ruːt
-behandlung	**root canal work** 'ruːt kə'næl wɜːk

216

POLIZEI

Zahn	**tooth** tuːθ
-arzt	**dentist** ˈdentɪst
-fleisch	**gums** *pl.* ɡʌmz
-hals	**neck of the tooth** ˈnek‿əv ðə ˈtuːθ
-spange	**brace** breɪs
-stein	**tartar** ˈtɑːtə
ziehen	**to take out, to extract**
	tə ˈteɪk‿ˈaʊt, tʊ‿ɪkˈstrækt

IM ERNSTFALL

POLIZEI UND FUNDBÜRO

Wo ist die nächste Polizeiwache?
Where's the nearest police station?
ˈweəz ðə nɪərəst pəˈliːs steɪʃn

Gibt es hier jemanden, der Deutsch spricht?
Does anyone here speak German?
dəz‿ˈeniwʌn hɪə ˈspiːk ˈdʒɜːmən

Ich möchte … anzeigen.
I'd like to report …
aɪd ˈlaɪk tə rɪˈpɔːt‿…

    einen Diebstahl.
    a theft. ə ˈθeft

    einen Überfall.
    a *robbery/mugging*.
    ə ˈrɒbəri/ˈmʌɡɪŋ

    eine Vergewaltigung.
    a rape ə ˈreɪp

POLIZEI

Meine Tochter/Mein Sohn ist verschwunden.
My *daughter/son* has disappeared.
maɪ ˈdɔːtə/ˈsʌn həz dɪsəˈpɪəd

Man hat mir … gestohlen.
My … has been stolen.
maɪ … həz bɪn ˈstəʊlən

Ich habe … verloren.
I've lost … aɪv ˈlɒst …

Mein … ist aufgebro-chen worden.
My … has been broken into.
maɪ … həz bɪn ˈbrəʊkən ˈɪntʊ
    Auto   **car** ˈkɑː
    Haus   **house** ˈhaʊs
    Zimmer   **room** ˈruːm

Ich bin betrogen/zusam-mengeschlagen worden.
I've been *swindled/beaten up*.
aɪv bɪn ˈswɪndld/ˈbiːtən ˈʌp

Ich benötige eine Bescheinigung für meine Versicherung.
Could you give me something in writing for insurance purposes?
kʊd jʊ ˈɡɪv mɪ ˈsʌmθɪŋ ɪn ˈraɪtɪŋ fər ɪnˈʃʊərəns pɜːpəsɪz

Ich möchte mit meinem *Anwalt/Konsulat* sprechen.
I'd like to speak to my *solicitor/consulate*. aɪd ˈlaɪk tə ˈspiːk tə maɪ səˈlɪsɪtə/ˈkɒnsjʊlət

Ich bin unschuldig.
I'm innocent. aɪm ˈɪnəsənt

Das ist *der Mann/die Frau.*
That's the *man/woman*.
ˈðæts ðə mæn/wʊmən

Von der Polizei werden Sie hören

Would you fill in this form, please.
wʊd jʊ ˈfɪl ɪn ðɪs ˈfɔːm pliːz
Füllen Sie bitte dieses Formular aus.

Can I see some identification, please?
kən aɪ ˈsiː səm aɪˈdentɪfɪˈkeɪʃn pliːz
Ihren Ausweis, bitte.

WORTLISTE

What's your address *in Germany/ over here*? ˈwɒts jɔːr_əˈdres ɪn ˈdʒɜːmənɪ/_əʊvə ˈhɪə

Wo wohnen Sie *in Deutschland/hier*?

***When/Where* did it happen?** ˈwen/ˈweə dɪd_ɪt ˈhæpən

Wann/Wo ist es passiert?

Please get in touch with your consulate. ˈpliːz get_ɪn ˈtʌtʃ wɪð jɔː ˈkɒnsjʊlət

Wenden Sie sich bitte an Ihr Konsulat.

IM ERNSTFALL

Polizei und Fundbüro

Anwalt	**solicitor** səˈlɪsɪtə
anzeigen	**to report (*someone/something*) to the police** tə rɪˈpɔːt (ˈsʌmwʌn/ ˈsʌmθɪŋ) tə ðə pəˈliːs
aufbrechen	**to break into** tə ˈbreɪk_ˈɪntʊ
Auto	**car** kɑː
-papiere	**vehicle documents** ˈviːɪkl ˈdɒkjʊmənts
-radio	**car radio** ˈkɑː ˈreɪdɪəʊ
-reifen	**tyre** ˈtaɪə

POLIZEI

-schlüssel	**car key** 'kɑː kiː
belästigen	**to molest** tə məˈlest
Dieb	**thief** θiːf
-stahl	**theft** θeft
Falschgeld	**counterfeit money** 'kaʊntəfɪt 'mʌniː
Formular	**form** fɔːm
gestohlen	**stolen** 'stəʊlən
Handtasche	**handbag** 'hændbæg
Hi-Fi-Anlage	(*im Auto*) **car stereo** 'kɑː 'sterɪəʊ
Konsulat	**consulate** 'kɒnsjʊlət
Personalausweis	**ID** aɪˈdiː
Polizei	**police** pəˈliːs
-streife	**police patrol** pəˈliːs pəˈtrəʊl
-wache	**police station** pəˈliːs steɪʃn
-wagen	**police car** pəˈliːs kɑː
Polizist(in)	**policeman, policewoman** pəˈliːsmən, pəˈliːswʊmən
Portemonnaie	**purse** pɜːs
Rauschgift	**drugs** *pl.* drʌgz
Rechtsanwalt	**solicitor** səˈlɪsɪtə
Reisepaß	**passport** 'pɑːspɔːt
Taschendieb	**pickpocket** 'pɪkpɒkɪt
Überfall	**robbery;** (*auf der Straße*) **mugging** 'rɒbərɪ; 'mʌgɪŋ
Unfall	**accident** 'æksɪdənt
Vergewaltigung	**rape** reɪp
verhaften	**to arrest** tʊ_əˈrest
verloren	**lost** lɒst
Zeuge	**witness** 'wɪtnəs
zusammenschlagen	**to beat up** tə 'biːt_'ʌp

VON ZEIT ZU ZEIT

221

ZEIT

ZEIT

INFO

In Großbritannien benutzt man nur begrenzt die 24-Stunden-Uhr, und zwar hauptsächlich – aber auch nicht immer – bei Fahrplänen u. dgl. Im Alltag kann also **"3 o'clock"** sowohl „15 Uhr" als auch „3 Uhr" heißen. Wenn es aus dem Kontext nicht deutlich hervorgeht, daß es sich um den Nachmittag/Abend oder Morgen handelt, fügt man **"in the afternoon/ evening"** oder **"in the morning"** hinzu. Schriftlich, manchmal auch in der gesprochenen Sprache, benutzt man die Abkürzungen **"p.m."** (**"post meridiem"** = nachmittags) bzw. **"a.m."** (**"ante meridiem"** = vormittags). Beachten Sie aber: es heißt niemals **"3 o'clock p.m."**, sondern entweder **"3 o'clock"** oder **"3 p.m."**.

Uhrzeit

Wie spät ist es?	**What's the time?** ˈwɒts ðə ˈtaɪm
Haben Sie die genaue Zeit?	**Do you have the exact time?** dʊ jʊ ˈhæv ði_ɪgˈzækt ˈtaɪm
Es ist 1 Uhr.	**It's one o'clock.** ɪts ˈwʌn_əˈklɒk
Es ist 2 Uhr.	**It's two o'clock.** ɪts ˈtuː_əˈklɒk
Es ist 15 Uhr 35.	**It's twenty-five to four.** ɪts ˈtwentɪˈfaɪv tə ˈfɔː
Es ist Viertel nach 5.	**It's quarter past five.** ɪts ˈkwɔːtə pɑːst ˈfaɪv

UHRZEIT

Es ist halb 7.	**It's half past six.** ɪts 'hɑːf pɑːst 'sɪks
Es ist Viertel vor 9.	**It's quarter to nine.** ɪts 'kwɔːtə tə 'naɪn
Es ist 5 (Minuten) nach 4.	**It's five past four.** ɪts 'faɪv pɑːst 'fɔː
Es ist 10 (Minuten) vor 8.	**It's ten to eight.** ɪts 'ten tʊ‿'eɪt
Um wieviel Uhr?	**What time?** wɒt 'taɪm
Um 10 Uhr.	**(At) Ten o'clock.** (ət) 'ten‿ə'klɒk
Ungefähr um 11.	**Around eleven.** ə'raʊnd‿ɪ'levən
Pünktlich um 9 Uhr 30.	**At nine-thirty sharp.** ət 'naɪn'θɜːtɪ 'ʃɑːp
Um 20 Uhr 15.	**At a quarter past eight (in the evening).** ət ə 'kwɔːtə pɑːst‿'eɪt‿(ɪn ðɪ‿'iːvnɪŋ)
Von 8 bis 9 Uhr.	**From eight till nine.** frəm‿'eɪt tɪl 'naɪn
Zwischen 10 und 12 Uhr.	**Between ten and twelve.** bətwiːn 'ten‿ən 'twelv
Nicht vor 19 Uhr.	**Not before seven (p.m.)** 'nɒt bɪfɔː 'sevən (piː'em)
Kurz nach 9 Uhr.	**Just after nine.** 'dʒʌst‿ɑːftə 'naɪn
In einer halben Stunde.	**In half an hour.** ɪn 'hɑːf ən‿'aʊə
In zwei Stunden.	**In two hours.** ɪn 'tuː‿'aʊəz
Es ist (zu) spät.	**It's (too) late.** ɪts ('tuː) 'leɪt
Es ist noch zu früh.	**It's too early.** ɪts 'tuː 'ɜːlɪ
Geht Ihre Uhr richtig?	**Is your watch correct?** ɪz jɔː 'wɒtʃ kə'rekt
Sie geht *vor/nach*.	**It's *fast/slow.*** ɪts 'fɑːst/'sləʊ

VON ZEIT ZU ZEIT

223

ZEIT

Allgemeine Zeitangaben

Abend	**evening** ˈiːvnɪŋ
abends	**in the evening** ɪn ðɪ ˈiːvnɪŋ
am Wochenende	**at the weekend** ət ðə ˈwiːkˈend
bald	**soon** suːn
bis	**until, till** ʌnˈtɪl, tɪl
früh	**early** ˈɜːlɪ
früher	**earlier** ˈɜːlɪə
gestern	**yesterday** ˈjestədeɪ
heute	**today** təˈdeɪ
- morgen	**this morning** ðɪs ˈmɔːnɪŋ
- mittag	**at midday (today)** ət ˈmɪdˈdeɪ (təˈdeɪ)
- nachmittag	**this afternoon** ðɪs ˈɑːftəˈnuːn
- abend	**tonight** təˈnaɪt
- nacht	**last night** ˈlɑːst ˈnaɪt
in 14 Tagen	**in a fortnight** ɪn_ə ˈfɔːtnaɪt
in einer Woche	**in a week** ɪn_ə ˈwiːk
innerhalb einer Woche	**within a week** wɪðˈɪn_ə ˈwiːk
Jahr	**year** jɪə
halbes -	**six months** *pl.* ˈsɪks ˈmʌnθs
nächstes -	**next year** ˈnekst ˈjɪə
voriges -	**last year** ˈlɑːst ˈjɪə
jede Woche	**every week** ˈevrɪ ˈwiːk
jedes Jahr	**every year** ˈevrɪ ˈjɪə
jetzt	**now** naʊ
manchmal	**sometimes** ˈsʌmtaɪmz
Minute	**minute** ˈmɪnɪt
mittags	**at midday** ət ˈmɪdˈdeɪ
Monat	**month** mʌnθ
morgen	**tomorrow** təˈmɒrəʊ
Morgen	**morning** ˈmɔːnɪŋ
morgens	**in the morning** ɪn ðə ˈmɔːnɪŋ
Nachmittag	**afternoon** ˈɑːftəˈnuːn
nachmittags	**in the afternoon** ɪn ðɪ_ˈɑːftəˈnuːn

ALLGEMEINES

Nacht	**night** naɪt
nachts	**at night** ət 'naɪt
neulich	**recently** 'riːsntlɪ
rechtzeitig	**in time** ɪn 'taɪm
seit	**for, since** fɔː, sɪns
- zehn Tagen	**for ten days** fə 'ten 'deɪz
- gestern	**since yesterday** sɪns 'jestədeɪ
Sekunde	**second** 'sekənd
spät	**late** leɪt
später	**later** 'leɪtə
Stunde	**hour** 'aʊə
halbe -	**half an hour** 'hɑːf_ən_'aʊə
stündlich	**every hour** 'evrɪ_'aʊə
Tag	**day** deɪ
täglich	**every day** 'evrɪ 'deɪ
übermorgen	**the day after tomorrow** ðə 'deɪ_ɑːftə tə'mɒrəʊ
um	**at, around** æt, ə'raʊnd
- diese Zeit	**at that time** æt 'ðæt 'taɪm
- Mitternacht	**at midnight** æt 'mɪdnaɪt
Viertelstunde	**quarter of an hour** 'kwɔːtər_əv_ən_'aʊə
von Zeit zu Zeit	**from time to time** frəm 'taɪm tə 'taɪm
vor	**ago** ə'gəʊ
- einem Monat	**a month ago** ə 'mʌnθ_əgəʊ
- kurzem	**recently** 'riːsntlɪ
vorgestern	**the day before yesterday** ðə 'deɪ bɪfɔː 'jestədeɪ
vorher	**before** bɪ'fɔː
vorläufig	**for the time being** fə ðə 'taɪm 'biːɪŋ
vormittags	**in the morning** ɪn ðə 'mɔːnɪŋ
Woche	**week** wiːk
wöchentlich	**every week** 'evrɪ 'wiːk
Zeit	**time** taɪm
zur Zeit	**at the moment** æt ðə 'məʊmənt

VON ZEIT ZU ZEIT

225

ZEIT

Jahreszeiten

Frühling	**spring** sprɪŋ
Sommer	**summer** 'sʌmə
Herbst	**autumn** 'ɔːtəm
Winter	**winter** 'wɪntə

Feiertage

In Großbritannien heißen die öffentlichen Feiertage **"bank holiday"**, obwohl nicht nur die Banken geschlossen bleiben. Hier genießt man bei weitem nicht so viele Feiertage wie in den deutschsprachigen Ländern. Wenn ein Feiertag allerdings auf ein Wochenende fällt, wird er am darauffolgenden Montag nachgeholt. Die Feiertage sind zwischen England und Wales einerseits und Schottland sowie Nordirland etwas unterschiedlich.

Christmas Eve* 'krɪsməs ˌ'iːv	Heiligabend
Christmas Day 'krɪsməs 'deɪ	1. Weihnachtstag
Boxing Day 'bɒksɪŋ deɪ	2. Weihnachtstag
New Year's Eve* 'njuː jɪəz ˌ'iːv	Silvester
New Year's Day 'njuː jɪəz 'deɪ	Neujahrstag
Good Friday gʊd 'fraɪdeɪ	Karfreitag
Easter Monday 'iːstə 'mʌndeɪ	Ostermontag
May Day Bank Holiday 'meɪ deɪ bæŋk 'hɒlədeɪ	der erste Montag im Mai
Spring Bank Holiday 'sprɪŋ bæŋk 'hɒlədeɪ	der letzte Montag im Mai
August Bank Holiday 'ɔːgəst bæŋk 'hɒlədeɪ	der letzte Montag im August

* kein Feiertag

WOCHENTAGE

Urlaubszeiten

Ostern	**Easter** 'iːstə
Pfingsten	**Whitsun** 'wɪtsn
Sommerurlaub	**summer holidays** *pl.* 'sʌmə 'hɒlədeɪz
Weihnachten	**Christmas** 'krɪsməs

DATUM

Den wievielten haben wir heute?
What's the date today?
'wɒts ðə 'deɪt tədeɪ

Heute ist der 2. Juli.
It's the 2nd of July.
ɪts ðə 'sekənd_əv dʒʊ'laɪ

Ich bin am 24. August 1971 geboren.
I was born on August the 24th, 1971.
aɪ wəz 'bɔːn_ɒn_'ɔːgəst ðə 'twentɪ'fɔːθ 'naɪntiːnsevəntɪ'wʌn

Am 4. *dieses/nächsten* Monats.
On the 4th of *this/next* month.
ɒn ðə 'fɔːθ_əv 'ðɪs/'nekst 'mʌnθ

Bis zum 10. März.
Until the 10th of March.
ʌn'tɪl ðə 'tenθ_əv 'mɑːtʃ

Am 1. April *dieses/nächsten* Jahres.
On April 1st *this/next* year.
ɒn_'eɪprəl ðə 'fɜːst_əv 'ðɪs/'nekst 'jɪə

Wir reisen am 20. August ab.
We're leaving on the 20th of August.
wɪə 'liːvɪŋ ɒn ðə 'twentɪəθ_əv 'ɔːgəst

Wir sind am 25. Juli angekommen.
We got here on the 25th of July. wɪ 'gɒt hɪər_ɒn ðə 'twentɪ'fɪfθ_əv dʒʊ'laɪ

Der Brief wurde am 9. Juni abgeschickt.
The letter was sent on June the 9th.
ðə 'letə wəz 'sent_ɒn 'dʒuːn ðə 'naɪnθ

Wochentage

Montag	**Monday** 'mʌndeɪ
Dienstag	**Tuesday** 'tjuːzdeɪ

VON ZEIT ZU ZEIT

DATUM

Mittwoch	**Wednesday** 'wenzdeɪ
Donnerstag	**Thursday** 'θɜːzdeɪ
Freitag	**Friday** 'fraɪdeɪ
Samstag/Sonnabend	**Saturday** 'sætədeɪ
Sonntag	**Sunday** 'sʌndeɪ

Monate

Januar	**January** 'dʒænjʊərɪ
Februar	**February** 'febrʊərɪ
März	**March** mɑːtʃ
April	**April** 'eɪprəl
Mai	**May** meɪ
Juni	**June** dʒuːn
Juli	**July** dʒʊ'laɪ
August	**August** 'ɔːgəst
September	**September** sep'tembə
Oktober	**October** ɒk'təʊbə
November	**November** nə'vembə
Dezember	**December** dɪ'sembə

UND NUN ZUM WETTER

WETTER

▶ Wie wird das
Wetter heute?

What's the weather going to be like today? ˈwɒts ðə ˈweðə ɡəʊɪŋ tə bɪ ˈlaɪk təˈdeɪ

Haben Sie schon den
Wetterbericht gehört?

Have you heard the weather report yet? ˈhæv_jʊ ˈhɜːd ðə ˈweðə rɪpɔːt jet

▶ Es *ist/wird* …

It's/It's going to be … ɪts/ɪts ˈɡəʊɪŋ tə bɪ …

▶   warm.
   heiß.
▶   kalt.
   kühl.
   schwül.

   warm. ˈwɔːm
   hot. ˈhɒt
   cold. ˈkəʊld
   cool. ˈkuːl
   humid/close. ˈhjuːmɪd/ˈkləʊs

▶ Es wird Regen geben.

It's going to rain. ɪts ˈɡəʊɪŋ tə ˈreɪn

Es ist ziemlich
windig/stürmisch.

It's quite *windy/stormy.* ɪts ˈkwaɪt ˈwɪndɪ/ ˈstɔːmɪ

Der Himmel ist
klar/bewölkt.

The sky's *clear/cloudy.* ðə ˈskaɪz ˈklɪə/ˈklaʊdɪ

Es sieht nach
Regen/Gewitter aus.

It looks like rain./It looks as if we're in for a storm. ɪt ˈlʊks laɪk ˈreɪn/ɪt ˈlʊks_əz_ɪf wɪə_ˈɪn fər_ə ˈstɔːm

▶ Wieviel Grad
haben wir?

What's the temperature? ˈwɒts ðə ˈtemprətʃə

Es sind … Grad
(unter Null).

It's … degrees (below zero). ɪts … dəˈɡriːz (bɪˈləʊ ˈzɪərəʊ)

INFO ➡ Temperaturen werden in Großbritannien offiziell in Celsius und Fahrenheit angegeben. Im Alltag halten sich jedoch viele noch an die „alte" Fahrenheit-Skala. Umgerechnet wird so: Fahrenheit in Celsius: (x − 32) 5/9 = °C

WORTLISTE

Fahrenheit	Celsius
86	30
77	25
68	20
59	15
50	10
41	5
32	0
23	-5
14	-10
5	-15

UND NUN ZUM WETTER

Wetter

Abenddämmerung	**dusk**	dʌsk
bedeckt	**overcast**	ˈəʊvəkɑːst
bewölkt	**cloudy, overcast**	ˈklaʊdɪ, ˈəʊvəkɑːst
Blitz	**(flash of) lightning**	(ˈflæʃ_əv) ˈlaɪtnɪŋ

WETTER

es blitzt	**there's lightning** ðəz ˈlaɪtnɪŋ
Dämmerung	**(*morgens*) dawn; (*abends*) dusk** dɔːn; dʌsk
diesig	**hazy** ˈheɪzɪ
Donner	**thunder** ˈθʌndə
es donnert	**it's thundering** ɪts ˈθʌndərɪŋ
feucht	**damp** dæmp
es friert	**it's freezing** ɪts ˈfriːzɪŋ
Frost	**frost** frɒst
Gewitter	**(thunder)storm** (ˈθʌndə)stɔːm
Glatteis	**ice; (*auf der Straße*) *auch:* black ice** aɪs; ˈblæk ˈaɪs
Grad	**degrees** dɪˈgriːz
Hagel	**hail** heɪl
es hagelt	**it's hailing** ɪts ˈheɪlɪŋ
heiß	**hot** hɒt
heiter	**bright** braɪt
Hitze	**heat** hiːt
-welle	**heatwave** ˈhiːtweɪv
Hoch	**anticyclone, high-pressure area** ˈæntɪˈsaɪkləʊn, ˈhaɪˈpreʃər ˈeərɪə
kalt	**cold** kəʊld
klar	**clear** klɪə
Klima	**climate** ˈklaɪmət
kühl	**cool** kuːl
Luft	**air** eə
-druck	**barometric pressure** bærəˈmetrɪk ˈpreʃə
-zug	**breeze** ˈbriːz
Mond	**moon** muːn
Morgendämmerung	**dawn** dɔːn
naß	**wet** wet
Nebel	**fog** fɒg
Niederschläge	**precipitation** *sg.,* **rainfall** *sg.* prəsɪpɪˈteɪʃn, ˈreɪnfɔːl

232

WORTLISTE

Nieselregen	**drizzle** ˈdrɪzl
Nordwind	**north wind** ˈnɔːθ ˈwɪnd
Ostwind	**easterly wind** ˈiːstəlɪ ˈwɪnd
Regen	**rain** reɪn
-schauer	**shower** ˈʃaʊə
regnerisch	**rainy** ˈreɪnɪ
es regnet	**it's raining** ɪts ˈreɪnɪŋ
Schnee	**snow** snəʊ
-sturm	**blizzard, snow storm** ˈblɪzəd, ˈsnəʊ stɔːm
es schneit	**it's snowing** ɪts ˈsnəʊɪŋ
schwül	**humid, close** ˈhjuːmɪd, kləʊs
Sonne	**sun** sʌn
Sonnenaufgang	**sunrise** ˈsʌnraɪz
Sonnenuntergang	**sunset** ˈsʌnset
sonnig	**sunny** ˈsʌnɪ
Stern	**star** stɑː
sternenklar:	
-er Himmel	**starry night** ˈstɑːrɪ ˈnaɪt
Sturm	**gale** geɪl
stürmisch	**stormy** ˈstɔːmɪ
es ist ziemlich -	**there's a strong wind blowing** ðəz_ə ˈstrɒŋ ˈwɪnd bləʊɪŋ
Südwind	**southerly wind** ˈsʌðəlɪ ˈwɪnd
Tauwetter	**thaw** θɔː

UND NUN ZUM WETTER

WETTER

es taut	**it's thawing** ɪts ˈθɔːɪŋ
Temperatur	**temperature** ˈtemprətʃə
Tief	**depression, low-pressure area** dɪˈpreʃn, ˈləʊˈpreʃər ˈeərɪə
trocken	**dry** draɪ
Überschwemmungen	**floods, flooding** *sg.* flʌdz, ˈflʌdɪŋ
warm	**warm** wɔːm
wechselhaft	**variable** ˈveərɪəbl
Westwind	**west wind** ˈwest ˈwɪnd
Wetter	**weather** ˈweðə
-bericht	**weather** *report/forecast* ˈweðə rɪpɔːt/fɔːkaːst
Wind	**wind** wɪnd
-stärke	**wind force** ˈwɪnd fɔːs
windig	**windy** ˈwɪndɪ
Wolke	**cloud** klaʊd
Wolkenbruch	**cloudburst** ˈklaʊdbɜːst

INFO →

Das Wetter in Großbritannien ist recht wechselhaft. So kann ein morgendlicher Regenschauer schnell durch einen sonnenklaren Himmel ersetzt werden, der sich später wieder bewölkt. Den Regenschirm sollten Sie also stets dabeihaben, es sei denn, es ist ausdrücklich ein regenfreier Tag angesagt.

Das Wetter ist hierzulande nach wie vor Thema Nummer eins. Eine kurze Bemerkung über das Wetter wie **"Nice day, isn't it?"** (ˈnaɪs ˈdeɪ ˈɪzənt ɪt) oder **"What rotten weather we're having!"** (wɒt ˈrɒtən ˈweðə wɪə ˈhævɪŋ) folgt oft auf eine Begrüßung.

GRAMMATIK

ARTIKEL

DER ARTIKEL (GESCHLECHTSWORT)

Der bestimmte Artikel (der, die, das) lautet in der Einzahl und Mehrzahl **the**:

the flight	der Flug
the time	die Zeit
the weather	das Wetter
the people	die Menschen

Vor einem Vokal (*a, e, i, o, u*) wird *the* [ðɪ] ausgesprochen:

the office [ðɪˈɒfɪs] das Büro

the steht hinter *half* und *all* und oft hinter *both*:

half the cake	der halbe Kuchen
all the children	alle Kinder
both (the) buses	beide Busse

Der unbestimmte Artikel (ein, eine, einem usw.) lautet vor einem Konsonanten (Mitlaut) **a** und vor einem Vokal (Selbstlaut) **an.** Auch vor Wörter, deren erster Buchstabe wie ein Vokal ausgesprochen wird, setzt man *an*:

a man	ein Mann
a hotel [ə həʊˈtel]	ein Hotel
an orange	eine Apfelsine
an hour [əˈnaʊə]	eine Stunde

SUBSTANTIV

Vor *hundred* und *thousand* steht im Gegensatz zum Deutschen der unbestimmte Artikel *a* bzw. zur Betonung *one*:

a hundred	hundert
a thousand	tausend

Der unbestimmte Artikel steht hinter *half*:

half an hour	eine halbe Stunde

DAS SUBSTANTIV (HAUPTWORT)

Im Gegensatz zum Deutschen gibt es bei Berufsbezeichnungen u. dgl. generell keine männliche und weibliche Form. So heißt z.B. *doctor* sowohl „Arzt" als auch „Ärztin". Ausnahmen:

actor	Schauspieler	*actress*	Schauspielerin
waiter	Kellner	*waitress*	Kellnerin
prince	Prinz	*princess*	Prinzessin

SUBSTANTIV

BILDUNG DES PLURALS (MEHRZAHL)

Die Mehrzahl wird meistens durch Anhängen von *-s* an die Einzahl gebildet:

train – trains	Zug – Züge
road – roads	Straße – Straßen
car – cars	Auto – Autos

Substantive, die auf *-s, -ss, -sh, -ch* oder *-x* enden, bekommen in der Mehrzahl ein *-es* am Ende:

bus – buses	Bus – Busse
switch – switches	Schalter – Schalter
box – boxes	Karton – Kartons

Dann gibt es noch folgende unregelmäßige Pluralformen, die man sich merken sollte:

sheep – sheep	Schaf – Schafe
fish – fish	Fisch – Fische
deer – deer	Reh – Rehe
foot – feet	Fuß – Füße
tooth – teeth	Zahn – Zähne
mouse – mice	Maus – Mäuse
child – children	Kind – Kinder
man – men	Mann – Männer
woman – women [ˈwɪmɪn]	Frau – Frauen
Englishman – Englishmen	Engländer – Engländer (aber: *German – Germans*)

GENITIV

wife – wives	Ehefrau – Ehefrauen
half – halves	Hälfte – Hälften
knife – knives	Messer – Messer usw.

Gewichte und Preise stehen im Englischen generell in der Mehrzahl:

four pounds ninety-nine	vier Pfund neunundneunzig (Pence)
two kilos of oranges	zwei Kilo Apfelsinen

BILDUNG DES GENITIVS

(2. FALL)

Bei Menschen und Tieren fügt man in der Einzahl ein *-'s* an:

my mother's cousin	der Cousin/die Cousine meiner Mutter
the horse's tail	der Schwanz des Pferds

Bei der Mehrzahl wird ein *-s'* hinzugefügt:

her brothers' names	die Namen ihrer Brüder
the girls' bicycles	die Fahrräder der Mädchen

Bei Dingen wird *of* vorangesetzt:

the end of the story	das Ende der Geschichte

GRAMMATIK

239

PRONOMEN

Bei Behältern u. ä. nimmt man im Gegensatz zum Deutschen *of*:

a box of matches	eine Schachtel Streichhölzer
a tin of sardines	eine Dose Sardinen
a pile of rubbish	ein Haufen Abfall

DIE PRONOMEN (FÜRWÖRTER)

Persönliches Fürwort

Subjekt		Objekt	
I	ich	*me*	mich/mir
you	du; Sie	*you*	dich/dir; Sie/Ihnen
he	er	*him*	ihn/ihm
she	sie	*her*	sie/ihr
it	es; sie; er	*it*	es/ihm; sie/ihr; ihn/ihm
we	wir	*us*	uns
you	ihr; Sie	*you*	euch; Sie/Ihnen
they	sie (Plural)	*them*	sie/ihnen

Besitzanzeigendes Fürwort

Substantiviert:

my	mein(e, -es, -er usw.)	*mine*	meins, meine(r) usw.
your	dein usw.; Ihr usw.	*yours*	deins usw.; Ihrs usw.
his	sein usw.	*his*	seins usw.
her	ihr usw.	*hers*	ihrs usw.
its	sein usw.; ihr usw.	*its*	seins usw.; ihrs usw.
our	unser usw.	*ours*	unsers usw.
your	euer usw.; Ihr usw.	*yours*	euers usw.; Ihrs usw.
their	ihr (Mehrzahl) usw.	*theirs*	ihrs (Mehrzahl) usw.

ADJEKTIV

DIE FRAGEWÖRTER

who ...?	wer ...?
who(m) ...?	wen/wem ...?
whose ...?	wessen ...?
what ...?	was ...?
which ...?	welche(r, -s) ...?
when ...?	wann ...?
where ...?	wo ...?
why ...?	warum ...?
how ...?	wie ...?

DIE DEMONSTRATIV-PRONOMEN (HINWEISENDE FÜRWÖRTER)

this	diese(r, -s)
these	diese
that	der/die/das (... da)
those	die (... da)

this/these deuten meistens auf etwas Näherliegendes, *that/those* können auf etwas Fernerliegendes deuten oder sich auf etwas gerade Gesagtes beziehen.

DAS ADJEKTIV (EIGENSCHAFTSWORT)

Einsilbige Adjektive werden mit *-er/-est* gesteigert, wobei einem stummen End-*e* einfach *-r/-st* hinzu-

GRAMMATIK

ADJEKTIV

gefügt wird und ein einzelner End-konsonant (*b, d, f* usw.) nach einem kurzen Vokal (*a, e, i, o, u*) verdoppelt wird:

loud	*louder*	*loudest*	laut
wet	*wetter*	*wettest*	naß
nice	*nicer*	*nicest*	nett

Zweisilbige Adjektive auf *-er, -le, -ow* oder *-y* werden mit *-er/-est* gesteigert, wobei ein End-*e* entfällt und *-y* zu *-i* wird:

clever	*cleverer*	*cleverest*	gescheit
gentle	*gentler*	*gentlest*	sanft
narrow	*narrower*	*narrowest*	eng
happy	*happier*	*happiest*	glücklich
Ausnahme:			
eager	*more eager*	*most eager*	willig

Zweisilbige Adjektive, die nicht auf *-er, -le, -ow* oder *-y* enden, drei- und mehrsilbige Adjektive sowie Adjektive auf *-ing* oder *-ed* werden mit *more* und *most* gesteigert:

helpful	*more helpful*	*most helpful*	hilfreich
active	*more active*	*most active*	aktiv
idiotic	*more idiotic*	*most idiotic*	idiotisch
tired	*more tired*	*most tired*	müde
annoying	*more annoying*	*most annoying*	ärgerlich

ADVERB

Dann gibt es die unregelmäßigen Adjektive:

bad	worse	worst	schlecht
good	better	best	gut
much	more	most	viel
many	more	most	viele
little	less	least	wenig
little	smaller	smallest	klein
far	further	furthest	weit

DAS ADVERB

(UMSTANDSWORT)

Bildung des Adverbs

Adverbien werden meistens durch Anhängen von **-ly** an ein Adjektiv gebildet:

quickly	schnell
badly	schlecht
actively	aktiv

Besonderheiten:

-le wird zu *-ly* und *-y* zu *-ily*:

gentle – gently	sanft
happy – happily	glücklich

-ic wird zu *-ically*:

magic – magically	zauberhaft

Ausnahme:

public – publicly	öffentlich

GRAMMATIK

ADVERB

Steigerung des Adverbs

Einsilbige Adverbien sowie *early*
werden auf *-er/-est* gesteigert:

hard	*harder*	*hardest*	hart
early	*earlier*	*earliest*	früh

Mehrsilbige Adverbien (außer *early*)
werden mit *more/most* gesteigert:

gladly   more gladly   most gladly   gern

Und die unregelmäßigen Adverbien:

well	*better*	*best*	gut
badly	*worse*	*worst*	schlecht
little	*less*	*least*	wenig
much	*more*	*most*	viel
far	*further*	*furthest*	weit

VERB

DAS VERB (ZEITWORT)

Die regelmäßigen Verben hängen in
der Vergangenheit **-(e)d** an die Grund-
form (*call – called, vote – voted*),
während die unregelmäßigen Verben
ihren Stammvokal ändern. Hier die
verschiedenen Formen von einigen
der wichtigsten Verben:

be (sein)

einfache Gegenwart

I'm (I am)
you're (you are)
he's/she's/it's
(he/she/it is)
we're (we are)
you're (you are)
they're (they are)

present perfect

I've/you've/we've/they've been
(I/you/we/they have been)
he's/she's/it's been
(he/she/it has been)

einfache Vergangenheit

I/he/she/it was
you/we/they were

Verlaufsform der Vergangenheit

I/he/she/it was being
you/we/they were being

2. Vergangenheit (Vorvergangenheit)

I'd/you'd usw. *been*
(I/you usw. *had been)*

will-Zukunft

I'll (I will) usw. *be*

future perfect

I'll (I will) usw. *have been*

Konditional

I'd (I would) usw. *be*

Konditional II

I'd (I would) usw. *have been*

GRAMMATIK

VERB

have (haben)

einfache Gegenwart	Verlaufsform der Gegenwart
I/you/we/they have	*I'm (I am) having*
he/she/it has	*you're (you are) having*
als Hilfsverb:	*he's (he is)* usw. *having*
I've/you've/we've/	*I'm (I am) having*
they've …	*we're (we are) having*
he's/she's/it's …	*you're (you are) having*
	they're (they are) having

have got:

I've/you've/we've/they've got
(I/you/we/they have got)
he's/she's/it's got
(he/she/it has got)

present perfect	Verlaufsform des present perfect
I've/you've/we've/they've	*I've/you've/we've/they've*
had (I/you/we/they	*been having*
have had)	*(I/you/we/they have been having)*
he's/she's/it's had	*he's/she's/it's been having*
(he/she/it has had)	*(he/she/it has been having)*

einfache Vergangenheit	Verlaufsform der Vergangenheit
I/you usw. *had*	*I/he/she/it was having*
	we/you/they were having

2. Vergangenheit	Verlaufsform der 2. Vergangenheit
I'd/you'd usw. *had*	*I'd/you'd* usw. *been having*
(I/you usw. *had had)*	*(I/you* usw. *had heen having)*

will-Zukunft	Verlaufsform der *will*-Zukunft
I'll/you'll usw. *have*	*I'll/you'll* usw. *be having*
(I/you usw. *will have)*	*(I/you* usw. *will be having)*

VERB

future perfect	Verlaufsform des future perfect
I'll/you'll usw. *have had* *(I/you* usw. *will* *have had)*	*I'll/you'll* usw. *have been having* *(I/you* usw. *will have been having)*

Konditional	Verlaufsform des Konditional
I'd/you'd usw. *have* *(I/you* usw. *would have)*	*I'd/you'd* usw. *be having* *(I/you* usw. *would be having)*

Konditional II	Verlaufsform des Konditional II
I'd/you'd usw. *have had* *I/you* usw. *would* *have had*	*I'd/you'd* usw. *have been having* *I/you* usw. *would have been having*

do (tun, machen)

einfache Gegenwart	Verlaufsform der Gegenwart
I/you/we/they do *he/she/it does*	*I'm (I am) doing* *you're (you are) doing* *he's* usw. *(he* usw. *is) doing* *we're (we are) doing* *you're (you are) doing* *they're (they are) doing*

present perfect	Verlaufsform des present perfect
I've/you've/we've/ *they've done* *(I/you/we/they have* *done)* *he's/she's/it's done* *(he/she/it has done)*	*I've/you've/we've they've been doing* *(I/you/we/they have been doing)* *he's/she's/it's been doing* *(he/she/it has been doing)*

einfache Vergangenheit	Verlaufsform der Vergangenheit
I/you usw. *did*	*he/she/it was doing* *we/you/they were doing*

GRAMMATIK

VERB

| 2. Vergangenheit | Verlaufsform der 2. Vergangenheit |

I'd/you'd usw. *done*
(I/you usw. *had done)*

I'd/you'd usw. *been doing*
(I/you usw. *had been doing)*

will-Zukunft

Verlaufsform der *will*-Zukunft

I'll/you'll usw. *do*
(I/you usw. *will do)*

I'll/you'll usw. *be doing*
(I/you usw. *will be doing)*

future perfect

Verlaufsform des future perfect

I'll/you'll usw. *have done*
(I/you usw. *will have done)*

I'll/you'll usw. *have been doing*
(I/you usw. *will have been doing)*

Konditional

Verlaufsform des Konditional

I'd/you'd usw. *do*
(I/you usw. *would do)*

I'd/you'd usw. *be doing*
(I/you usw. *would be doing)*

Reisewörterbuch
Deutsch–Englisch

A

ab off [ɒf]; **~ und zu** now and again; **~ 18 Uhr** from 6 p.m.

Abend evening ['i:vnɪŋ]

Abendessen dinner ['dɪnə], supper ['sʌpə]

Abendkasse box office ['bɒks ɒfɪs]

abends in the evening [ɪn ðɪ 'i:vnɪŋ]

Abenteuer adventure [əd'ventʃə]

aber but [bʌt]

abfahren to leave [li:v]

Abfahrt departure [dɪ'pɑ:tʃə]

abhängig dependent (**von** on) [dɪ'pendənt]

abholen to collect [kə'lɛkt], to pick up [pɪk'ʌp]

abmelden, sich to check out [tʃek 'aʊt]

Abreise departure [dɪ'pɑ:tʃə]

abreisen to leave [li:v]

abschalten to switch off [swɪtʃ 'ɒf]

absichtlich on purpose [ɒn 'pɜ:pəs], deliberately [dɪ'lɪbərətlɪ]

absolut absolutely ['æbsəlu:tlɪ]

Abteilung department [dɪ'pɑ:tmənt]

abwesend absent ['æbsənt]

abziehen to deduct [dɪ'dʌkt], to take off [teɪk'ɒf]

Adapter adapter [ə'dæptə]

addieren to add up [æd 'ʌp]

Adresse address [ə'dres]

ähnlich similar ['sɪmɪlə]; **jemandem ~ sein** to be like someone

aktiv active(ly) ['æktɪv(lɪ)]

Akzent accent ['æksənt]

alle everybody ['evrɪbɒdɪ]; all [ɔ:l]; **~ zwei Monate** every two months;

allein alone [ə'ləʊn]

alleinstehend single ['sɪŋgl]

alles everything ['evrɪθɪŋ]; **das ist ~** that's all

allgemein general(ly) ['dʒenərəl(ɪ)]

allmählich gradual(ly) ['grædʒʊəl(ɪ)]

als than [ðən]; *(zeitlich)* when [wen]; **~ ob** as *though/if*;

also so [səʊ]

alt old [əʊld]

Alter age [eɪdʒ]; **im ~ von 12** at the age of 12

Altglascontainer bottle bank 'bɒtlbæŋk

Ameise ant [ænt]

Ampel (traffic) lights *pl.* [('træfɪk) laɪts]

amüsieren, sich to enjoy oneself [ɪn'dʒɔɪ wʌnself]

an at [æt]; *(auf)* on [ɒn]; *(bei)* by [baɪ]

anbieten to offer (**an** to) ['ɒfə]

Andenken souvenir [su:və'nɪə]

andere(r, -s) other ['ʌðə]; *(verschieden)* different ['dɪfrənt]; **eine andere Stadt** another town

ändern *(auch* **sich ~)** to change [tʃeɪndʒ]

anders different (**als** from) ['dɪfrənt]

Anfang beginning [bɪ'gɪnɪŋ], start [stɑ:t]

Anfänger beginner [bɪ'gɪnə]

anfordern to request [rɪ'kwest], to ask for ['ɑ:sk fɔ:]

angenehm pleasant ['pleznt]

angezogen dressed [drest]

angreifen to attack [ə'tæk]

Angst fear [fɪə]; **~ haben** be *scared/frightened*

ankommen to arrive [ə'raɪv]; **es kommt darauf an** it depends

Ankunft arrival [ə'raɪvl]; *(Flug)* **auch** landing ['lændɪŋ]

249

anmelden, sich to check in [tʃek 'ɪn]

annehmen to accept [ə'ksept]; *(vermuten)* to assume [ə'sjuːm]

ansehen to see [siː], to look at [lʊk æt]

Ansicht view [vjuː]; *(Meinung)* **auch** opinion [ə'pɪnjən]

Ansichtskarte postcard ['pəʊst-kɑːd]

anständig decent(ly) ['diːsnt(lɪ)], proper(ly) ['prɒpə(lɪ)]

anstatt instead of [ɪn'sted ɒv]

antik antique [æn'tiːk]

Antrag application [æplɪ'keɪʃn]

Antwort answer ['ɑːnsə], reply [rɪ'plaɪ]

antworten to answer ['ɑːnsə], to reply [rɪ'plaɪ]

anwesend present ['preznt]

Anzahlung deposit [dɪ'pɒzɪt]

Anzeige advertisement [əd'vɜːtɪsmənt], ad [æd]

anziehen to dress [dres]; **sich ~** to dress, to get dressed

Arbeit work [wɜːk]

arbeiten to work [wɜːk]

arbeitslos out of work [aʊt əv 'wɜːk]

Architekt architect ['ɑːkɪtekt]

ärgerlich annoying [ə'nɔɪɪŋ]

Argument argument ['ɑːgjʊmənt]

arm poor [pɔː]

Ärmelkanal Channel ['tʃænl]

Art type [taɪp], kind [kaɪnd], sort [sɔːt]; *(Weise)* way [weɪ]

Aschenbecher ashtray ['æʃtreɪ]

Atem breath [breθ]

atmen to breathe [briːð]

auch also ['ɔːlsəʊ], too [tuː]

auf on [ɒn]; onto ['ɒntʊ]; *(aufge-standen)* up [ʌp]; **~ englisch** in English

aufbewahren to keep [kiːp]

Aufenthalt stay [steɪ]

Aufführung performance [pə'fɔːməns]

aufgeben to give up [gɪv 'ʌp]; *(einreichen)* to hand in [hænd ɪn]

aufgeregt excited [ɪk'saɪtɪd]

aufhören to stop [stɒp], to finish ['fɪnɪʃ]; **~, etwas zu tun** to stop doing something

aufmachen to open ['əʊpən]

aufpassen to be careful [biː 'keəfʊl]; **~ auf** to look after

aufregend exciting [ɪk'saɪtɪŋ]

aufschreiben to write down [raɪt 'daʊn]

aufstehen to get up [get 'ʌp]

aufwachen to wake up [weɪk 'ʌp]

aufwärts up(wards) [ʌp(wədz)]

Aufzug lift [lɪft]

Augenblick moment ['məʊmənt]; **im ~** at the moment; **einen ~!** just a *moment/minute*

augenblicklich at the moment [æt ðə 'məʊmənt]

aus *adj.* off [ɒf]; *(vorbei)* over ['əʊvə]; *adv.* out of [aʊt əv]; *(von)* from [frɒm]

auseinander apart [ə'pɑːt]

Ausflug excursion [ɪk'skɜːʃn], trip [trɪp], outing ['aʊtɪŋ]

ausführlich *adj.* detailed ['diːteɪld]; *adv.* in detail [ɪn 'diːteɪl]

Ausgang exit ['eksɪt]

ausgeben to spend [spend]

ausgebucht fully booked ['fʊlɪ 'bʊkt], full [fʊl]

ausgehen to go out [gəʊ 'aʊt]

ausgezeichnet excellent ['eksələnt]

Ausland: im ~ abroad [ə'brɔːd]

Ausländer foreigner ['fɒrənə]

ausländisch foreign ['fɒrən]

ausleihen to hire ['haɪə]

ausmachen *(vereinbaren)* to arrange [ə'reɪndʒ], to agree [ə'griː]

auspacken to unpack [ʌn'pæk]

ausruhen, sich to rest [rest]

Aussage statement ['steɪtmənt]

Aussehen appearance [ə'pɪərəns]

Aussicht view [vjuː]

aussteigen to get *off/out* [get 'ɒf/'aʊt]

Ausstellung exhibition [eksɪ'bɪʃn]

ausverkauft sold out [səʊld 'aʊt]

Auswahl choice [tʃɔɪs]

Ausweis ID (card) [aɪ'diː (kɑːd)]

ausziehen *(Kleidung)* to take off [teɪk 'ɒf]; **sich ~** to get undressed [get ʌn'drest]

außen (on the) outside [(ɒn ðɪ) aʊt'saɪd]

außer except (for) [ɪk'sept (fɔː)]

außerdem besides [bɪ'saɪdz]

außergewöhnlich *adj.* unusual [ʌn'juːʒl]; *adv.* remarkably [rɪ'mɑːkəbli]

außerhalb outside [aʊt'saɪd]; out of [aʊt ɒf]

äußerlich external(ly) [ɪks'tɜːnəl(ɪ)]

außerordentlich *adj.* extraordinary [ɪk'strɔːdnrɪ]; *adv.* extremely [ɪks'triːmlɪ]

automatisch automatic(ally) [ɔːtə'mætɪk(lɪ)]

B

Bad bath [bɑːθ]; *(Badezimmer)* bathroom ['bɑːθruːm]

baden to swim [swɪm], to go swimming; *(im Bad)* to have a bath

bald soon [suːn]

Balkon balcony ['bælkənɪ]

Ball ball [bɔːl]

Bank bank [bæŋk]; *(Sitzbank)* bench [bentʃ]

bar cash [kæʃ]

Bart beard [bɪəd]

Batterie battery ['bætərɪ]

Baum tree [triː]

Bauwerk building ['bɪldɪŋ]

beabsichtigen to intend [ɪn'tend]

beanstanden to complain about [kəm'pleɪn əbaʊt]

Beanstandung complaint [kəm'pleɪnt]

beantworten to answer ['ɑːnsə]

Becher mug [mʌg]

bedauern to regret [rɪ'gret]

bedecken to cover ['kʌvə]

bedeuten to mean [miːn]

bedienen to serve [sɜːv]; **sich ~** to help oneself [help wʌn'self]

Bedingung condition [kən'dɪʃn]; **unter der ~, daß** on condition that

beenden to end [end]

befestigen to attach [ə'tætʃ], to fix (an to) [fɪks]

begegnen to meet [miːt]

Beginn start [stɑːt]

beginnen to start [stɑːt]

begleiten to *go/come* with [gəʊ/kʌm wɪθ], to accompany [ə'kʌmpənɪ]

begreifen to understand [ʌndə'stænd]

begrüßen to welcome ['welkəm], to greet [griːt]

behalten to keep [kiːp]

behandeln to treat [triːt]; *(Sache)* to deal with ['diːl wɪθ]

behaupten to claim [kleɪm]

bei at [æt]; *(nahe bei)* near [nɪə]; *(Adresse)* care of, c/o ['keər ɒv]

beide both [bəʊθ]; **alle ~** both of them

beinahe almost ['ɔːlməʊst]

Beispiel example [ɪg'zɑːmpl]; **als ~** as an example; **zum ~** for example

beißen to bite [baɪt]

bekannt well known [wel nəʊn]

bekommen to get [get]

beliebt popular ['pɒpjʊlə]

bemerken to notice ['nəʊtɪs]; *(sagen)* to remark [rɪ'mɑːk]

benachrichtigen to let *(someone)* know [let nəʊ]

benehmen, sich to behave (properly) [bɪ'heɪv ('prɒpəlɪ)]

benutzen to use [juːz]

Benutzungsgebühr (hire) charge [('haɪə) tʃɑːdʒ]

251

beobachten to watch [wɒtʃ]
bequem comfortable ['kʌmfətəbl]
berechnen to charge [tʃɑːdʒ]
bereit ready ['redɪ]; *(willig)* willing ['wɪlɪŋ]
Berg mountain ['maʊntɪn]
bergab downhill [daʊn'hɪl]
bergauf uphill [ʌp'hɪl]
berichten to report [rɪ'pɔːt]
Beruf job [dʒɒb], profession [prə'feʃn]
berühmt famous ['feɪməs]
berühren to touch [tʌtʃ]
beschäftigt busy ['bɪzɪ]
beschreiben to describe [dɪ'skraɪb]
beschützen to protect [prə'tekt]
beschweren, sich to complain [kəm'pleɪn]
Besen broom [bruːm]
besetzt *(Leitung)* engaged [ɪn'geɪdʒd]; *(Platz)* taken ['teɪkən]
besichtigen to visit ['vɪzɪt], to go to see [gəʊ tə 'siː]
Besichtigung (sightseeing) tour [('saɪtsiːɪŋ) tʊə], visit ['vɪzɪt]
besitzen to own [əʊn]
besondere(r, -s) particular [pə'tɪkjʊlə]; *(außergewöhnlich)* special ['speʃl]
besonders specially ['speʃəlɪ], particularly [pə'tɪkjʊləlɪ]
besorgt worried ['wʌrɪd]
besprechen to discuss [dɪ'skʌs]
besser better ['betə]
bestätigen to confirm [kən'fɜːm]
beste(r, -s) best [best]
Besteck cutlery ['kʌtlərɪ]
bestellen to order ['ɔːdə]
Bestellung order ['ɔːdə]
bestimmt definite(ly) ['defɪnɪtlɪ]
Besuch visit ['vɪzɪt]
besuchen to visit ['vɪzɪt], to go to [gəʊ tʊ]
Besucher visitor ['vɪzɪtə]
Beton concrete ['kɒŋkriːt]
Betrag amount [ə'maʊnt]
betrunken drunk [drʌŋk]

252

Bett bed [bed]; **ins ~ gehen** to go to bed
Bettwäsche bed linen ['bed lɪnən]
bevor before [bɪ'fɔː]
bewegen *(auch sich ~)* to move [muːv]
Beweis proof [pruːf]
bezahlen to pay (for); *(jemanden)* to pay [peɪ]
Bezahlung payment ['peɪmənt]
Biene bee [biː]
bieten to offer ['ɒfə]
Bild picture ['pɪktʃə], painting ['peɪntɪŋ]; *(Foto)* picture, photo ['fəʊtəʊ]
Bildhauer sculptor ['skʌlptə]
billig cheap [tʃiːp]
binden to tie [taɪ]
Bindfaden string [strɪŋ]
bis until [ən'tɪl], till [tɪl]; *(örtlich)* as far as [æz 'fɑːr æz]; **von 10 ~ 12** from 10 to 12
bisher so far ['səʊ fɑː], up to now [ʌp tə 'naʊ]
bißchen: ein ~ a bit (of) [ə 'bɪt (əv)], a little [ə 'lɪtl]
bitte please [pliːz]; *(gern geschehen)* you're welcome [jʊə 'welkəm]; *(macht nichts)* that's all right ['ðæts ɔːl 'raɪt] **~?** sorry? ['sɒrɪ]; pardon? ['pɑːdn]
Bitte request [rɪ'kwest]
bitten to ask [ɑːsk]
blasen to blow [bləʊ]
blaß pale [peɪl]
Blatt leaf [liːf]; **ein ~ Papier** a sheet of paper [ə ʃiːt əv 'peɪpə]
bleiben to stay [steɪ]
Bleistift pencil ['pensl]
Blick look [lʊk]
blicken to look (auf at) [lʊk]
Blume flower ['flaʊə]
Boden ground [graʊnd]; *(innen)* floor [flɔː]
borgen to borrow ['bɒrəʊ]; *(leihen)* to lend [lend]
böse *(Kind)* naughty ['nɔːtɪ];

(wütend) angry ['æŋgrɪ]

Brand fire ['faɪə]

brauchen to need [niːd]

brechen to break [breɪk]

breit wide [waɪd]

Breite width [wɪdθ]

brennen to burn [bɜːn]

Brief letter ['letə]

Briefmarke (postage) stamp [('pəʊstɪdʒ) stæmp]

Briefpapier writing paper ['raɪtɪŋ peɪpə]

Brieftasche wallet ['wɒlɪt]

Briefumschlag envelope ['envələʊp]

Brille (pair of) glasses *pl.* [(peər əv) 'glɑːsɪz]

bringen to bring [brɪŋ]; **(irgendwohin)** to take [teɪk]

britisch British ['brɪtɪʃ]

Brücke bridge [brɪdʒ]

Bruder brother ['brʌðə]

Buch book [bʊk]

Buchstabe letter ['letə]

Buchung booking ['bʊkɪŋ], reservation [rezə'veɪʃn]

Büro office ['ɒfɪs]

C

Café café ['kæfeɪ]

Chef boss [bɒs]; **(Küchenchef)** chef [ʃef]

Cousin cousin ['kʌzn]

Cousine cousin ['kʌzn]

D

da there ['ðeə]; **sie ist nicht ~** she's out, **(verreist)** she's away

Dach roof [ruːf]

dagegen against it [ə'genst ɪt]

daher that's why ['ðæts waɪ]

damals then [ðen], at that time [æt 'ðæt taɪm]

Dame lady ['leɪdɪ]

damit so that [səʊ ðæt]

danach afterwards ['ɑːftəwədz]

Dank thanks *pl.* [θæŋks]

dankbar grateful ['greɪtfʊl]; **ich bin Ihnen sehr ~** I'm very grateful to you

danke thank you ['θæŋk juː]

dann then [ðen]

das the [ðə]; **pron.** which [wɪtʃ], that [ðæt]

dasselbe the same [ðə seɪm]

daß that [ðæt]

Datum date [deɪt]

dauern to last [lɑːst]; **(Zeit bean-spruchen)** to take [teɪk]

Decke blanket ['blæŋkɪt]; **(im Haus)** ceiling ['siːlɪŋ]

dein(e) *usw.* your [jɔː]

denken to think [θɪŋk]

dennoch nevertheless [nevəðə'les]

deutlich clear(ly) [klɪə(lɪ)]

deutsch German ['dʒɜːmən]

Deutschland Germany ['dʒɜːmənɪ]

Dia slide [slaɪd], transparency [træns'pærənsɪ]

dich you [juː]; yourself [jɔː'self]

dicht thick [θɪk]

Dichter poet ['pəʊɪt]

dick thick [θɪk]; **(Person)** fat [fæt]

die the [ðə]; **pron.** who [huː], which [wɪtʃ], that [ðæt]

diese(r, -s) this (one) [ðɪs (wʌn)]

Ding thing [θɪŋ]

dir (to) you [(tʊ) juː]

direkt direct(ly) [dɪ'rekt(lɪ)], straight [streɪt]

doch (als Antwort) yes I am ['jes aɪ 'æm], yes he has **usw.**

Dorf village ['vɪlɪdʒ]

dort there [ðeə]

Dose tin [tɪn]

Dosenöffner *can/tin* opener ['kæn/'tɪn əʊpnə]

Draht wire ['waɪə]

draußen outside [aʊt'saɪd]

drehen to turn [tɜːn]

253

dringend urgent [ˈɜːdʒənt]
drinnen inside [ɪnˈsaɪd]
Droge drug [drʌg]
Drogenabhängige(r) drug addict [ˈdrʌg ˈædɪkt]
drüben over there [ˈəʊvə ˈðeə]
drücken to press [pres]; *(Tür)* to push [pʊʃ]; *(Schuhe etc.)* to be (too) tight [bi: (tu:) ˈtaɪt]
du you [ju:]
dumm stupid [ˈstjuːpɪd]
dunkel dark [dɑːk]
dünn thin [θɪn]
durch through [θru:]; *(gar)* done [dʌn], cooked [kʊkt]
durchschnittlich *adj.* average [ˈævərɪdʒ]; *adv.* on average [ɒn ˈævərɪdʒ]
dürfen to be allowed [bi: əˈlaʊd]; **darf ich?** may I? [ˈmeɪ aɪ]
Durst thirst [θɜːst]; **~ haben** to be thirsty [ˈθɜːstɪ]
durstig thirsty [ˈθɜːstɪ]
Dusche shower [ˈʃaʊə]
duschen to (have a) shower [(hæv ə) ˈʃaʊə]
Duty-free-Shop duty-free (shop) [ˈdjuːtɪ ˈfriː (ʃɒp)]

E

Ebbe low tide [ləʊ ˈtaɪd]
eben flat [flæt], level [ˈlevl]; *(zeitlich)* just [dʒʌst]
echt genuine [ˈdʒenjʊɪn]
Ecke corner [ˈkɔːnə]
egal: es ist mir ~ I don't mind [aɪ ˈdəʊnt ˈmaɪnd]
Ehe marriage [ˈmærɪdʒ]
Ehefrau wife [waɪf]
Ehemann husband [ˈhʌzbənd]
eigene(r, -s) own [əʊn]
eigentlich actually [ˈæktʃʊəlɪ]
eilig: es ~ haben to be in a hurry [bi: ɪn ə ˈhʌrɪ]
Eimer bucket [ˈbʌkɪt]

ein(e) one [wʌn]; a [ə], an [ən]
eine(r, -s) one [wʌn]
einfach simple [ˈsɪmpl]; *(leicht)* **auch** easy [ˈiːzɪ]
Eingang entrance [ˈentrəns]
einige a few [ə ˈfjuː], some [sʌm], several [ˈsevrəl]
einigen: sich ~ auf to agree on [əˈgriː ɒn]
einkaufen to buy [baɪ]
einladen to invite [ɪnˈvaɪt]; **jemanden zum Essen ~** *(im Restaurant)* to pay for somebody's meal
Einladung invitation [ɪnvɪˈteɪʃn]
einmal once [wʌns]; *(irgendwann)* some time [sʌm taɪm]
einpacken to pack (up) [pæk (ˈʌp)], to wrap (up) [ræp (ˈʌp)]
einsam lonely [ˈləʊnlɪ]
einschalten to switch on [swɪtʃ ˈɒn]
einschlafen to go to sleep [gəʊ tə sliːp]
einsteigen to get *on/in* [get ˈɒn/ˈɪn]
eintreten to come in [kʌm ˈɪn], to enter [ˈentə]
Eintritt admission [ədˈmɪʃn]
einzeln individual(ly) [ɪndɪˈvɪdʃʊəl(ɪ)]
einzig only [ˈəʊnlɪ]
Empfang reception [rɪˈsepʃn]
empfehlen to recommend [rekəˈmend]
Empfehlung recommendation [rekəmenˈdeɪʃn]
Ende end [end]
endlich at last [æt ˈlɑːst]
eng narrow [ˈnærəʊ]; *(Kleidung)* tight [taɪt]
England England [ˈɪŋglənd]
englisch English [ˈɪŋglɪʃ]
Enkel grandson [ˈgrænsʌn]
Enkelin granddaughter [ˈgrændɔːtə]
Enkelkind grandchild [ˈgræntʃaɪld]
Ente duck [dʌk]
entfernen to remove [rɪˈmuːv]

enthalten to contain [kən'teɪn]
entlang along [ə'lɒŋ]
entscheiden, sich to decide
[dɪ'saɪd], to make up one's mind
['meɪk ʌp wʌnz 'maɪnd]
entschuldigen, sich to apologize
[ə'pɒlədʒaɪz]
Entschuldigung apology [ə'pɒlədʒɪ];
(Ausrede) excuse [ɪk'skjuːs]; ~!
sorry! ['sɒrɪ]; ~, **bitte!** excuse me
entweder ... oder either ... or
['aɪðə ... ɔː]
er he [hiː]
Erde earth [ɜːθ], soil [sɔɪl]
Erdgeschoß ground floor
['graʊnd flɔː]
erfahren 1. *vb.* to experience
[ɪk'spɪərɪəns]; *(hören)* to learn
[lɜːn]; 2. *adj.* experienced
[ɪk'spɪərɪənst]
erfolgreich successful [sək'sesfʊl]
Erfrischungen refreshments
[rɪ'freʃmənts]
erhalten to receive [rɪ'siːv]
erinnern to remind [rɪ'maɪnd];
sich ~ to remember [rɪ'membə]
Erinnerung memory ['memərɪ]
erklären to explain [ɪk'spleɪn]
erlauben to allow [ə'laʊ]
Ermäßigung concession
[kən'seʃn], discount ['dɪskaʊnt]
ernst serious ['sɪərɪəs]
erreichen reach [riːtʃ]; *(Zug usw.)*
catch [kætʃ]
erscheinen to appear [ə'pɪə]
erste(r, -s) first [fɜːst]
Erwachsene(r) adult ['ædʌlt],
grown-up ['grəʊnʌp]
erwähnen to mention ['menʃn]
erwarten to expect [ɪk'spekt]
es it [ɪt]
Essen food [fuːd]
essen to eat [iːt]
Eßlöffel tablespoon ['teɪblspuːn]
Etage floor [flɔː]
etwa about [ə'baʊt], approximately
[ə'prɒksɪmətlɪ]

etwas something ['sʌmθɪŋ];
(ein wenig) some [sʌm]
euch (to) you [tuː juː]
euer, eure usw. your [jɔː]

F

Fabrik factory ['fæktərɪ]
Fähre ferry ['ferɪ]
fahren to go [gəʊ]; *(Auto)* to drive
[draɪv]; *(Fahrrad)* to ride [raɪd]
Fahrer driver ['draɪvə]
Fahrkarte ticket ['tɪkɪt]
Fahrplan timetable ['taɪmteɪbl]
Fahrrad bicycle ['baɪsɪkl]
Fahrt journey ['dʒɜːnɪ];
(Autofahrt) auch ride [raɪd]
Fahrzeugpapiere vehicle
documents ['viːɪkl 'dɒkjʊmənts]
falls in case [ɪn 'keɪs]
falsch wrong [rɒŋ]
Familie family ['fæmɪlɪ]
Familienname surname ['sɜːneɪm]
fangen to catch [kætʃ]
Farbe colour ['kʌlə]
farbig colourful ['kʌləfʊl]
fassen to grasp [grɑːsp]
fast almost ['ɔːlməʊst], nearly
['nɪəlɪ]
fegen to sweep [swiːp]
fehlen to be missing [bi: 'mɪsɪŋ]
Fehler mistake [mɪ'steɪk]
Feiertag *bank/public* holiday
[bæŋk/'pʌblɪk 'hɒlədeɪ]
Feld field [fiːld]
Fels(en) rock [rɒk]; *(Klippe)* cliff
[klɪf]
Fenster window ['wɪndəʊ]
Ferien holidays *pl.* ['hɒlədeɪz]
Ferienreise holiday ['hɒlədeɪ]
Fernseher TV ['tiːviː], television
['telɪvɪʒn]
fertig ready ['redɪ]; *(vollbracht)*
finished ['fɪnɪʃt]
fest firm [fɜːm], solid ['sɒlɪd]
fettig greasy ['griːzɪ]

255

feucht damp [dæmp]
Feuerzeug lighter ['laɪtə]
Film film [fɪlm]
finden to find [faɪnd]
Firma company ['kʌmpənɪ]
Fisch fish [fɪʃ]
Fitneßcenter gym [dʒɪm], health centre ['helθ sentə]
flach flat [flæt]
Flasche bottle ['bɒtl]
Flaschenöffner bottle opener ['bɒtl əʊpnə]
Fleck stain [steɪn]
Fliege fly [flaɪ]
fliegen to fly [flaɪ]
Flur hall [hɔːl]
Fluß river ['rɪvə]
Flut high tide [haɪ 'taɪd]
Folgen consequences ['kɒnsɪkwənsɪz]
folgen to follow ['fɒləʊ]
folgende(r, -s) following ['fɒləʊɪŋ]
Fön hair-dryer ['heədraɪə]
formell formal ['fɔːməl]
Formular form [fɔːm]
Fotografie photography [fə'tɒɡrəfɪ]
fotografieren to take photographs [teɪk 'fəʊtəɡrɑːfs]; *(etwas)* to take a photo(graph) of [teɪk ə 'fəʊtəʊ ('fəʊtəɡrɑːf) ɒv]
Frage question ['kwestʃən]
fragen to ask [ɑːsk]
Frau woman ['wʊmən]; *(Ehefrau)* wife [waɪf]
frech cheeky ['tʃiːkɪ]
frei free [friː]; *(Straße)* clear [klɪə]
fremd strange [streɪndʒ]; *(ausländisch)* foreign ['fɒrən]
Fremdenführer tourist guide ['tʊərɪst gaɪd]
freuen, sich to be pleased [bi: pli:zd]; **sich ~ auf** to look forward to [lʊk 'fɔːwəd tu:]
Freund friend [frend]; *(romantisch)* boyfriend ['bɔɪfrend]
Freundin friend [frend]; *(romantisch)* girlfriend ['gɜːlfrend]

freundlich friendly ['frendlɪ]; *(hilfreich)* kind [kaɪnd]
frisch fresh [freʃ]
Friseur hairdresser ['heədresə]
früh early ['ɜːlɪ]; **zu ~** too *soon/ early* [tu: su:n/'ɜːlɪ]
Frühstück breakfast ['brekfəst]
frühstücken to have breakfast [hæv 'brekfəst]
fühlen *(auch sich ~)* to feel [fi:l]
Führerschein driving licence ['draɪvɪŋ laɪsəns]
füllen to fill (up) [fɪl ('ʌp)]
funktionieren to work [wɜːk]
für for [fɔː]
fürchten to be afraid of [bi: ə'freɪd ɒv]; **sich ~** to be afraid
fürchterlich dreadful ['dredfʊl]
Fußgänger pedestrian [pɪ'destrɪən]
Fußgängerzone pedestrian zone [pɪ'destrɪən zəʊn]

G

Gabel fork [fɔːk]
ganz whole [həʊl]; *(ziemlich)* quite [kwaɪt]
gar nicht not at all [nɒt æt ɔːl]
Garten garden ['gɑːdn]
Gast guest [gest]
Gastgeber(in) host(ess) ['həʊst(ɪs)]
Gebäude building ['bɪldɪŋ]
geben to give [gɪv]; **gibt es ...?** *is/are* there ...?
Gebirge mountains ['maʊntɪnz]
geboren born [bɔːn]; **ich bin am ... ~** I was born on ...
Gebühr charge [tʃɑːdʒ]
Geburtstag birthday ['bɜːθdeɪ]
Gedanke thought [θɔːt]
geduldig patient ['peɪʃnt]
geeignet suitable ['sjuːtəbl]
Gefahr danger ['deɪndʒə]
gefährlich dangerous ['deɪndʒərəs]

256

gefallen: es gefällt mir I like it [aɪ laɪk ɪt]

gegen against [ə'genst]; *(in Richtung)* towards [tə'wɔːdz]

Gegend area ['eərɪə], region ['riːdʒən]

Gegenstand object ['ɒbdʒekt]

Gegenteil opposite ['ɒpəzɪt]; **im ~** on the contrary

gegenüber ['ɒpəzɪt]

Gehalt salary ['sælərɪ]

geheim secret ['siːkrɪt]

Geheimnis secret ['siːkrɪt]

gehen to walk [wɔːk], *(irgendwohin)* to go [gəʊ]; **wie geht's?** how are you?

gehören: jemandem ~ to belong to somebody [bɪ'lɒŋ tə sʌmbɒdɪ]

Gelächter laughter ['lɑːftə]

Geld money ['mʌnɪ]

gelegentlich occasionally [ə'keɪʒnəlɪ]

gelingen to succeed [sək'siːd]

gelten to be valid [biː 'vælɪd]

gemein mean [miːn]

genau exact(ly) [ɪg'zækt(lɪ)]

genießen to enjoy [ɪn'dʒɔɪ]

genug enough [ɪ'nʌf]

geöffnet open ['əʊpən]

Gepäck luggage ['lʌgɪdʒ], cases *pl* ['keɪsɪz]

gerade straight [streɪt]; *(zeitlich)* just [dʒʌst]

Gerät appliance [ə'plaɪəns], device [dɪ'vaɪs], gadget ['gædʒɪt]

Geräusch noise [nɔɪz], sound [saʊnd]

Gericht 1. dish [dɪʃ]; *(Mahlzeit)* meal [miːl]; 2. *jur.* court [kɔːt]

gering slight [slaɪt], minimal ['mɪnɪml]; *(Menge)* small [smɔːl]

gern willingly ['wɪlɪŋlɪ]; **~ haben** to like

Geruch smell [smel]

geschäftlich business ['bɪznɪs]; **~ unterwegs** away on business

Geschäftsführer manager ['mænɪdʒə]

geschehen to happen ['hæpən]

Geschenk present ['preznt]

Geschichte history ['hɪstərɪ]; *(Erzählung)* story ['stɔːrɪ]

geschieden divorced [dɪ'vɔːst]

Geschirr crockery ['krɒkərɪ]

geschlossen closed [kləʊzd]

Geschwindigkeit speed [spiːd]

Gesetz law [lɔː]

gesetzlich legal ['liːgl]

gesetzwidrig illegal [ɪ'liːgl]

gesperrt locked [lɒkt]

Gespräch conversation [kɒnvə'seɪʃn]

gestern yesterday ['jestədɪ]

Getränk drink [drɪŋk]

getrennt separate(ly) ['seprət(lɪ)]

Gewicht weight [weɪt]

gewinnen to win [wɪn]

gewiß certain(ly) ['sɜːtn(lɪ)]

gewöhnen: sich ~ an to get used to [get 'juːzd tʊ]

gewöhnlich usual(ly) ['juːʒl, (ˈjuːʒəlɪ)]; *(normal)* ordinary ['ɔːdnrɪ]

gießen to pour [pɔː]

giftig poisonous ['pɔɪznəs]

Glas glass [glɑːs]

glatt smooth [smuːð]

glauben to believe (**an** in) [bɪ'liːv]; *(meinen)* to think [θɪŋk]

gleich *adj.* same [seɪm]; *adv.* straightaway [streɪtə'weɪ]; *(bald)* in a minute [ɪn ə 'mɪnɪt]

Glocke bell [bel]

Glück happiness ['hæpɪnɪs]; **~ haben** to be lucky

glücklich lucky ['lʌkɪ], fortunate ['fɔːtʃnət]; *(froh)* happy ['hæpɪ]

Glühbirne (light) bulb [('laɪt) bʌlb]

Gottesdienst (church) service [(tʃɜːtʃ) 'sɜːvɪs]

Gras grass [grɑːs]

gratulieren to congratulate (**zu** on) [kən'grætʃʊleɪt]

257

grob rough [rʌf], coarse [kɔːs]
groß big [bɪg], large [lɑːdʒ]
großartig marvellous ['mɑːvələs]
Größe size [saɪz]
Großmutter grandmother
 ['grænmʌðə]
Großstadt (big) city [(bɪg) 'sɪtɪ]
Großvater grandfather ['grænfɑːðə]
großzügig generous ['dʒenərəs]
Grund reason ['riːzn]; *(Erde)*
 ground [graʊnd]
Gruppe group [gruːp]
Gruß greeting [griːtɪŋ]; **einen
 schönen ~ an ...** give ... my
 regards; **mit freundlichen
 Grüßen** Yours sincerely
gucken to look [lʊk]
gültig valid ['vælɪd]
gut *adj.* good [gʊd]; *adv.* well [wel]

H

Haartrockner hair-dryer
 ['heədraɪə]
haben to have [hæv]; **ich hätte
 gern** I'd like
Hahn cock(erel) [kɒk(ərəl)]; *(Wasserserhahn)* tap [tæp]
Haken hook [hʊk]; *(zum Aufhängen) auch* peg [peg]
halb half [hɑːf]; *eine ~e Stunde*
 half an hour
halbieren to halve [hɑːv]
Hälfte half [hɑːf]
halten *(auf~)* to stop [stɒp];
 (in der Hand) to hold [həʊld]
Haltestelle stop [stɒp]
Hammer hammer ['hæmə]
Handgepäck hand luggage ['hænd
 'lʌgɪdʒ]
Handtasche handbag ['hændbæg]
Handtuch towel ['taʊəl]
Hang slope [sləʊp]
hängen to hang [hæŋ]
harmlos harmless ['hɑːmlɪs]
hart hard [hɑːd]

häßlich ugly ['ʌglɪ]
häufig frequent(ly) ['friːkwəntlɪ]
hauptsächlich mainly ['meɪnlɪ]
Hauptsaison peak/main season
 [piːk/meɪn 'siːzn]
Hauptstraße main street ['meɪn
 striːt]
Haus house [haʊs]; **nach ~e**
 home; **zu ~** at home
heiraten to marry ['mærɪ]; to get
 married [get 'mærɪd]
heiß hot [hɒt]
heißen to be called [biː kɔːld];
 wie heißt du? what's your name?
Heizung heating ['hiːtɪŋ]
helfen to help [help]
hell light [laɪt]
herab down [daʊn], downwards
 ['daʊnwədz]
herauf up [ʌp], upwards ['ʌpwədz]
heraus out [aʊt]
herein in [ɪn]; **~!** come in!
Herr man [mæn], gentleman
 ['dʒentlmən]
herrlich marvellous ['mɑːvələs]
herstellen to produce
 [prə'djuːs]
herum *(auch um ... ~)* (a)round
 [(ə)'raʊnd]
herunter down [daʊn], downwards
 ['daʊnwədz]
heute today [tə'deɪ]; **~ abend**
 tonight; **~ mittag** at midday; **~
 morgen** this morning; **~ nachmittag** this afternoon; **~ nacht**
 last night, *'kommende:* tonight
heutzutage these days [ðiːz 'deɪz]
hier here [hɪə]
hierher this way; over here [ðɪs
 weɪ; əʊvə 'hɪə]
Hilfe help [help]; **(zu) ~!** help!
Himmel sky [skaɪ]
hinab down [daʊn]
hinauf up [ʌp]
hinaus out [aʊt]
hinein in [ɪn]
hinten at the back [æt ðə 'bæk]

hinter behind [bɪˈhaɪnd]
hinunter down [daʊn]
Hitze heat [hiːt]
hoch high [haɪ], tall [tɔːl]
Hochzeit wedding [ˈwedɪŋ]
hoffen to hope [həʊp]
hoffentlich hopefully [ˈhəʊpfʊlɪ];
 I hope (so) [aɪ ˈhəʊp səʊ]; **~ nicht**
 I hope not
Hoffnung hope [həʊp]
höflich polite [pəˈlaɪt], courteous
 [ˈkɜːtjəs]
Höhe height [haɪt]
hohe(s, -r) high [haɪ], tall [tɔːl]
holen to fetch [fetʃ]
Holz wood [wʊd]; **aus ~** made of
 wood, wooden
hören to hear [hɪə]; **ich höre**
 nichts I can't hear anything
Hotel hotel [həʊˈtel]
Hotelverzeichnis list of hotels
 [lɪst əv həʊˈtelz]
hübsch nice [naɪs], pretty [prɪtɪ]
Hügel hill [hɪl]
Huhn chicken [ˈtʃɪkɪn]
Hund dog [dɒg]
Hunger hunger [ˈhʌŋgə]; **~ haben**
 to be hungry
hungrig hungry [ˈhʌŋgrɪ]

ich I [aɪ]
Idee idea [aɪˈdɪə]
ihm (to) him [hɪm]
ihn him [hɪm]
ihnen (to) you [juː]
Ihnen (to) you [juː]
ihr (*pl.*) you [juː]
ihr 1. *pl.* you [juː]; 2. *sg.* (to) her
 [hɜː]
ihr(e) *usw.* your [jɔː]
ihr(e) *usw.* her [hɜː]
Illustrierte magazine [mægəˈziːn]
immer always [ˈɔːlweɪz]; **~ noch**
 still [stɪl]; **~ wieder** time and

again [taɪm ənd əˈgen]
in in [ɪn]; into [ˈɪntʊ]
inbegriffen included [ɪnˈkluːdɪd]
Information information
 [ɪnfəˈmeɪʃn]
Informationsschalter information
 desk [ɪnfəˈmeɪʃn desk]
Ingenieur engineer [endʒɪˈnɪə]
Inhalt contents [ˈkɒntents]
Inhaltsverzeichnis table of
 contents [ˈteɪbl əv ˈkɒntents]
innen (on the) inside [(ɒn ðɪ) ɪnˈsaɪd]
Innenstadt *town/city* centre
 [taʊn/ˈsɪtɪ ˈsentə]
innerhalb (von) within [wɪðˈɪn]
Insekt insect [ˈɪnsekt]
Insel island [ˈaɪlənd]
insgesamt altogether [ɔːltəˈgeðə]
intelligent intelligent [ɪnˈtelɪdʒənt]
interessant interesting [ˈɪntrəstɪŋ]
interessieren: sich ~ für to be
 interested in [biː ˈɪntrəstɪd ɪn]
intern internal(ly) [ɪnˈtɜːnl(ɪ)]
inzwischen in the meantime
 [ɪn ðə ˈmiːntaɪm]
irgendein some [sʌm]; any [ˈenɪ]
irgend etwas anything [ˈenɪθɪŋ]
irgendwo somewhere [ˈsʌmweə];
 anywhere [ˈenɪweə]
irisch Irish [ˈaɪrɪʃ]
Irische Republik Irish Republic
 [ˈaɪrɪʃ rɪˈpʌblɪk]
Irland Ireland [ˈaɪələnd]
ironisch ironic [aɪˈrɒnɪk]

J

ja yes [jes]
Jahr year [jɪə]
Jahrhundert century [ˈsentʃʊrɪ]
jedenfalls anyway [ˈenɪweɪ]
jede(r, -s) each [iːtʃ], every [ˈevrɪ]
jedoch however [haʊˈevə]
jemand somebody [ˈsʌmbɒdɪ];
 anybody [ˈenɪbɒdɪ]
jene(r, -s) that [ðæt]

259

jetzt now [naʊ]
joggen to jog [dʒɒg], to go jogging gəʊ] ['dʒɒgɪŋ]
jung young [jʌŋ]
Junge boy [bɔɪ]

K

Kalender calendar ['kælɪndə]
kalt cold [kəʊld]; **mir ist ~** I'm cold
Kanal canal [kə'næl]
kaputt broken ['brəʊkən]
Karriere career [kə'rɪə]
Karte *(Landkarte)* map [mæp]; *(Fahrkarte)* ticket ['tɪkɪt]
Karton (cardboard) box [('kɑːdbɔːd) bɒks]
Kasse cash desk ['kæʃdesk]; *(Theater)* box office ['bɒks ɒfɪs]
Kater tomcat ['tɒmkæt]
Katze cat [kæt]
kaufen to buy [baɪ]
kaum hardly ['hɑːdlɪ]
kein(e) no [nəʊ]
keine(r, -s) none [nʌn]; *(niemand)* nobody ['nəʊbɒdɪ]
keineswegs not at all [nɒt ət 'ɔːl]
kennen to know [nəʊ]; **~ lernen** to get to know
Kenntnisse knowledge *sg.* ['nɒlɪdʒ]
Kerze candle ['kændl]
Kilometer kilometre ['kɪləmiːtə]
Kind child [tʃaɪld]
Kirche church [tʃɜːtʃ]
Kissen cushion ['kʊʃn]; *(Kopfkissen)* pillow ['pɪləʊ]
klar clear [klɪə]
Klasse class [klɑːs]
Klavier piano [pɪ'ænəʊ]
klein small [smɔːl]
Kleingeld (small) change [('smɔːl) tʃeɪndʒ]
klettern to climb [klaɪm]
Klimaanlage air conditioning ['eə kən'dɪʃnɪŋ]

Klingel bell [bel]
klingeln to ring the bell [rɪŋ ðə 'bel]; **es hat geklingelt** there's somebody at the door
klopfen to knock [nɒk]
klug clever ['klevə]
Kneipe pub [pʌb]
Knopf button ['bʌtn]; *(Schalter) auch* knob [nɒb]
kochen to cook [kʊk]
Koffer (suit)case [(sjuːt)keɪs]
komisch funny ['fʌnɪ]
kommen to come [kʌm]
Komponist composer [kəm'pəʊzə]
König king [kɪŋ]
Königin queen [kwiːn]
königlich royal ['rɔɪəl]
können to be able to [biː 'eɪbl tʊ]; **ich kann es** I can do it
Kopie copy ['kɒpɪ]; *(Fotokopie)* (photo)copy [('fəʊtəʊ)kɒpɪ]
kopieren to copy ['kɒpɪ]; *(foto~)* to (photo)copy [('fəʊtəʊ)kɒpɪ]
Korb basket ['bɑːskɪt]
Korken cork [kɔːk]
Korkenzieher corkscrew ['kɔːk-skruː]
kosten to cost [kɒst]; **was kostet das?** how much is it?
kostenlos free (of charge) [friː (əv 'tʃɑːdʒ)]
Krach noise [nɔɪz]; *(laut)* crash [kræʃ]; **~ machen** to make a noise
Kraft strength [streŋθ]
kräftig strong [strɒŋ]
Kreis circle ['sɜːkl]
kreisförmig circular ['sɜːkjʊlə], round [raʊnd]
Kreuzung crossroads *sg. u. pl.* ['krɒsrəʊdz]
Krieg war [wɔː]
kritisieren to criticize ['krɪtɪsaɪz]
Küche kitchen ['kɪtʃɪn]
Kugelschreiber (ballpoint) pen [('bɔːlpɔɪnt) pen]
Kuh cow [kaʊ]

260

kühl cool [ku:l]

Kühlschrank fridge [frɪdʒ]

Kuli (ballpoint) pen [(ˈbɔːlpɔɪnt) pen]

kümmern: sich ~ um to see to [siː tʊ]; *(aufpassen auf)* to look after [ˈlʊk ɑːftə]

Kunde customer [ˈkʌstəmə], client [ˈklaɪənt]

Kunst art [ɑːt]

Künstler artist [ˈɑːtɪst]; painter [ˈpeɪntə]

künstlich artificial [ɑːtɪˈfɪʃl]

Kurs course [kɔːs]; *(Währungskurs)* exchange rate [ɪksˈtʃeɪndʒ reɪt]

kurz short [ʃɔːt]

Kurzwelle short wave [ˈʃɔːt weɪv]

Küste coast [kəʊst]; **an der ~** on the coast

Kuß kiss [kɪs]

L

lächeln to smile [smaɪl]

lachen to laugh [lɑːf]

Lamm lamb [læm]

Lampe lamp [læmp]

Land country [ˈkʌntrɪ]; **auf dem ~e** in the country

landen to land [lænd]

Landschaft countryside [ˈkʌntrɪsaɪd]; *(~sart)* landscape, [ˈlændskeɪp]

Landstraße country road [ˈkʌntrɪ rəʊd]

lang long [lɒŋ]

Länge length [leŋθ]

langsam slow(ly) [sləʊ(lɪ)]

langweilen, sich to be bored [biː bɔːd]

langweilig boring [ˈbɔːrɪŋ]

Langwelle long wave [ˈlɒŋ weɪv]

Lärm noise [nɔɪz]

lassen leave [liːv]; *(erlauben)* let [let]

laufen to walk [wɔːk]; *(rennen)* to run [rʌn]

laut loud [laʊd]; *(lärmend)* noisy [ˈnɔɪzɪ]

Leben life [laɪf]

leben to live [lɪv]

lebhaft lively [ˈlaɪvlɪ]

Leder leather [ˈleðə]

leer empty [ˈemptɪ]

legen to lay [leɪ]

leicht light [laɪt]; *(nicht schwierig)* easy [ˈiːzɪ]

leid: es tut mir ~ I'm sorry [aɪm ˈsɒrɪ]

leiden to suffer [ˈsʌfə]

leider unfortunately [ʌnˈfɔːtʃnətlɪ], I'm afraid ... [aɪm əˈfreɪd . . .]

leihen to hire out [haɪər ˈaʊt]; **sich ~** to borrow [ˈbɒrəʊ], to hire [ˈhaɪə]

Leihgebühr hire charge [ˈhaɪə tʃɑːdʒ]

leise quiet(ly) [ˈkwaɪət(lɪ)]

lernen to learn [lɜːn]; *(für eine Prüfung)* to study [ˈstʌdɪ], to revise [rɪˈvaɪz]

lesen to read [riːd]

letzte(r, -s) last [lɑːst]; **in letzter Zeit** lately [ˈleɪtlɪ]

Leute people [ˈpiːpl]

Licht light [laɪt]

lieb kind [kaɪnd], sweet [swiːt]

Liebe love [lʌv]

lieben to love [lʌv]

lieber: ich würde ~ ... I'd rather ... [aɪd ˈrɑːðə]

Lied song [sɒŋ]

liegen to lie [laɪ]

Linie line [laɪn]

link left [left]

links *to/on* the left [tʊ/ɒn ðə ˈleft]

Linkshänder left-hander [ˈleft-ˈhændə]; **~ sein** to be left-handed

Liste list [lɪst]

Loch hole [həʊl]

locker loose [luːs]

Löffel spoon [spuːn]

Lohn wage(s *pl.*) [ˈweɪdʒ(ɪz)]

Lokal pub [pʌb]

los: was ist ~? what's *up/wrong?* [wɒts ˈʌp/ˈrɒŋ]

261

lösen to solve [sɒlv]
Lösung solution [sə'luːʃn]
Luft air [eə]
lügen to lie [laɪ]
lustig funny ['fʌnɪ]
Luxus luxury ['lʌkʃərɪ]
Luxusreise luxury trip
['lʌkʃərɪ trɪp]

M

machen to do [duː]; *(herstellen)*
to make [meɪk]; **Urlaub ~** to go on
holiday; **das macht nichts** it
doesn't matter
Mädchen girl [gɜːl]
Mahlzeit meal [miːl]
Mal: *dieses/nächstes ~* this/next
time ['ðɪs/'nekst taɪm]
malerisch picturesque [pɪktʃə'resk]
man one [wʌn]
manche some (people) [sʌm (piːpl)]
manchmal sometimes
['sʌmtaɪmz]
Mann man [mæn]; *(Ehemann)*
husband ['hʌzbənd]
männlich male [meɪl]; *(Wesen)*
masculine ['mæskjʊlɪn]
Mark mark [mɑːk]
Marke *(Automarke)* make [meɪk],
type [taɪp]
Markt market ['mɑːkɪt]
Marktplatz market place
['mɑːkɪt pleɪs]
Maschine machine [mə'ʃiːn]
Massage massage ['mæsɑːʒ]
Masseur(in) masseur [mæ'sɜː]
Maß measurement ['meʒəmənt]
Maßstab *(Kartenmaßstab)*
scale [skeɪl]; *(Richtlinie)* standard
['stændəd]
Material material [mə'tɪərɪəl]
Matratze mattress ['mætrɪs]
Matte mat [mæt]
Mauer wall [wɔːl]
Maus mouse [maʊs]

Meer sea [siː]; ocean ['əʊʃn]; *am ~*
on the sea, *(am Strand)* at the
seaside
Meerwasser seawater ['siːwɔːtə]
mehr more [mɔː]; **nicht ~** no more,
(nicht länger) auch no longer
mehrere several ['sevrəl]
Mehrwertsteuer VAT
[viː eɪ 'tiː, væt]
Meile mile [maɪl]
mein(e) my [maɪ]
meinen to think [θɪŋk]; *(sagen
wollen)* to mean [miːn]
meinetwegen I don't mind
[aɪ 'dəʊnt 'maɪnd]
Meinung opinion [ə'pɪnjən]
meist most [məʊst]; **das ~e** most
of it; **die ~en (Leute)** most people
melden to report [rɪ'pɔːt]; **sich ~**
(am Telefon) to answer ['ɑːnsə]
Menge amount [ə'maʊnt], quantity
['kwɒntɪtɪ]; *(Menschenmenge)*
crowd [kraʊd]; **eine ~** a lot
Mensch person ['pɜːsn]; **kein ~**
nobody; **die ~en** people
Menschheit: die ~ man(kind)
[mæn (mæn'kaɪnd)], the human
race [ðə 'hjuːmən 'reɪs]
menschlich human ['hjuːmən]
Mentalität mentality [men'tælɪtɪ]
merken to notice ['nəʊtɪs]; **sich ~**
to remember [rɪ'membə]
Merkmal characteristic
[kærəktə'rɪstɪk]
merkwürdig strange [streɪndʒ]
messen to measure ['meʒə]
Messer knife [naɪf]
Metall metal ['metl]
Meter metre ['miːtə]
MEZ Central European Time
['sentrəl jʊərə'piːən 'taɪm]
mich me [miː]; myself [maɪ'self]
Miete rent [rent]
mieten *(Wohnung usw.)* to rent
[rent]; *(Auto usw.)* to hire ['haɪə]
mild mild [maɪld]
Millimeter millimetre ['mɪlɪmiːtə]

minderjährig underage [ˈʌndərˈeɪdʒ]

mindestens at least [ət ˈliːst]

Ministerium ministry [ˈmɪnɪstrɪ]

minus minus [ˈmaɪnəs]

Minute minute [ˈmɪnɪt]

mir (to) me [(tʊ) miː]

mischen to mix [mɪks]

Mischung mixture [ˈmɪkstʃə]

Mißverständnis misunderstanding [ˈmɪsʌndəˈstændɪŋ]

mißverstehen to misunderstand [ˈmɪsʌndəˈstænd]

mit with [wɪð]

mitbringen bring (along) [brɪŋ (əˈlɒŋ)]

Mitglied member [ˈmembə]

Mitgliedskarte membership card [ˈmembəʃɪp kɑːd]

mitkommen to come *along/too* [kʌm əˈlɒŋ/tuː]

Mitleid pity [ˈpɪtɪ]

mitmachen to join in [dʒɔɪn ˈɪn]

mitnehmen to take along [teɪk əˈlɒŋ]; *(Ort usw. besuchen)* to take in (on the way) [teɪk ˈɪn (ɒn ðə ˈweɪ)]

Mittag midday [ˈmɪdeɪ]

Mittagessen lunch [lʌntʃ]

mittags at midday [ət ˈmɪdeɪ]

Mitte centre [ˈsentə], middle [ˈmɪdl]

Mitteilung announcement [əˈnaʊnsmənt]

Mittel means [miːnz]; *(Heilmittel)* remedy [ˈremədɪ]

mittelmäßig mediocre [miːdɪˈəʊkə]

Mittelwelle medium wave [ˈmiːdjəm weɪv]

Mitternacht midnight [ˈmɪdnaɪt]; **um ~** at midnight

Möbel furniture [ˈfɜːnɪtʃə]

möbliert furnished [ˈfɜːnɪʃt]

Mode fashion [ˈfæʃn]

modern modern [ˈmɒdən]

modisch fashionable [ˈfæʃnəbl]

mögen to like [laɪk]; **ich mag**

nicht I don't want to; **ich möchte gehen** I'd like to go

möglich possible [ˈpɒsɪbl]; **~st schnell** as quickly as possible

Möglichkeit possibility [pɒsəˈbɪlətɪ]

Moment moment [ˈməʊmənt]; **einen ~!** just a *moment/minute*

Monarchie monarchy [ˈmɒnəkɪ]

Monat month [mʌnθ]

monatlich monthly [ˈmʌnθlɪ]

Monatskarte monthly ticket [ˈmʌnθlɪ ˈtɪkɪt]

Mond moon [muːn]

Morgen morning [ˈmɔːnɪŋ]

morgen tomorrow [təˈmɒrəʊ]; **~ früh/abend** tomorrow *morning/night*

morgens in the morning [ɪn ðə ˈmɔːnɪŋ]

Motor motor [ˈməʊtə]; *(im Auto)* engine [ˈendʒɪn]

Mücke mosquito [məˈskiːtəʊ]; *(in Schottland) auch* midge [mɪdʒ]

müde tired [ˈtaɪəd]

Mühe effort [ˈefət]; **sich große ~ machen** to go to a lot of trouble; **nicht der ~ wert** not worth the effort

Müll rubbish [ˈrʌbɪʃ]

Mülleimer (rubbish) bin [(ˈrʌbɪʃ) bɪn]

Mülltonne dustbin [ˈdʌstbɪn]

Mündung estuary [ˈestjʊərɪ], mouth [maʊθ]

Münzautomat slot machine [ˈslɒt məˈʃiːn]

Münze coin [kɔɪn]

Museum museum [mjuːˈziːəm]

Musik music [ˈmjuːzɪk]

müssen to have to [hæv tʊ]; must [mʌst]; **ich muß** I have to, I must; **ich mußte** I had to; **ich müßte** I ought to

Muster pattern [ˈpætən]; *(Probe)* sample [ˈsɑːmpl]

Mutter mother [ˈmʌðə]

263

Muttersprache mother tongue ['mʌðə tʌŋ]

N

nach after ['ɑːftə]; *(in Richtung)* to [tuː]; towards [təˈwɔːdz]

Nachahmung imitation [ɪmɪˈteɪʃn], copy ['kɒpɪ]

Nachbar (next-door) neighbour [('nekstdɔː) 'neɪbə]

Nachbarschaft neigbourhood ['neɪbəhʊd]

nachdem after ['ɑːftə]; **je ~, ob/was usw.** depending on *whether/what* **usw.**

nachdenken to think [θɪŋk] **(über** about)

nachdenklich thoughtful ['θɔːtfʊl]

nacheinander one after the other ['wʌn ɑːftə ðɪ 'ʌðə]; **fünf Tage ~** five days in a row [rəʊ]

nachforschen investigate [ɪnˈvestɪɡeɪt]

Nachfrage demand (**nach** for) [dɪˈmɑːnd]

nachfüllen to refill [riːˈfɪl], to top up [tɒp 'ʌp]

Nachgeschmack aftertaste ['ɑːftəteɪst]

Nachhilfe coaching ['kəʊtʃɪŋ]

nachholen to make up for [meɪk 'ʌp fɔː]; *(Schlaf usw.)* to catch up on [kætʃ 'ʌp ɒn]

nachlassen to decrease [diːˈkriːs]; *(Schmerz)* ease [iːz]

nachlässig careless ['keəlɪs]

Nachlaß discount ['dɪskaʊnt]

Nachmittag afternoon ['ɑːftənuːn]; **heute ~** this afternoon

nachmittags in the afternoon [ɪn ðɪ 'ɑːftəˈnuːn]

Nachname surname ['sɜːneɪm]

nachprüfen to check [tʃek]

Nachricht message ['mesɪdʒ]; **eine ~ hinterlassen** to leave a message

Nachricht(en) news *sg.* [njuːz]

Nachsaison *low/off-peak* season [ləʊ/'ɒfpiːk 'siːzn]

nachschlagen to look up [lʊk 'ʌp]

nachsehen have a look [hæv ə 'lʊk]

nachsenden to forward ['fɔːwəd], to send on [send 'ɒn]

nachstellen *(Uhr)* to put back [pʊt 'bæk]

nächste(r, -s) nearest ['nɪərəst]; *(in einer Reihenfolge)* next [nekst]

Nacht night [naɪt]; **mitten in der ~** in the middle of the night

Nachteil disadvantage [dɪsədˈvɑːntɪdʒ]

nachts at night [ət naɪt]

Nachweis proof [pruːf], evidence ['evɪdəns]

nackt naked ['neɪkɪd]

Nadel needle ['niːdl]

Nagel nail [neɪl]

nah(e) near [nɪə], close [kləʊs]; **~ bei** near, close to

Nahaufnahme close-up ['kləʊsʌp]

Nähe: in der ~ nearby [nɪəˈbaɪ]; **in der ~ von** near (to)

nähern, sich approach [əˈprəʊtʃ]

Name name [neɪm]

namentlich by name [baɪ neɪm]

naß wet [wet]

Nation nation ['neɪʃn]

national national ['næʃənl]

Nationalhymne national anthem ['næʃənl 'ænθəm]

Nationalität nationality [næʃəˈnælətɪ]

Nationalpark national park ['næʃənl 'pɑːk]

Naturkatastrophe natural disaster ['nætʃərəl dɪˈzɑːstə]

natürlich *adj.* natural ['nætʃərəl]; *adv.* naturally ['nætʃrəlɪ], of course [ɒv 'kɔːs]

Naturschutz: unter ~ stehen to be protected [bi: prəˈtektɪd], to be a conservation area [bɪ: ə kɒnsə'veɪʃn eərɪə]

Naturschutzgebiet nature reserve ['neɪtʃə rɪ'zɜːv]

neben next to ['nekst tʊ], beside [bɪ'saɪd]

nebenan next door [nekst 'dɔː]

nebeneinander side by side ['saɪd baɪ 'saɪd]

Nebenfluß tributary ['trɪbjʊtərɪ]

Nebenkosten extras ['ekstrəz], extra costs ['ekstrə kɒsts]

Nebenstelle extension [ɪk'stenʃn]

Neffe nephew ['nefjuː]

negativ negative ['negətɪv]

nehmen to take [teɪk]

Neid envy ['envɪ]

neidisch envious ['envɪəs]

nein no [nəʊ]

nennen to call [kɔːl]

Nepp daylight robbery ['deɪlaɪt 'rɒbərɪ]

Nerv nerve [nɜːv]; **jemandem auf die ~en gehen** to get on somebody's nerves

nervös tense [tens]; *(unruhig)* fidgety ['fɪdʒɪtɪ]

nett nice [naɪs]; *(freundlich) auch* kind [kaɪnd]

netto net [net]

Netz net [net]; *(Verkehrsmittel usw.)* network ['netwɜːk]

neu new [njuː]

neulich recently ['riːsntlɪ]

neutral neutral ['njuːtrəl]

nicht not [nɒt]; **~ (doch)!** don't!, stop it!

Nichte niece [niːs]

Nichtraucher non-smoker ['nɒnsməʊkə]

Nichtraucherzone non-smoking *section/area* ['nɒnsməʊkɪŋ 'sekʃn/'eərɪə]

nichts nothing ['nʌθɪŋ]

Nichtschwimmer non-swimmer ['nɒn'swɪmə]

nichtssagend meaningless ['miːnɪŋlɪs]

nie never ['nevə]

niedrig low [ləʊ]

niemand nobody ['nəʊbɒdɪ]

niesen to sneeze [sniːz]

nirgends nowhere ['nəʊweə]

Niveau standard ['stændəd]

noch still [stɪl]; **~ nie** never; **~ zwei Tage** another two days; **~ heißer** even hotter; **~ (mehr)** some more; **~ ein(e)** another

nochmals once again [wʌns ə'gen]

Norddeutschland North Germany ['nɔːθ 'dʒɜːmənɪ]

Nordirland Northern Ireland ['nɔːðn 'aɪələnd]

nördlich north [nɔːθ]

normal normal ['nɔːml]

normalerweise normally ['nɔːməlɪ]

Notar notary ['nəʊtərɪ]

Notausgang emergency exit [ɪ'mɜːdʒənsɪ 'eksɪt]

Note mark [mɑːk], grade [greɪd]

Notfall emergency [ɪ'mɜːdʒənsɪ]; **für den ~** just in case

notfalls if need be [ɪf niːd biː], if necessary [ɪf 'nesəsərɪ]

nötig necessary ['nesəsərɪ]; **~ haben** to need

Notiz note [nəʊt]; **sich ~en machen** to take notes

Notlösung stopgap (solution) ['stɒpgæp (sə'luːʃn)]

Notwehr self-defence [selfdɪ'fens]

notwendig necessary ['nesəsərɪ]

Notwendigkeit necessity [nɪ'sesɪtɪ]

nüchtern sober ['səʊbə]

numerieren to number ['nʌmbə]

Nummer number ['nʌmbə]

nun now [naʊ]; *(also)* well [wel]

nur only ['əʊnlɪ], just [dʒʌst]

Nutzen use [juːs]

nützlich useful ['juːsfʊl]

nutzlos useless ['juːslɪs]

265

O

ob whether ['weðə], if [ɪf]
obdachlos homeless ['həʊmlɪs]
Obdachlose(r) homeless person
['həʊmlɪs 'pɜːsn]; *pl. the* homeless
[ðə 'həʊmlɪs]
oben on top [ɒn tɒp]; *(im Haus)*
upstairs [ʌp'steəz]
Oberfläche surface ['sɜːfɪs]
oberflächlich superficial [suːpə'fɪʃl]
oberhalb above [ə'bʌv]
Oberhaus House of Lords [haʊs
əv 'lɔːdz]
Oberschicht upper class(es *pl.*)
['ʌpə 'klɑːs(ɪz)]
objektiv objective(ly)
[ɒb'dʒektɪv(lɪ)]
Objektivität objectivity
[ɒbdʒek'tɪvətɪ]
obligatorisch compulsory
[kəm'pʌlsərɪ]
obszön obscene [əb'siːn]
obwohl although [ɔːl'ðəʊ],
even though [iːvn 'ðəʊ]
oder or [ɔː]; **er ist doch da, ~?**
he is here, isn't he?
offen open ['əʊpən]
offenbar evidently ['evɪdəntlɪ]
offensichtlich obviously
['ɒbvɪəslɪ]
öffentlich public ['pʌblɪk]; **~e
Verkehrsmittel** public transport
offiziell official(ly) [ə'fɪʃl(ɪ)]
öffnen to open ['əʊpən]
Öffnungszeiten opening
times/hours ['əʊpənɪŋ]
oft often ['ɒfn]
ohne without [wɪð'aʊt]
ökologisch ecological [iːkə'lɒdʒɪkl]
Ökosystem ecosystem
['iːkəʊsɪstəm]
Öl oil [ɔɪl]
ölig oily ['ɔɪlɪ]
Olympische: ~e Spiele Olympic
Games [ə'lɪmpɪk 'geɪmz]
Onkel uncle ['ʌŋkl]

Opfer victim ['vɪktɪm]
Opposition opposition [ɒpə'zɪʃn]
Oppositionsführer opposition
leader [ɒpə'zɪʃn 'liːdə]
Oppositionspartei opposition
party [ɒpə'zɪʃn 'paːtɪ]
optimal optimum ['ɒptɪməm]
Optimist optimist ['ɒptɪmɪst]
optimistisch optimistic
[ɒptɪ'mɪstɪk]
ordentlich (neat and) tidy [(niːt ænd)
'taɪdɪ]; *(anständig)* decent ['diːsnt]
ordinär vulgar ['vʌlgə];
(Witz usw.) dirty ['dɜːtɪ]; *(Art,
Aussehen)* common ['kɒmən]
ordnen sort out [sɔːt 'aʊt], arrange
[ə'reɪndʒ]
Ordnung order ['ɔːdə]; **die öffent-
liche ~** law and order
Organ organ ['ɔːgən]
Organspender organ donor
['ɔːgən 'dəʊnə]
orientieren, sich to find one's
bearings [faɪnd wʌnz 'beərɪŋz]
Orientierung orientation
[ɔːrɪən'teɪʃn]; **die ~ verlieren** to
lose one's bearings
Orientierungssinn sense of
direction [sens əv də'rekʃn]
Original original [ə'rɪdʒɪnəl]
Originalübertragung live
broadcast [laɪv 'brɔːdkɑːst]
Ostdeutschland Eastern Germany
['iːstən 'dʒɜːmənɪ]
Osten east [iːst]
Österreich Austria ['ɒstrɪə]
österreichich Austrian ['ɒstrɪən]
östlich east [iːst]
oval oval ['əʊvl]
Ozon ozone ['əʊzəʊn]
Ozonloch ozone hole ['əʊzəʊn həʊl]

P

Paar pair [peə]
paar, ein a few [ə 'fjuː], some [sʌm]

Pächter leaseholder ['li:shəʊldə], tenant ['tenənt]
Packung packet ['pækɪt]
Panik panic ['pænɪk]; **in ~ gera-ten** to panic
Papier paper ['peɪpə]
Papiere documents ['dɒkjʊmənts], papers ['peɪpəz]
Pappbecher paper cup ['peɪpə 'kʌp]
Pappe cardboard ['kɑːdbɔːd]
Papst pope [pəʊp]
paradiesisch heavenly ['hevnlɪ]
paradox paradoxical [pærə'dɒksɪkl]
Park park [pɑːk]
parken to park [pɑːk]
Parlament parliament ['pɑːləmənt]
Parlamentsgebäude Houses pl. of Parliament [haʊzɪz əv 'pɑːləmənt]
Partei party ['pɑːtɪ]
Passagier passenger ['pæsɪndʒə]
Passant passer-by ['pɑːsə'baɪ]
passen to fit [fɪt]; **das paßt mir nicht** *(zeitlich usw.)* it doesn't suit me
passiv passive ['pæsɪv]
Paßbild passport photo ['pɑːspɔːt 'fəʊtəʊ]
Pate godparent ['gɒdpeərənt], godfather ['gɒdfɑːðə]
Patenonkel godfather ['gɒdfɑːðə]
Patensohn godson ['gɒdsʌn]
Patentante godmother ['gɒdmʌðə]
Patentochter goddaughter ['gɒddɔːtə]
Patin godmother ['gɒdmʌðə]
pauschal (all-)inclusive [(ɔːl)ɪn-'kluːsɪv]
Pauschalangebot package deal ['pækɪdʒ diːl]
Pauschale lump sum [lʌmp 'sʌm]
Pauschalreise package tour ['pækɪdʒ tʊə]
Pause rest [rest]; *(Theater usw.)*

interval ['ɪntəvl]; **eine kleine ~ machen** to take a break
pausenlos nonstop [nɒn'stɒp], uninterrupted ['ʌnɪntərʌptɪd]
Pech bad luck [bæd 'lʌk]; **~ haben** to be unlucky
peinlich embarrassing [ɪm'bærəsɪŋ]
Pendelverkehr shuttle service ['ʃʌtl sɜːvɪs]
Pendler commuter [kə'mjuːtə]
pensioniert retired [rɪ'taɪəd]
Pensum quota ['kwəʊtə]
per by [baɪ], per [pɜː]; **~ Adresse** care of, C/O; **~ Bus/Bahn usw.** by *bus/train usw.*
perfekt perfect ['pɜːfɪkt]
perplex amazed [ə'meɪzd]
Person Person ['pɜːsn]; **~en** people, persons
Personal staff [stɑːf]
Personalausweis ID [aɪ'diː]
Personalien particulars [pə'tɪkjʊləz]
Personalmangel staff shortage ['stɑːf ʃɔːtɪdʒ]
persönlich personal ['pɜːsənəl]
Persönlichkeit personality [pɜːsə'nælɪtɪ]
Perspektive perspective [pə'spektɪv]
Perücke wig [wɪg]
Pessimist pessimist ['pesɪmɪst]
pessimistisch pessimistic [pesɪ'mɪstɪk]
Pfad path [pɑːθ]
Pfandleihe pawnshop ['pɔːnʃɒp]
Pfarrer vicar ['vɪkə]; *(katholischer)* priest [priːst]
Pfarrgemeinde parish ['pærɪʃ]
Pfau peacock ['piːkɒk]
Pfeife pipe [paɪp]
Pfeil arrow ['ærəʊ]
Pfeiler pillar ['pɪlə]
Pferd horse [hɔːs]
Pferdekutsche horse-drawn carriage ['hɔːsdrɔːn 'kærɪdʒ]

267

Pflanze plant [plɑːnt]
Pflaster plaster ['plɑːstə]
Pflasterstein paving stone ['peɪvɪŋ stəʊn]
Pflege care [keə]
pflegebedürftig in need of care [ɪn niːd əv 'keə]
Pflegeeltern foster parents ['fɒstə 'peərənts]
Pflegeheim nursing home ['nɜːsɪŋ həʊm]
pflegen to look after ['lʊk ɑːftə]
Pflicht duty ['djuːtɪ]
pflücken to pick [pɪk]
Pforte gate [geɪt], door [dɔː]
Pförtner porter ['pɔːtə]
Pfosten post [pəʊst], pole [pəʊl]
pfui! ugh! [ʌg]
Pfund pound [paʊnd]
Pfütze puddle ['pʌdl]
Phänomen phenomenon [fɪ'nɒmənən]
Phantasie imagination [ɪmædʒɪ'neɪʃn]
phantasielos unimaginative [ʌnɪ'mædʒɪnətɪv]
Phantasiepreis exorbitant price [ɪg'zɔːbɪtənt 'praɪs]
Phase phase [feɪz]
Philosoph philosopher [fɪ'lɒsəfə]
Phrase phrase [freɪz]
Picknick picnic ['pɪknɪk]; **ein ~ machen** to have a picnic
Picknickkorb picnic hamper ['pɪknɪk hæmpə]
pieksauber spotless ['spɒtlɪs]
Pilger pilgrim ['pɪlgrɪm]
pingelig fussy ['fʌsɪ]
Pinsel paintbrush ['peɪntbrʌʃ]
Pinzette (pair of) tweezers *pl.* [(peər əv) 'twiːzəz]
Plage plague [pleɪg]; *(Ärgernis)* nuisance ['njuːsəns]
plagen to pester ['pestə], *(Krankheit)* to trouble ['trʌbl]
Plakat poster ['pəʊstə]
Plakette badge [bædʒ]

Plan plan [plæn]; *(Straßenplan)* map [mæp]
Planet planet ['plænɪt]
planmäßig *adj.* scheduled ['ʃedjuːld]; *adv.* according to plan/schedule [ə'kɔːdɪŋ tʊ 'plæn/'ʃedjuːl]
Plastik plastic ['plæstɪk]; *(Figur)* sculpture ['skʌlptʃə]
Plastikbecher plastic cup ['plæstɪk 'kʌp]
plastisch plastic ['plæstɪk]
Platz *(Sitzplatz)* seat [siːt]; *(Anlage)* square [skweə]
platzen to burst [bɜːst]
plaudern to chat [tʃæt]
pleite broke [brəʊk]; **~ machen** to go bust
plötzlich suddenly ['sʌdnlɪ]
plus plus [plʌs]
Podium rostrum ['rɒstrəm]
Pokal cup [kʌp]
Pokalendspiel cup final ['kʌp faɪnl]
Pol pole [pəʊl]
Police policy ['pɒlɪsɪ]
Politesse traffic warden ['træfɪk wɔːdn]
Politik politics ['pɒlɪtɪks]
Politiker politician [pɒlɪ'tɪʃn]
politisch political [pə'lɪtɪkl]
populär popular ['pɒpjʊlə]
Portemonnaie purse [pɜːs]
Portier porter ['pɔːtə], doorman ['dɔːmən]
Porträt portrait ['pɔːtrɪt]
Position position [pə'zɪʃn]
positiv positive ['pɒzɪtɪv]
Posten *(Stelle)* post [pəʊst], job [dʒɒb,] position [pə'zɪʃn]
Poster poster ['pəʊstə]
Postkarte postcard ['pəʊstkɑːd]
Pracht splendour ['splendə]
prächtig splendid ['splendɪd]
präsentieren to present [prɪ'zent]
präzis precise [prɪ'saɪs]
Preis price [praɪs]
Preiserhöhung price increase ['praɪs 'ɪŋkriːs]

268

Preisermäßigung price reduction ['praɪs rɪdʌkʃn]

preisgünstig very reasonable ['verɪ 'riːzənəbl]

Premiere premiere ['premɪeə], first night ['fɜːst 'naɪt]

Premierminister prime minister [praɪm 'mɪnɪstə]

Presse press [pres]

Pressebericht press report ['pres rɪ'pɔːt]

pressen to press [pres]

Priester priest [priːst]

primitiv primitive ['prɪmɪtɪv]

Prinz prince [prɪns]

Prinzessin princess [prɪn'ses]

Prinzip principle ['prɪnsɪpl]; **aus ~** on principle

privat private ['praɪvət]

Privatangelegenheit private matter ['praɪvət 'mætə]

Privatbesitz private property ['praɪvət 'prɒpətɪ]

Privatfernsehen private TV ['praɪvət tiː'viː]

pro per [pɜː]

Pro: das ~ und Kontra the pros and cons [ðə 'prəʊz ən 'kɒnz]

Probe trial ['traɪəl]; **(Muster)** sample ['sɑːmpl]; **(Theater)** rehearsal [rɪ'hɜːsl]

probieren to try [traɪ]

Problem problem ['prɒbləm]

Produkt product ['prɒdʌkt]

Produzent producer [prə'djuːsə]

professionell professional [prə'feʃnl]

Profi pro [prəʊ], professional [prə'feʃnl]

Profil profile ['prəʊfaɪl]

Prognose forecast ['fɔːkɑːst]

Programm programme ['prəʊɡræm]; **(Fernsehkanal)** channel ['tʃænl]

Projekt project ['prɒdʒekt]

Prospekt brochure ['brəʊʃə]

protestieren to protest [prə'test]

Proviant provisions pl. [prə'vɪʒənz], food [fuːd]

Provision commission [kə'mɪʃn]

provisorisch adj. temporary ['tempərərɪ]; adv. temporarily ['tempərərɪlɪ], as a stopgap [æz ə'stɒpɡæp]

provozieren to provoke [prə'vəʊk]

Prozent per cent [pə'sent]

Prozession procession [prə'seʃn]

Prozeß process ['prəʊses]; **(Straf-prozeß)** trial ['traɪəl]

prüfen to test [test]; **(nach~)** to check [tʃek]

Prüfung exam [ɪɡ'zæm], examination [ɪɡzæmɪ'neɪʃn]

psychisch psychological [saɪkə'lɒdʒɪkl], mental ['mentl]

Pubertät puberty ['pjuːbətɪ], adolescence [ædə'lesəns]

Publikum audience ['ɔːdɪəns]; **(Sport)** spectators pl. [spek'teɪtəz]; **(Öffentlichkeit)** public ['pʌblɪk]

publizieren to publish ['pʌblɪʃ]

Pulver powder ['paʊdə]

Pumpe pump [pʌmp]

Punkt dot [dɒt]; **(Satzzeichen)** full stop [fʊl stɒp]; **(Stelle)** point [pɔɪnt], spot [spɒt]

pünktlich punctual ['pʌŋktjʊəl], on time [ɒn 'taɪm]

Pünktlichkeit punctuality [pʌŋktjʊ'ælɪtɪ]

pur pure [pjʊə]; **(Whisky)** neat [niːt]

putzen to clean [kliːn]

Putzmittel cleaning materials ['kliːnɪŋ mətɪərɪəlz]

Q

Quadrat square [skweə]

quadratisch square [skweə]

quälen to torment [tɔː'ment]

Qualifikation qualification [kwɒlɪfɪ'keɪʃn]

qualifzieren to qualify ['kwɒlɪfaɪ]

Qualität quality ['kwɒlɪtɪ]

Qualitätsarbeit high-quality workmanship [haɪ 'kwɒlɪtɪ 'wɜːkmənʃɪp]

Qualitätsware quality goods *pl.* ['kwɒlɪtɪ gʊdz]

Qualm smoke [sməʊk]

qualmig smoky ['sməʊkɪ]

Quarantäne quarantine ['kwɒrəntiːn]; **unter ~stellen** to put in quarantine

Quartal quarter (year) ['kwɔːtə]

Quartier: ein ~ accommodation [əkɒmə'deɪʃn]

Quartiersuche: auf ~ sein to be looking for accomodation [bi: 'lʊkɪŋ fər əkɒmə'deɪʃn]

Quelle spring [sprɪŋ] *(eines Flusses, auch Ursprung)* source [sɔːs]

quer crosswise ['krɒswaɪz]; **~ über** (right) across

Querschnitt cross-section ['krɒssekʃən]

quetschen to squeeze [skwiːz]; *(zer~)* to squash [skwɒʃ]; **sich ~** to bruise oneself ['bruːz wʌnself]

quietschen to squeal [skwiːl]; *(Bremsen) auch* to screech [skriːtʃ]

quirlen to whisk [wɪsk]

quirlig lively ['laɪvlɪ], bubbly ['bʌblɪ]

quitt: ~ sein mit jemandem to be quits with somebody [bi: 'kwɪts wɪð 'sʌmbɒdɪ]

quittieren: jemandem etwas ~ to give somebody a receipt for something [gɪv 'sʌmbɒdɪ ə rɪ'siːt fɔː 'sʌmθɪŋ]

Quittung receipt [rɪ'siːt]

Quizsendung quiz show ['kwɪz ʃəʊ]; *(mit Spielen)* gameshow ['geɪmʃəʊ]

Quote proportion [prə'pɔːʃn], ratio ['reɪʃɪəʊ]

R

Rabatt discount ['dɪskaʊnt]

Rad bicycle ['baɪsɪkl]

radfahren to cycle ['saɪkl], to go cycling [gəʊ 'saɪklɪŋ]

Radio radio ['reɪdɪəʊ]

Rampe ramp [ræmp]

Rand edge [edʒ]; *(einer Seite)* margin ['mɑːdʒɪn]

randalieren to riot ['raɪət]

ranzig rancid ['rænsɪd]

rasch quick [kwɪk]

Rasen lawn [lɔːn]

rasen to *race/speed* (along) [reɪs/spiːd (ə'lɒŋ)]

Rasse race [reɪs]

Rassismus racism ['reɪsɪzm]

rasten to take a rest [teɪk ə 'rest]

Rat advice [əd'vaɪs]

ratlos helpless ['helplɪs], at a loss [æt ə 'lɒs]

ratsam advisable [əd'vaɪzəbl]

Ratschlag (piece of) advice [(piːs əv) əd'vaɪs]

Rätsel puzzle ['pʌzl]

Ratte rat [ræt]

Rauch smoke [sməʊk]

rauchen to smoke [sməʊk]

Raucher smoker ['sməʊkə]

Raucherabteil smoking compartment ['sməʊkɪŋ kəmpɑːtmənt]

rauf up [ʌp]

rauh rough [rʌf]; *(Klima)* harsh [hɑːʃ]

Raum room [ruːm]

räumen to clear [klɪə]

Raumfahrt space travel ['speɪs trævl]

Räumlichkeiten premises ['premɪsɪz]

Räumungsverkauf clearance sale ['klɪərəns seɪl]

raus! get out! [get 'aʊt]

Rauschgift drugs *pl.* [drʌgz]

270

räuspern, sich to clear one's throat ['klɪə wʌnz 'θrəʊt]

reagieren to react (**auf** to) [rɪ'ækt]

real real [rɪəl]

realisieren to realize ['rɪəlaɪz]

realistisch realistic [rɪə'lɪstɪk]

Realität reality [rɪ'ælɪtɪ]

rechnen to calculate ['kælkjʊleɪt]; **~ mit** to expect

Rechner calculator ['kælkjʊleɪtə]; **(Computer)** computer [kəm'pjuːtə]

Rechnung bill [bɪl]

Recht right [raɪt]; **(Gesetz)** law [lɔː]; **~ haben** to be right; **zu ~** rightly

recht right [raɪt]

Rechteck rectangle ['rektæŋgl]

rechteckig rectangular [rek'tæŋgjʊlə]

rechtfertigen to justify ['dʒʌstɪfaɪ]

rechts to/on the right [tʊ/ɒn ðə 'raɪt]

Rechtshänder right-hander ['raɪt'hændə]; **~ sein** to be right-handed

rechtzeitig in time [ɪn taɪm]

Redakteur editor ['edɪtə]

Rede speech [spiːtʃ]

Redensart expression [ɪks'preʃn]

reduzieren to reduce [rɪ'djuːs] (**auf** to)

Regal shelf [ʃelf,] shelves pl. [ʃelvz]

Regel rule [ruːl]

regelmäßig regular ['regjʊlə]

regieren to rule [ruːl], to govern ['gʌvən]

Regierung government ['gʌvənmənt]

Region region ['riːdʒən]

Regisseur director [də'rektə]

Register index ['ɪndeks]

registrieren to register ['redʒɪstə]

Regler control (knob) [kən'trəʊl (nɒb)]

regulär normal ['nɔːml]

regulierbar adjustable [ə'dʒʌstəbl]

regulieren to adjust [ə'dʒʌst]

reiben to rub [rʌb]

Reich empire ['empaɪə]; **(Königreich)** kingdom ['kɪŋdəm]

reich rich [rɪtʃ]

reichen to pass [pɑːs], **(aus~)** to be enough [biː ɪ'nʌf]

Reichtum wealth [welθ]

reif ripe [raɪp]; **(Mensch)** mature [mə'tjʊə]

reifen to ripen ['raɪpən]; **(Mensch)** to mature [mə'tjʊə]

Reihe row [rəʊ]

Reihenfolge order ['ɔːdə], sequence ['siːkwəns]

Reihenhaus terraced house ['terəst 'haʊs]

Reise journey ['dʒɜːnɪ], trip [trɪp]

Reisebüro travel agent ['trævl eɪdʒənt]

Reisebus coach [kəʊtʃ]

Reiseführer travel guide ['trævl gaɪd], guidebook ['gaɪdbʊk]

Reisegepäck luggage ['lʌgɪdʒ]

Reiseleitung tour guide ['tʊəgaɪd]

reisen to travel (**nach** to) ['trævl]

Reisende(r) traveller ['trævələ]

Reisepaß passport ['pɑːspɔːt]

Reiseprospekt travel brochure ['trævl brəʊʃə]

Reiseroute (travel) route [('trævl) ruːt]

Reisetasche (travelling) bag [('trævəlɪŋ) bæg]

Reiseunterlagen travel documents ['trævl 'dɒkjʊmənts]

Reiseveranstalter tour operator ['tʊə 'ɒpəreɪtə]

Reiseziel destination [destɪ'neɪʃn]

reißen to tear [teə]

reiten to ride [raɪd]

Reiz attraction [ə'trækʃn], appeal [ə'piːl]

reizend charming ['tʃɑːmɪŋ]

Reklamation complaint [kəm'pleɪnt]

271

reklamieren to complain [kəm'pleɪn] (**wegen** about)

Reparatur repair [rɪ'peə]

Reparaturkosten repair costs [rɪ'peə kɒsts]

reparieren to repair [rɪ'peə]

Repräsentant representative [reprɪ'zentətɪv]

repräsentieren to represent [reprɪ'zent]

Republik Irland Republic of Ireland [rɪ'pʌblɪk əv 'aɪələnd]

reservieren to book [bʊk], to reserve [rɪ'zɜːv]

reserviert reserved [rɪ'zɜːvd]

Reservierung reservation [rezə'veɪʃn]

Respekt respect [rɪ'spekt] (**vor** for)

Rest rest [rest]

restaurieren to restore [rɪ'stɔː]

Resultat result [rɪ'zʌlt]

retten to rescue ['reskjuː]

Rezeption reception [rɪ'sepʃn]

Rhythmus rhythm ['rɪðm]

Richter judge [dʒʌdʒ]

richtig right [raɪt], correct [kə'rekt]

Richtlinien guidelines ['gaɪdlaɪnz]

Richtung direction [də'rekʃn]

riechen to smell [smel]

riesig huge [hjuːdʒ], gigantic [dʒaɪ'gæntɪk]

rings um around [ə'raʊnd]

Ringstraße ring road ['rɪŋ rəʊd]

Risiko risk [rɪsk]

riskant risky ['rɪskɪ]

Rohr pipe [paɪp]

rollen to roll [rəʊl]

Rolltreppe escalator ['eskəleɪtə]

Roman novel ['nɒvl]

Route route [ruːt]

rücken to move [muːv]

rückerstatten to refund [rɪ'fʌnd]

rückgängig machen to cancel ['kænsl]

Rucksack rucksack ['rʌksæk], backpack ['bækpæk]

Rucksacktourist backpacker ['bækpækə]

Rückseite reverse [rɪ'vɜːs]

rücksichtsvoll considerate [kən'sɪdərət]

rückwärts backwards ['bækwədz]

rufen to call [kɔːl]

ruhig quiet ['kwaɪət]; (*gelassen*) calm [kɑːm] (*auch See*)

Ruine ruin(s *pl.*) ['rʊɪn(z)]

rund round [raʊnd]

Rundfahrt sightseeing tour ['saɪtsiːɪŋ tʊə]

Rundfunk radio ['reɪdɪəʊ]

Rundgang tour [tʊə]

runter down [daʊn]

rutschen to slip [slɪp], to slide [slaɪd]

rütteln to shake [ʃeɪk] (**an** at)

S

Saal hall [hɔːl]

Sache thing [θɪŋ]; (*Angelegenheit*) matter ['mætə]

Sachverständige(r) expert ['ekspɜːt]

saftig juicy ['dʒuːsɪ]; (*Preise*) steep [stiːp]

sagen to say [seɪ]; **die Wahrheit ~** to tell the truth

sagenhaft incredible [ɪn'kredɪbl], fantastic [fæn'tæstɪk]

Saison season ['siːzn]

sämtlich all [ɔːl]

Sand sand [sænd]

sanft gentle ['dʒentl]

sanieren (*Gebiet*) to redevelop [riːdɪ'veləp]; (*Haus*) to refurbish [riː'fɜːbɪʃ]

Sanierung redevelopment [riːdɪ'veləpmənt]; refurbishment [riː'fɜːbɪʃmənt]

Sanitäter ambulance man ['æmbjʊlənsmən]

Sankt Saint [seɪnt]

Sarg coffin ['kɒfɪn]

sarkastisch sarcastic [sɑː'kæstɪk]

272

Satellit satellite ['sætəlaɪt]
satt full [fʊl]
Sattelschlepper articulated lorry
[ɑːˈtɪkjʊleɪtɪd ˈlɒrɪ]
sauber clean [kliːn]
säubern to clean [kliːn]
sauer sour [ˈsaʊə]
Sauerstoff oxygen [ˈɒksɪdʒən]
saugen to suck [sʌk] **(an** at)
Säugling baby [ˈbeɪbɪ]
Saum hem [hem]
Sauna sauna [ˈsɔːnə]
Schabe cockroach [ˈkɒkrəʊtʃ]
schaben to scrape [skreɪp]
Schachtel box [bɒks]; **(Papp-
schachtel)** cardboard box
[ˈkɑːdbɔːd ˈbɒks]
schade! what a pity! [wɒt ə ˈpɪtɪ]
Schaden damage [ˈdæmɪdʒ]
schaden to harm [hɑːm]
Schadenersatz damages *pl.*
[ˈdæmɪdʒɪz]
Schadensregulierung claims
settlement [ˈkleɪmz setlmənt]
schädigen to damage [ˈdæmɪdʒ]
schädlich harmful [ˈhɑːmfʊl]
Schadstoff pollutant [pəˈluːtənt],
harmful substance [hɑːmfʊl
ˈsʌbstəns]
Schaf sheep [ʃiːp]
schaffen to create [kriːˈeɪt];
(irgendwohin) to take [teɪk]
Schaffner conductor [kənˈdʌktə]
schälen to peel [piːl]
Schalter **(Knopf usw.)** switch
[swɪtʃ]; **(Im Postamt usw.)**
counter [ˈkaʊntə], desk [desk]
scharf sharp [ʃɑːp]
Schatten shade [ʃeɪd]; **(Umriß)**
shadow [ˈʃædəʊ]
schätzen to estimate [ˈestɪmeɪt];
(vermuten) to guess [ges]
Schätzung estimate [ˈestɪmət]
Schau show [ʃəʊ]
schauen to look [lʊk]
Schaufel shovel [ˈʃʌvl], spade
[speɪd]

Schaufenster shop window
[ˈʃɒp wɪndəʊ]
Schaukel swing [swɪŋ]
schaukeln to swing [swɪŋ]
schäumen to foam [fəʊm]
Schauplatz scene [siːn]
Scheck cheque [tʃek]
Schein (bank)note [(ˈbæŋk)nəʊt]
scheinen to shine [ʃaɪn]
scheitern to fail [feɪl]
schenken to give (as a present)
[gɪv (əz ə ˈpreznt)]
Scherbe piece [piːs] (of broken
glass *usw.)*
Schere scissors *pl.* [ˈsɪzəz]
Scherereien problems
[ˈprɒbləmz], trouble *sg.* [ˈtrʌbl]
Scherz joke [dʒəʊk]
scheu shy [ʃaɪ]
scheußlich horrible [ˈhɒrɪbl]
schick smart [smɑːt]
schicken to send [send]
Schicksal fate [feɪt]
schieben to push [pʊʃ]
schief not straight [nɒt streɪt],
crooked [ˈkrʊkɪd]; **(hängend)**
lop-sided [ˈlɒpsaɪdɪd]
schießen to shoot [ʃuːt] **(auf** at)
Schiff ship [ʃɪp]
Schild sign [saɪn]
schildern to describe [dɪˈskraɪb]
Schimmel **(auf Nahrungs-
mitteln)** mould [məʊld]
schimmelig mouldy [ˈməʊldɪ]
schimpfen: jemanden ~ to tell
somebody off [ˈtel sʌmbɒdɪ ˈɒf]
Schirm umbrella [ʌmˈbrelə]
Schlacht battle [ˈbætl]
Schlaf sleep [sliːp]
schlafen to sleep [sliːp],
to be asleep [biː əˈsliːp]
Schlag **(mit der Hand)** blow
[bləʊ]; **(elektrischer)** shock [ʃɒk]
schlagen to hit [hɪt]
Schlange queue [kjuː]
schlank slim [slɪm]
schlau clever [ˈklevə], smart [smɑːt]

273

schlecht bad [bæd]; **mir ist ~** I feel ill

schlicht simple ['sɪmpl], plain [pleɪn]

schließen to close [kləʊz], *(ver~)* to lock [lɒk]

schlimm bad [bæd]

Schluck sip [sɪp]

schlucken to swallow ['swɒləʊ]

Schlüssel key [kiː]

Schluß end [end]

schmackhaft tasty ['teɪstɪ]

schmal narrow ['nærəʊ]

schmecken to taste [teɪst]; **es schmeckt** it tastes good; **wie schmeckt es?** what's it like?]

schmeicheln to flatter ['flætə]

schmeißen to throw [θrəʊ]

schmelzen to melt [melt]

Schmerz pain [peɪn]

Schmetterling butterfly ['bʌtəflaɪ]

Schminke makeup ['meɪkʌp]

Schmuck jewellery ['dʒuːəlrɪ]

schmuggeln to smuggle ['smʌgl]

Schmutz dirt [dɜːt]

schmutzig dirty ['dɜːtɪ]

schnarchen to snore [snɔː]

schneiden to cut [kʌt]

schnell quick [kwɪk], fast [fɑːst]

Schnellimbiß snack bar ['snæk bɑː]

Schnupfen cold [kəʊld]

Schnur (piece of) string [(piːs əv) 'strɪŋ]; *(elektrisch)* flex [fleks]

Schnurrbart moustache [mə'stɑːʃ]

Schock shock [ʃɒk]

schon already [ɔːl'redɪ]; *(in Fragen)* yet [jet]; *(jemals)* ever ['evə]

schön nice [naɪs]

schottisch Scottish ['skɒtɪʃ]

Schottland Scotland ['skɒtlənd]

schräg sloping ['sləʊpɪŋ], slanting ['slɑːntɪŋ]

Schrank cupboard ['kʌbəd]; *(Kleiderschrank)* wardrobe ['wɔːdrəʊb]

Schranke barrier ['bærɪə]

Schreck fright [fraɪt]

Schrei scream [skriːm]

schreiben to write [raɪt]

Schreibmaschine typewriter ['taɪpraɪtə]

Schreibtisch desk [desk]

schreien to shout [ʃaʊt]; *(kreischen)* to scream [skriːm]

Schrift (hand)writing [('hænd)raɪtɪŋ]

Schriftsteller writer ['raɪtə]

Schritt step [step]

schüchtern shy [ʃaɪ]

Schuld: es ist meine ~ it's my fault [ɪts 'maɪ fɔːlt]

schuldig guilty ['gɪltɪ]

Schule school [skuːl]

Schüler pupil ['pjuːpɪl]

Schulferien school holidays *pl.* ['skuːl 'hɒlɪdeɪz]

Schüssel bowl [bəʊl]

schütten to pour [pɔː]

Schutz protection [prə'tekʃən] *(gegen, vor* against, from)

schützen to protect [prə'tekt] *(gegen, vor* against, from)

schwach weak [wiːk]

Schwamm sponge [spʌndʒ]

schwanger pregnant ['pregnənt]

Schwangerschaft pregnancy ['pregnənsɪ]

Schwein pig [pɪg]

Schweiß sweat [swet]

Schweiz, die Switzerland ['swɪtsələnd]

schweizerisch Swiss [swɪs]

schwer heavy ['hevɪ]; *(schwierig,* difficult ['dɪfɪkəlt]

Schwester sister ['sɪstə]

schwierig difficult ['dɪfɪkəlt]

Schwimmbad swimming pool ['swɪmɪŋ puːl]

schwimmen to swim [swɪm], to go swimming [gəʊ 'swɪmɪŋ]

schwitzen to sweat [swet]

See lake [leɪk]; *(Meer)* sea [siː]

sehen to see [siː]

Sehenswürdigkeiten places of

274

interest [pleɪsɪz əv 'ɪntrəst], **sights** [saɪts]

ehr very ['verɪ]

eicht shallow ['ʃæləʊ]

eife soap [səʊp]

eil rope [rəʊp]

ein to be [biː]

ein(e) *usw.* his [hɪz]; its [ɪts]

eit for [fɔː], since [sɪns]; **~ zehn Tagen** for ten days; **~ gestern** since yesterday

eite side [saɪd]; *(im Buch)* page [peɪdʒ]

ekunde second ['sekənd]

elbst: ich ~ myself [maɪ'self]; **du ~** yourself [jɔː'self] *usw.*

elbständig independent [ɪndɪ'pendənt]; *(beruflich)* self-employed ['selfɪmplɔɪd]

elbstbedienung self-service ['self'sɜːvɪs]

elbstbewußt self-confident ['self'kɒnfɪdənt]

elten rare(ly *adv.*) [reə(lɪ)]

ender station ['steɪʃn]; *(TV)* **auch** channel ['tʃænl]

enior senior citizen ['siːnjə 'sɪtɪzn]

ensibel sensitive ['sensɪtɪv]

ervieren to serve [sɜːv]

erviette serviette [sɜːvɪ'et]

essel armchair ['ɑːmtʃeə]

etzen to put [pʊt], to place [pleɪs]; **sich ~** to sit down

exuell sexual ['seksjʊəl]

hampoo shampoo [ʃæm'puː]

ich oneself [wʌn'self]; yourself [jɔː'self]; *3. Person sing.* himself [hɪm'self]; herself [hɜː'self]; itself [ɪt'self]; *pl.* themselves [ðəm-'selvz]; *nach prp. mst* him [hɪm], her [hɜː], it [ɪt], them [ðem]

icher safe (vor from) [seɪf]; *(gewiß)* sure [ʃʊə]; certain ['sɜːtn]; **bist du dir ~?** are you sure?

icherheit safety ['seɪftɪ]; *(Gewißheit)* certainty ['sɜːtntɪ]

Sicherheitsnadel safety pin ['seɪftɪ pɪn]

sicherlich: sie kommt ~ she's bound to come [ʃiːz 'baʊnd tʊ kʌm]; **du bist ~ durstig** you must be thirsty [jʊ mʌst biː 'θɜːstɪ]

Sicht visibility [vɪzɪ'bɪlətɪ]; *(Aussicht)* view [vjuː]

sie *1. sg.* she [ʃiː]; *2. pl.* they [ðeɪ]

Sie you [juː]

Sieg victory ['vɪktərɪ]

siegen to win [wɪn]

singen to sing [sɪŋ]

Sinn sense [sens], meaning ['miːnɪŋ]

sinnlos pointless ['pɔɪntlɪs]

sinnvoll sensible ['sensɪbl]

Sitte custom ['kʌstəm], tradition [trə'dɪʃn]

sitzen to sit [sɪt]

Sitzplatz seat [siːt]

Sitzung meeting ['miːtɪŋ]

Skandal scandal ['skændl]

skeptisch sceptical ['skeptikl]

so like *this/that* [laɪk 'ðɪs/'ðæt]; *(vor adj. oder adv.)* so [səʊ]; *(vergleichend)* as [æz] *cold usw.*

sofort straightaway [streɪtə'weɪ], right away [raɪtə'weɪ], immediately [ɪ'miːdjətlɪ]

sogar even ['iːvn]

Sohn son [sʌn]

solange as long as [æz lɒŋ æz]

Solarium solarium [sə'leərɪəm]

solch such [sʌtʃ]

sollen to be (supposed) to [biː (sə'pəʊzd) tə]

Sonderangebot special offer ['speʃl 'ɒfə]

Sonne sun [sʌn]

Sonnenbrille sunglasses *pl.* ['sʌnglɑːsɪz]

sonst otherwise ['ʌðəwaɪz]; *(normalerweise)* usually ['juːʒʊəlɪ]

Sorge worry ['wʌrɪ]; **sich ~n machen** to be worried (**um** about)

Sorte sort [sɔːt], kind [kaɪnd]

275

sowohl: ~ ... **als auch** both ... and [bəʊθ . . . ænd]

sozial social ['səʊʃl]

Spannung: *(elektrische)* voltage ['vəʊltɪdʒ]

sparsam economical [iːkə'nɒmɪkəl]

Spaß fun [fʌn]; *(Scherz)* joke [dʒəʊk]; ~ **machen** to be joking

spät late [leɪt]

später later (on) [leɪtə (leɪtər 'ɒn)]

spätestens at the latest [æt ðə 'leɪtəst]

Speisesaal dining room ['daɪnɪŋ ruːm]

sperren to lock [lɒk]

speziell special ['speʃl]; *(individuell)* specific [spə'sɪfɪk]

Spiegel mirror ['mɪrə]

spiegeln to reflect [rɪ'flekt]

Spiel game [geɪm]

spielen to play [pleɪ]; *(Stück)* to perform [pə'fɔːm]

Spielplatz playground ['pleɪgraʊnd]

Spielzeug toy(s *pl.*) [tɔɪ(z)]

Spinne spider ['spaɪdə]

Splitter splinter ['splɪntə]

Sprache language ['læŋgwɪdʒ]

sprechen to speak [spiːk]

Spruch saying ['seɪɪŋ]

spucken to spit [spɪt]

spülen to rinse [rɪns]

spüren to feel [fiːl], so sense [sens]

Staat state [steɪt]

Staatsangehörigkeit nationality [næʃə'nælɪtɪ]

Staatsmann statesman ['steɪtsmən]

stabil stable [steɪbl]

Stadion stadium ['steɪdɪəm]

Stadt town [taʊn], city [sɪtɪ]

Stadtplan town plan ['taʊn plæn], city map ['sɪtɪ mæp]

Stadtzentrum *city/town* centre [sɪtɪ/taʊn 'sentə]

ständig constant ['kɒnstənt], permanent ['pɜːmənənt]

Stange pole [pəʊl]

Stapel pile [paɪl]

stark strong [strɒŋ]

statt instead of [ɪn'sted ɒv]; ~ **dessen** instead

stattfinden to take place [teɪk 'pleɪs]

Stau traffic jam ['træfɪk dʒæm]

Staub dust [dʌst]

staubig dusty ['dʌstɪ]

stechen to prick [prɪk]; *(Mücke)* to bite [baɪt]; *(Biene usw.)* to sting [stɪŋ]

Steckdose socket ['sɒkɪt]

Stecker plug [plʌg]

stehen to stand [stænd]

stehenlassen to leave [liːv]

stehlen to steal [stiːl]

steif stiff [stɪf]

steigen to climb [klaɪm] **(auf** to); *(Preise usw.)* to go up [gəʊ 'ʌp]

steil steep [stiːp]

Stein stone [stəʊn]

Stelle place [pleɪs]; *(Arbeitsstelle* job [dʒɒb]

stellen to put [pʊt]; *(ein~)* to set [set]

Stellung position [pə'zɪʃn]

Stellvertreter representative [reprɪ'zentətɪv]

Stempel stamp [stæmp]

sterben to die [daɪ]

Stern star [stɑː]

Steuer *(staatliche)* tax [tæks]

Stich prick [prɪk]; *(Mückenstich)* bite [baɪt]; *(Bienenstich usw.)* sting [stɪŋ]

Stiel handle [hændl]

Stift pen [pen]

Stil style [staɪl]

still quiet ['kwaɪət]; *(regungslos)* still [stɪl]

stillen to breastfeed ['brestfiːd]

Stillstand standstill ['stændstɪl]

Stimme voice [vɔɪs]; *(Wahl)* vote [vəʊt]

Stimmung atmosphere

['ætməsfɪə]; *(einer Person)* mood [muːd]

stinken to stink [stɪŋk] (**nach** of)

Stock stick [stɪk]

Stoff material [mə'tɪərɪəl]

stolpern to trip [trɪp]

stolz proud [praʊd] (**auf** of)

Stöpsel stopper ['stɒpə]; *(Waschbecken)* plug [plʌg]

stören to disturb [dɪ'stɜːb]; *(belästigen)* to bother ['bɒðə]; **stört es Sie, wenn …?** do you mind if …?

Störung disturbance [dɪ'stɜːbəns]; *(technische)* fault [fɔːlt]; *(Betriebsstörung)* breakdown ['breɪkdaʊn]

Strand beach [biːtʃ]

Straße road [rəʊd]

Straßenkarte road map ['rəʊd mæp]

Strecke stretch [stretʃ]; *(Weg)* route [ruːt]

Streichhölzer matches ['mætʃɪz]

Streifen stripe [straɪp]

Streik strike [straɪk]

Streit argument ['ɑːgjəmənt]

Streß stress [stres]

Strick (piece of) rope [(piːs əv) rəʊp], *(dünner)* (piece of) cord [(piːs əv) kɔːd]

Strom electricity [ɪlek'trɪsɪtɪ]

Stück piece [piːs]

Student student ['stjuːdənt]

Studentenausweis student's ID ['stjuːdənts aɪ'diː]

Stuhl chair [tʃeə]

Stunde hour ['aʊə]

stündlich hourly ['aʊəlɪ]; *adv auch* every hour

Sturm storm [stɔːm]

stürzen to fall [fɔːl]

subjektiv subjective [səb'dʒektɪv]

Suche search [sɜːtʃ]

suchen to look for ['lʊk fɔː]

süchtig addicted [ə'dɪktɪd] (**nach** to)

Süddeutschland South Germany [saʊθ 'dʒɜːmənɪ]

Süden south [saʊθ]

südlich south [saʊθ]

Summe sum [sʌm]; *(Betrag)* amount [ə'maʊnt]

süß sweet [swiːt]

sympathisch nice [naɪs], pleasant ['pleznt]

T

Tag day [deɪ]

Tagesordnung agenda [ə'dʒendə]

täglich daily ['deɪlɪ]; *adv. auch* every day

tagsüber during the day ['djʊərɪŋ ðə 'deɪ]

Tal valley ['vælɪ]

Tante aunt [ɑːnt]

tanzen to dance [dɑːns]

Tasche bag [bæg]

Taschenlampe torch [tɔːtʃ]

Tasse cup [kʌp]

Tastatur keyboard ['kiːbɔːd]

Taste key [kiː]

Taufe christening ['krɪsnɪŋ]

tauschen to swap [swɒp], to exchange [ɪks'tʃeɪndʒ]

Technik technology [tek'nɒlədʒɪ]

Tee tea [tiː]

Teelöffel teaspoon ['tiːspuːn]

Teil part [pɑːt]

teilnehmen to take part [teɪk 'pɑːt] (**an** in)

Telefax fax [fæks]

Telefon (tele)phone [('telɪ)fəʊn]

telefonieren to phone [fəʊn], to ring *(someone)* up [rɪŋ 'ʌp], to call [kɔːl]

Teller plate [pleɪt], dish [dɪʃ]

Temperatur temperature ['temprɪtʃə]

Tendenz tendency ['tendənsɪ]

Teppich carpet ['kɑːpɪt]

Termin appointment [ə'pɔɪntmənt]

teuer expensive [ɪks'pensɪv]

Theater theatre ['θɪətə]

Thema topic ['tɒpɪk], subject ['sʌbdʒɪkt]

theoretisch *adj.* theoretical [θɪəˈretɪkl]; *adv.* in theory [ɪn ˈθɪərɪ], theoretically [θɪəˈretɪklɪ]

Therapeut therapist ['θerəpɪst]

Thermosflasche thermos flask ['θɜːməs flɑːsk]

Ticket ticket ['tɪkɪt]

tief deep [diːp]

Tier animal ['ænɪməl]

Tisch table ['teɪbl]; **am ~** at the table

Tochter daughter ['dɔːtə]

Tod death [deθ]

tödlich fatal ['feɪtl]; *(Gift)* lethal ['liːθl]

Toilette toilet ['tɔɪlɪt]

Toilettenpapier toilet paper ['tɔɪlɪt peɪpə]

toll great [greɪt]

Ton sound [saʊnd]

Topf pot [pɒt], saucepan ['sɔːspən]

Tor gate [geɪt]

tot dead [ded]

töten to kill [kɪl]

Tour tour [tʊə], trip [trɪp]

Tourismus tourism ['tʊərɪzm]

Tourist tourist ['tʊərɪst]

Touristeninformation tourist information ['tʊərɪst ɪnfəˈmeɪʃn]

Tradition tradition [trəˈdɪʃn], custom ['kʌstəm]

tragen to carry ['kærɪ]; *(Kleidung, Schmuck)* to wear [weə]

Tragetasche carrier bag ['kærɪə bæg]

trampen to hitchhike ['hɪtʃhaɪk]

transportieren to transport [trænsˈpɔːt]

träumen to dream [driːm] (**von** about, of)

treffen, sich to meet [miːt]

trennen to separate ['sepəreɪt], to split up [splɪt 'ʌp]

Treppe stairs *pl.* ['steəz]; *(draußen)* steps *pl.* [steps]

treten to step [step]

treu faithful ['feɪθfʊl], loyal ['lɔɪəl]

trinken to drink [drɪŋk]

Trinkgeld tip [tɪp]

Trinkwasser drinking water; ['drɪŋkɪŋ wɔːtə] **kein ~!** not for drinking!

trocken dry [draɪ]

trocknen to dry [draɪ]

tropfen to drip [drɪp]

trösten to comfort ['kʌmfət], to console [kənˈsəʊl]

trotz despite [dɪˈspaɪt], in spite of [ɪn 'spaɪt əv]

trotzdem still [stɪl], all the same [ɔːl ðə 'seɪm]

trüb dull [dʌl]; *(Flüssigkeit)* cloudy ['klaʊdɪ]

tun to do [duː]

Tür door [dɔː]

Turm tower ['taʊə]

typisch typical ['tɪpɪkl] (**für** of)

U

übel: mir ist ~ I feel sick [aɪ fiːl 'sɪk]

üben to practise ['præktɪs]

über over ['əʊvə]; above [əˈbʌv] **~ die Straße** across the road

überall everywhere ['evrɪweə]

Überfall attack [əˈtæk]; *(auf der Straße)* mugging ['mʌgɪŋ]

Überflutung flood(ing) [flʌd(ɪŋ)]

überfüllt overcrowded ['əʊvəkraʊdɪd]

übergeben to hand over [hænd 'əʊvə]

überhaupt: ~ nicht not at all [nɒt ət 'ɔːl]; **~ nichts** nothing at all

überleben to survive [səˈvaɪv]

überlegen: sich etwas ~ to think about something ['θɪŋk əbaʊt sʌmθɪŋ], to think something over ['θɪŋk sʌmθɪŋ 'əʊvə]

übermorgen the day after tomorrow [ðə 'deɪ ɑːftə təˈmɒrəʊ]

übermüdet overtired ['əʊvə'taɪəd]
Übernachtung overnight stay ['əʊvənaɪt 'steɪ]; **eine ~** one night
übernehmen to take over [teɪk 'əʊvə]
überprüfen to check [tʃek]
überqueren to cross [krɒs]
überraschen to surprise [sə'praɪz]
Überraschung surprise [sə'praɪz]
überreden to persuade [pə'sweɪd]
Überschrift heading ['hedɪŋ]
übersehen to overlook [əʊvə'lʊk]
übersetzen to translate [træns'leɪt]
übertragen to transfer [træns'fɜː]
übertreiben to exaggerate [ɪg'zædʒəreɪt]
überzeugen to convince [kən'vɪns]
'überziehen to put on [pʊt ɒn]
über'ziehen *(Konto)* to overdraw [əʊvə'drɔː]
üblich usual ['juːʒʊəl]; **wie ~** as usual
übrig: ~ sein be left (over) [bi: left ('əʊvə)]; **das ~e, die ~en** the rest
übrigens by the way [baɪ ðə 'weɪ]; *(außerdem)* besides [bɪ'saɪdz]
Übung exercise ['eksəsaɪz]
Ufer *(Flußufer)* bank [bæŋk]; *(Meeresufer)* shore [ʃɔː]; *(Seeufer)* shores *pl.* [ʃɔːz]
Uhr clock [klɒk]; *(Armbanduhr)* watch [wɒtʃ]
UKW *etwa* FM [ef'em]
um around [ə'raʊnd]; *(zeitlich) auch* about [ə'baʊt]; **~ diese Zeit** round about this time; **~ Mitternacht** at midnight; **~ zu** (in order) to
umbuchen: seinen Flug ~ to change one's *flight/booking* [tʃeɪndʒ wʌnz 'flaɪt/'bʊkɪŋ]
um'fahren to drive round [draɪv 'raʊnd]
'umfahren to knock down [nɒk 'daʊn]
umfallen to fall down [fɔːl 'daʊn]

umgeben surrounded [sə'raʊndɪd] (**von** by)
Umgebung surrounding area [sə'raʊndɪŋ 'eərɪə], surroundings *pl.* [sə'raʊndɪŋz]
umgekehrt the other way round [ðɪ ʌðə weɪ 'raʊnd]
Umhängetasche shoulder bag ['ʃəʊldə bæg]
umrühren to stir [stɜː]
umsehen, sich to look around [lʊk ə'raʊnd]
umsonst free [friː]
Umstände circumstances ['sɜːkəmstənsɪz]; **~ machen** to make a fuss
umstoßen to knock down [nɒk 'daʊn]
umtauschen to exchange [ɪks'tʃeɪndʒ]
Umweg detour ['diːtʊə]
Umwelt environment [ɪn'vaɪərənmənt]
Umweltschutz conservation [kɒnsə'veɪʃn], pollution control [pə'luːʃn kəntrəʊl]
unabhängig independent [ɪndɪ'pendənt] (**von** of)
Unabhängigkeit independence [ɪndɪ'pendəns]
unabsichtlich unintentionally [ʌnɪn'tenʃnəlɪ], by accident [baɪ 'æksɪdənt]
unangenehm unpleasant [ʌn'pleznt]
unbedingt wir brauchen es ~ we've got to have it [wiːv 'gɒt tʊ hæv ɪt]
unbeholfen clumsy [klʌmzɪ]
und and [ænd]; **~?** well?; **na ~?** so?
undankbar ungrateful [ʌn'greɪtfʊl]
unecht not genuine [nɒt 'dʒenjʊɪn]; *(gefälscht)* fake [feɪk]
unerträglich unbearable [ʌn'beərəbl]
Unfall accident ['æksɪdənt]
ungeeignet unsuitable [ʌn'suːtəbl]

279

ungefähr about [ə'baʊt], approximately [ə'prɒksɪmətlɪ]
ungewöhnlich unusual [ʌn'juːʒʊəl]
unglaublich incredible [ɪn'kredɪbl]
Unglück accident ['æksɪdənt]
unglücklich unhappy ['ʌnhæpɪ]
ungültig invalid [ɪn'vælɪd]
unhöflich rude [ruːd]
Universität university [juːnɪ'vɜːsɪtɪ]
Unkosten costs [kɒsts], expenses [ɪks'pensɪz]
unmittelbar immediate [ɪ'miːdjət], direct [də'rekt]
unmöbliert unfurnished [ʌn'fɜːnɪʃt]
unmöglich impossible [ɪm'pɒsɪbl]
unnötig unnecessary [ʌn'nesəsərɪ]
unnütz useless ['juːslɪs]
unordentlich untidy [ʌn'taɪdɪ]
unpersönlich impersonal [ɪm'pɜːsənəl]
unregelmäßig irregular [ɪ'regjʊlə]
uns (to) us [(tə) ʌs]
unschuldig innocent ['ɪnəsənt]
unser(e) usw. our ['aʊə]
unsicher *(ungewiß)* uncertain [ʌn'sɜːtən]; *(ohne Gewißheit)* **auch** unsure [ʌn'ʃʊə]; *(seiner selbst ~)* unsure of oneself, insecure [ɪnsɪ'kjʊə]
Unsinn nonsense ['nɒnsəns]
unten at the bottom [ət ðə 'bɒtəm]; *(im Haus)* downstairs ['daʊn'steəz]
unter under(neath) ['ʌndə('niːθ)]
unterbrechen to interrupt [ɪntə'rʌpt]
Untergeschoß basement ['beɪsmənt]
unterhalb below [bɪ'ləʊ], under ['ʌndə]
Unterhaltung entertainment [entə'teɪnmənt]; *(Gespräch)* conversation [kɒnvə'seɪʃn]
Unterhaus House of Commons [haʊs əv 'kɒmənz]

Unterkunft accommodation [əkɒmə'deɪʃn]
Unternehmen company ['kʌmpənɪ], firm [fɜːm]
Unterricht lessons *pl.* ['lesnz]
Unterschied difference ['dɪfrəns]
unterschiedlich different ['dɪfrənt]
unterschreiben to sign [saɪn]
Unterschrift signature ['sɪgnətʃə]
untersuchen investigate [ɪn'vestɪgeɪt]; *(ärztlich)* examine [ɪg'zæmɪn]
Untersuchung investigation [ɪnvestɪ'geɪʃn], *(ärztliche)* examination [ɪgzæmɪ'neɪʃn], check-up ['tʃekʌp]
Untertasse saucer ['sɔːsə]
Untertitel subtitle ['sʌbtaɪtl]
unterwegs on the way [ɒn ðə 'weɪ]; away [ə'weɪ], *(im Auto)* **auch** on the road [ɒn ðə 'rəʊd]
unterzeichnen to sign [saɪn]
ununterbrochen non-stop ['nɒn'stɒp], continuously [kən'tɪnjʊəslɪ]
unverantwortlich irresponsible [ɪrɪ'spɒnsɪbl]
unverheiratet unmarried [ʌn'mærɪd]
unverkäuflich not for sale [nɒt fə 'seɪl]
unverschämt insolent ['ɪnsələnt]; *(Preise)* outrageous [aʊt'reɪdʒəs]
unverständlich incomprehensible [ɪnkɒmprɪ'hensɪbl]; *(undeutlich)* unintelligible [ʌnɪn'telɪdʒəbl]
unverzeihlich inexcusable [ɪnɪk'skjuːzəbl]
unverzüglich immediately [ɪ'miːdjətlɪ], promptly ['prɒmptlɪ]
unvollständig incomplete ['ɪnkəmpliːt]
unwahr untrue [ʌn'truː]
unwahrscheinlich unlikely [ʌn'laɪklɪ]; *(toll)* incredible [ɪn'kredɪbl]

280

unwohl: mir ist ~ I don't feel well [aɪ 'dəʊnt fiːl 'wel]

unzufrieden dissatisfied [dɪs'sætɪsfaɪd]

Urlaub holiday ['hɒlɪdeɪ]

Urlaubsanschrift holiday address ['hɒlɪdeɪ ə'dres]

Urlaubsort holiday resort ['hɒlɪdeɪ rɪzɔːt]

Ursache cause [kɔːz]

ursprünglich originally [ə'rɪdʒɪnəlɪ]

V

Vater father ['fɑːðə]

verabreden, sich to arrange to meet [ə'reɪndʒ tə 'miːt], to make a date [meɪk ə 'deɪt]

verabschieden, sich to say goodbye [seɪ gʊd'baɪ] **(von** to)

veränderlich changeable ['tʃeɪndʒəbl]

verändern to change [tʃeɪndʒ]

Veranstaltungskalender events guide [ɪ'vents gaɪd]

verantwortlich responsible [rɪ'spɒnsɪbl]

verbergen to hide [haɪd]

verbessern to improve [ɪm'pruːv]

verbinden to combine [kəm'baɪn]; **(telefonisch)** to put *(somebody)* through [pʊt 'θruː]

verboten not allowed [nɒt ə'laʊd]; **Rauchen ~!** no smoking

verbrauchen to use up [juːz 'ʌp]

Verbrecher criminal ['krɪmɪnl]

verbrennen to burn [bɜːn]

verbringen spend [spend]

verdächtig suspicious [sə'spɪʃəs]

verderben to spoil [spɔɪl]

verdienen to earn [ɜːn]

verdorben (Lebensmittel) bad [bæd]; **(Magen)** upset ['ʌpset]; **die Milch ist ~** the milk's gone off

verdünnen to dilute [daɪ'ljuːt]

Verfallsdatum use-by date ['juːzbaɪ deɪt]

vergangen: im ~en Jahr *usw.* last year *usw.* [lɑːst jɪə]

Vergangenheit past [pɑːst]

vergehen to pass [pɑːs]

vergessen to forget [fə'get]

vergewissern, sich to make sure [meɪk 'ʃʊə]

vergleichen to compare [kəm'peə]

Vergnügen pleasure ['pleʒə]

verhaften to arrest [ə'rest]

Verhältnis relationship [rɪ'leɪʃnʃɪp]

verheiratet married ['mærɪd]

verhindern to prevent [prɪ'vent]

verkaufen to sell [sel]

Verkäufer salesperson ['seɪlzpɜːsən]

verkehrt wrong [rɒŋ]; **~ herum** the wrong way round, **(Pullover** *usw.)* back to front, **(Innenseite nach außen)** inside out

verlängern to extend [ɪks'tend]; **(Paß)** to renew [rɪ'njuː]

verlassen to leave [liːv]; **sich ~ auf** to rely on [rɪ'laɪ ɒn]

verletzen, sich to hurt oneself [hɜːt wʌn'self]

verletzt hurt [hɜːt]

verlieben, sich to fall in love [fɔːl ɪn 'lʌv] **(in** with)

verlieren to lose [luːz]

Verlobte fiancée [fɪ'ɒnseɪ]

Verlobter fiancé [fɪ'ɒnseɪ]

verloren lost [lɒst]

Verlust loss [lɒs]

vermeiden to avoid [ə'vɔɪd]

vermieten to rent (out) [rent (aʊt)]

vermischen to mix [mɪks]

vermissen to miss [mɪs]; **wir ~ einen Koffer** we're missing a suitcase

vermißt missing ['mɪsɪŋ]

vernünftig sensible ['sensəbl]

Verpflegung food [fuːd]

verreisen to go away [gəʊ ə'weɪ]

verschieben to postpone [pəʊst'pəʊn]

verschieden different ['dɪfrənt]

281

verschlafen to oversleep [əʊvə'sli:p]
verschlechtern, sich to get worse [get 'wɜːs]
verschlucken, sich to choke [tʃəʊk]; **ich habe mich verschluckt** it went down the wrong way
verschütten to spill [spɪl]
verschwinden to disappear [dɪsə'pɪə]
versichern to insure [ɪn'ʃʊə]; ~ **lassen** to have *something* insured
Versicherung insurance [ɪn'ʃʊərəns]
Verspätung delay [dɪ'leɪ]
versprechen to promise ['prɒmɪs]
verständlich understandable [ʌndə'stændəbl]
Verständnis understanding [ʌndə'stændɪŋ]; **ich habe ~ dafür** I can understand it
verstecken to hide [haɪd]
verstehen to understand [ʌndə'stænd]
Versuch try [traɪ], attempt [ə'tempt]
versuchen to try [traɪ]
verteidigen to defend [dɪ'fend]
Vertrag contract ['kɒntrækt]
vertrauen to trust [trʌst] **(auf** in)
vertraut familiar [fə'mɪljə]
verursachen to cause [kɔːz]
verwandt related [rɪ'leɪtɪd] **(mit** to)
Verwandte(r) relation [rɪ'leɪʃn], relative ['relətɪv]
verwechseln to mix up [mɪks 'ʌp]
verweigern to refuse [rɪ'fjuːz]
verwenden to use [juːz]
verwirren to confuse [kən'fjuːz]
verwitwet widowed ['wɪdəʊd]
verwöhnen to spoil [spɔɪl]
Verzeihung! sorry! ['sɒrɪ]
vertraulich confidential [kɒnfɪ'denʃl]
Vetter cousin ['kʌzn]
viel a lot (of) [ə lɒt (əv)]; lots (of) [lɒts (əv)]; **~e many** ['menɪ]

vielleicht maybe ['meɪbiː]; perhaps [pə'hæps]
viereckig square [skweə]
Vogel bird [bɜːd]
voll full [fʊl]
völlig completely [kəm'pliːtlɪ]
volljährig of age [əv eɪdʒ]
Vollpension full board ['fʊl 'bɔːd]
von from [frɒm]; of [əv]
vor in front of [ɪn 'frʌnt əv]; *(zeit-lich)* before [bɪ'fɔː]; ago [ə'gəʊ]; ~ **einem Monat** a month ago; ~ **kurzem** recently ['riːsntlɪ]
Voranmeldung (advance) booking [(əd'vɑːns) 'bʊkɪŋ]
voraus: im ~ in advance [ɪn əd'vɑːns]
voraussichtlich probably ['prɒbəblɪ]; **es kommt ~ morgen an** it's expected to arrive tomorrow
vorbei over ['əʊvə], past [pɑːst]
vorbeigehen: ~ an to pass [pɑːs], to walk past [wɔːk 'pɑːst]
vorführen to perform [pə'fɔːm]
vorgestern the day before yesterday [ðə 'deɪ bɪfɔː 'jestədeɪ]
vorhaben to plan [plæn], to have in mind [hæv ɪn 'maɪnd]
vorhanden available [ə'veɪləbl]
Vorhang curtain ['kɜːtn]
vorher before [bɪ'fɔː]
vorhin earlier on [ɜːlɪər 'ɒn], a while ago [ə waɪl ə'gəʊ]
vorig previous ['priːvɪəs]; **~e Woche** last week
vorkommen to happen ['hæpən]; *(zum Vorschein kommen)* to be found [biː 'faʊnd]
vorläufig *adj.* temporary ['tempərərɪ]; *adv.* for the time being [fɔː ðə 'taɪm 'biːɪŋ]
vorlegen to present [prɪ'zent]
vorletzt last but one ['lɑːst bət 'wʌn]; ~ **Woche** the week before last
Vormittag morning ['mɔːnɪŋ]
vormittags in the morning [ɪn ðə 'mɔːnɪŋ]

vorn at the front [ət ðə 'frʌnt], in front [ɪn 'frʌnt]
Vorname first name ['fɜːst neɪm]
Vorort suburb ['sʌbɜːb]
Vorschlag suggestion [sə'dʒestʃən]
Vorschriften rules [ruːlz]
Vorsicht! careful! ['keəfʊl]
vorsichtig careful ['keəfʊl]
vorstellen to introduce [ɪntrə'djuːs]
Vorteil advantage [əd'vɑːntɪdʒ]
Vortrag talk [tɔːk]
vorwärts forward(s) ['fɔːwəd(z)]

W

Waage (pair of) scales *pl.* [(peər əv) skeɪlz]
wach awake [ə'weɪk]
wachsen to grow [grəʊ]
wackelig shaky ['ʃeɪkɪ]; *(Zahn)* loose [luːs]
wagen to dare [deə]; *(riskieren)* to risk [rɪsk]
Wahl choice [tʃɔɪs]; *(politisch)* vote [vəʊt]
wählen to choose [tʃuːz]
wahr true [truː]
während *(mit Verb)* while [waɪl]; *(mit Substantiv)* during ['djʊərɪŋ]
Wahrheit truth [truːθ]
Wald wood(s *pl.*) [wʊdz], forest ['fɒrɪst]
Wales Wales [weɪlz]
walisisch Welsh [welʃ]
Wand wall [wɔːl]
wann when [wen]
Ware product ['prɒdʌkt], *pl. auch* goods [gʊdz]
warm warm [wɔːm]
warten to wait [weɪt] **(auf)** for
Wärter attendant [ə'tendənt]
warum why [waɪ]
was what [wɒt]; **alles, ~ du sagst** everything you say

Waschbecken sink [sɪŋk]
Wäsche washing ['wɒʃɪŋ]
waschen to wash [wɒʃ]
Waschmittel detergent [dɪ'tɜːdʒənt], soap powder ['səʊp paʊdə]
Wasser water ['wɔːtə]
Wasserhahn tap [tæp]
WC toilet ['tɔɪlɪt]
wechseln to change [tʃeɪndʒ]; *(austauschen)* to exchange [ɪks'tʃeɪndʒ]
wecken to wake (up) [weɪk ('ʌp)]
Wecker alarm clock [ə'lɑːm klɒk]
weder ... noch neither ... nor ['naɪðə . . . nɔː]
weg away [ə'weɪ]; *(weggegangen)* gone [gɒn]; *(nicht zu Hause)* out [aʊt]
Weg path [pɑːθ], *(Route)* way [weɪ]
wegen because of [bɪ'kɒz əv]; *(um ... willen)* for (the sake of) [fə (ðə 'seɪk əv)]
wegfahren to leave [liːv], to go away [gəʊ ə'weɪ]
weggehen to go away [gəʊ ə'weɪ]
weh tun to hurt [hɜːt]
weiblich female ['fiːmeɪl]; *(Wesen)* feminine ['femɪnɪn]
weich soft [sɒft]
weil because [bɪ'kɒz]
weinen to cry [kraɪ]
weit *1. adj. (breit)* wide [waɪd]; *(ausgedehnt)* vast [vɑːst]; **~e Entfernung** long distance; *2. adv.* far [fɑː]; **~ weg** far away
weiter: nichts ~ nothing else ['nʌθɪŋ 'els]; **und so ~** and so on [ænd səʊ ɒn]
weitergehen to move on [muːv 'ɒn]
welche(r, -s) which [wɪtʃ]
Wellenlänge wavelength 'weɪvleŋθ]
Welt world [wɜːld]
weltweit worldwide ['wɜːldwaɪd]
wenden: sich ~ an to ask [ɑːsk], to get in touch with [get ɪn 'tʌtʃ]

283

wɪð], to turn to [tɜːn tʊ]

wenig little ['lɪtl̩], not much [nɒt 'mʌtʃ]; **~e** few, not many; **~er** less

wenn *(zeitlich)* when [wen]; *(bedingend)* if [ɪf]

wer who [huː]

Werbung advertising ['ædvətaɪzɪŋ]

werfen to throw [θrəʊ]

Wert value ['væljuː]

wert worth [wɜːθ]

Wertsachen valuables ['væljʊəblz]

weshalb why [waɪ]

Wespe wasp [wɒsp]

Westdeutschland Western Germany ['westən 'dʒɜːmənɪ]

Westen west [west]

westlich west [west]

wichtig important [ɪm'pɔːtənt]

wie how [haʊ]

wieder again [ə'gen]

wiederholt repeatedly [rɪ'piːtədlɪ]

wiederkommen to come back [kʌm 'bæk]

Wiese lawn [lɔːn]

wieso why [waɪ]

wieviel how much [haʊ 'mʌtʃ]; *(wie viele)* how many [haʊ 'menɪ]

winzig tiny ['taɪnɪ]

wir we [wiː]

wirksam effective [ɪ'fektɪv]

Wirtschaft economy [ɪ'kɒnəmɪ]

wischen to wipe [waɪp]

Wischlappen cloth [klɒθ]

wissen to know [nəʊ]

Witz joke [dʒəʊk]

wo where [weə]

Woche week [wiːk]

Wochenende weekend [wiːk'end] **am ~** at the weekend

wöchentlich *adj.* weekly ['wiːklɪ] *adv auch* every week

wohl: sich ~ fühlen to feel all right [fiːl ɔːl 'raɪt]

wohnen to live [lɪv]; *(vorübergehend)* to stay [steɪ] (**bei** at, with)

Wohnzimmer *sitting/living room* ['sɪtɪŋ/'lɪvɪŋ ruːm]

Wolke cloud [klaʊd]

Wolldecke blanket ['blæŋkɪt]

wollen to want [wɒnt]

Wort word [wɜːd]

Wörterbuch dictionary ['dɪkʃənrɪ]

Wunsch wish [wɪʃ], desire [dɪ'zaɪə]

wünschen to wish [wɪʃ]; *(wollen)* to want [wɒnt]

wütend furious ['fjʊərɪəs]

Z

zahlen to pay [peɪ]

zählen to count [kaʊnt]

Zahlung payment ['peɪmənt]

Zeichen sign [saɪn]; *(Signal)* signal ['sɪgnəl]

zeigen to show [ʃəʊ]

Zeit time [taɪm]; **zur ~** at the moment

Zeitkarte season ticket ['siːzn tɪkɪt]

Zeitschrift magazine [mægə'ziːn]

Zeitung paper ['peɪpə]

zentral central ['sentrəl]

Zentrum centre ['sentə]

Zettel piece of paper [piːs əv 'peɪpə]; *(Notiz)* note [nəʊt]

Zeug stuff [stʌf]

Zeuge witness ['wɪtnɪs]

ziehen to pull [pʊl]; **es zieht** there's a draught [ðeəz ə 'drɑːft]

ziemlich quite [kwaɪt]

Zimmer room [ruːm]

zirka about [ə'baʊt], around [ə'raʊnd]

zu *(nach)* to [tʊ], *(geschlossen)* closed [kləʊzd], shut [ʃʌt]; *(übermäßig)* too [tuː]; **~ Hause** at home

zuerst first(ly) [fɜːst(lɪ)]

Zufall chance [tʃɑːns]; **durch ~** by chance

zufällig accidental [æksɪ'dentl]; *adv.* accidentally [æksɪ'dentəlɪ], by chance [baɪ 'tʃɑːns]

zufrieden satisfied ['sætɪsfaɪd], happy ['hæpɪ]

zugeben admit [əd'mɪt]
Zugluft draught [drɑːft]
zugunsten in favour of
[ɪn 'feɪvər əv]
zuhören to listen ['lɪsn]
(**jemandem** to somebody)
Zukunft future ['fjuːtʃə]
zumachen to close [kləʊz,] to shut
[ʃʌt]
zunächst first(ly) [fɜːst(lɪ)]
zunehmen *(an Gewicht)* to put
on weight ['pʊt ɒn 'weɪt]
zurück back [bæk]
zurückgeben to hand back
[hænd 'bæk]
zurückkommen to come back
[kʌm 'bæk]
zurücknehmen to take back [teɪk
'bæk]
zusammen together [təˈgeðə]
zusätzlich additional(ly)
[əˈdɪʃnəl(ɪ)]
Zuschlag extra charge ['ekstrə
tʃɑːdʒ], surcharge ['sɜːtʃɑːdʒ]
zusehen to watch [wɒtʃ]; **~, daß**
to see to it that
Zustand condition [kənˈdɪʃn],
state [steɪt]
zuständig responsible
[rɪˈspɒnsɪbl], in charge [ɪn tʃɑːdʒ]
zustimmen to agree [əˈgriː]
zuverlässig reliable [rɪˈlaɪəbl]
zuviel too much [tuː mʌtʃ];
(zu viele) too many [tuː menɪ]
zuwenig not enough [nɒt ɪˈnʌf]
Zweck purpose ['pɜːpəs]
zwingen to force [fɔːs]
zwischen between [bɪˈtwiːn]
zwischendurch in between
[ɪn bɪˈtwiːn]

Englisch–Deutsch

address Adresse
admission (charge) Eintritt
~ free Entritt frei
adults Erwachsene ~ **only** nur für
Erwachsene
advance bookings Vorverkauf
afternoons nachmittags
airport Flughafen
a.m. morgens; vormittags
arrivals Ankunft
bakery Bäckerei
b & b Pension
bank Bank ~ **holiday** Feiertag
barber Herrenfriseur
basement Tiefparterre
bed and breakfast Pension
bicycle Fahrrad ~ **hire** Fahrrad-
vermietung
books Buchhandlung
bookseller Buchhandlung
bridge Brücke
bureau de change Geldwechsel
bus Bus
~ stop Haltestelle
~ lane Busspur
butcher Fleischer
campsite, camping site
Campingplatz
car park Parkplatz
car rental Autovermietung
caution! Achtung!, Vorsicht!
centre Zentrum
change Kleingeld, Wechselgeld
no ~ given keine Geldrückgabe
children Kinder
church Kirche
closed geschlossen
coin Münze
cold kalt
collection *(auf Briefkästen)* Leerung
next ~ nächste Leerung
come in! Herein!
concession Ermäßigung
crossroads Kreuzung

285

customs Zoll
danger! Gefahr!
day Tag
  ~ return Tagesrückfahrkarte
  dish of the ~ Tagesgericht
dead slow Schritt fahren
delayed Verspätung
departures Abfahrt; Abflug
deposit Kaution
diesel Diesel
docks Hafen
dog Hund
  beware of the ~ Vorsicht bissiger
  Hund
drinking: not for ~!
(Kein) Trinkwasser!
drive slowly langsam fahren
dry-cleaner Reinigung
dual carriageway Schnellstraße
emergency Notfall
  ~ exit Notausgang
  ~ number Notruf
engaged besetzt
English englisch
enter eintreten
  please ~ Bitte eintreten
entrance Eingang, Einfahrt
  do not obstruct ~! Einfahrt
  freihalten!
entry: no ~! Kein Eingang!,
Kein Eintritt!, Betreten verboten!
escalators Rolltreppe
  to ~ Zu den Rolltreppen
Europe Europa
evening Abend
  good ~! guten Abend!
exit Ausgang, Ausfahrt
  do not obstruct ~! Ausfahrt
  freihalten!
fair (trade ~) Handelsmesse
fire Feuer
  ~ assembly point Sammelplatz
  bei Feueralarm
  ~ brigade Feuerwehr
  ~ exit Notausgang
  ~ extinguisher Feuerlöscher
  in case of ~ im Brandfall

first aid erste Hilfe
first class and abroad *(auf Brief-*
kästen) Inlandsbriefe, die am
nächsten Tag zugestellt werden und
Auslandsbriefe
fishmonger Fischgeschäft
fitting rooms Umkleidekabinen
flight Flug
  domestic ~s Inlandsflüge
  international ~s Auslandsflüge
floor Stockwerk
  ground ~ Erdgeschoß
four-star Super *(Benzin)*
free gratis
fresh fish Fischgeschäft
Friday Freitag
gentlemen Herren *(Toilette usw.)*
gents Herren *(Toilette usw.)*
German deutsch
goodbye! Auf Wiedersehen!
grass Gras
  keep off the ~ den Rasen nicht
  betreten
greengrocer Obst- und
  Gemüsehändler
group Gruppe
hairdresser Friseur
handmade handgemacht
hello! guten Tag!
help! Hilfe!
hot warm
hotel Hotel
hour Stunde
hrs Stunden
hump Buckel
  ~s for 2 miles Rüttelschwellen
  auf 2 Meilen
identification/ID Personalausweis
incl./included inbegriffen
information Auskunft
junction Kreuzung
keep halten
  ~ calm Ruhe bewahren
  ~ clear freihalten
ladies Damen *(Toilette usw.)*
lane Fahrspur
  get in ~ bitte einordnen

last letzer
laundrette Waschsalon
lean out *hinauslehnen*
  do not ~ nicht hinauslehnen
left links
  no ~ turn links abbiegen verboten
let vermieten
  to ~ Zu vermieten
letters Briefe
lunchtime Mittagszeit
  at ~ mittags
market Marktplatz
  covered ~ Markthalle
meal Mahlzeit
  set ~ Menü
men Herren *(Toilette usw.)*
menu Speisekarte
mins Minuten
minute Minute
Monday Montag
morning Morgen
  good ~! Guten Morgen!
mornings vormittags, morgens
motorway Autobahn
national national
night Nacht
  good ~! Gute Nacht!
  at ~ nachts
northbound Richtung Norden
note Geldschein
occupied belegt, besetzt
one-way street Einbahnstraße
open geöffnet
opening times/hours
  Öffnungszeiten
optician Optiker
p Penny
paint Farbe
  wet ~ frisch gestrichen
passport Reisepaß
  all other ~s Alle übrigen Pässe
  EU ~s EU-Pässe
pay and display *Parkplatz, auf
  dem der Parkschein sichtbar im
  Fahrzeug hinterlegt werden muß*
pay here Kasse

pence Pence
permanent residence ständiger
  Wohnsitz
permit holders only Parken nur
  mit Berechtigungsschein
petrol Benzin
photographer Fotogeschäft
police Polizei
poste restante postlagernde
  Sendungen
post office Postamt
  main ~ Hauptpost
pound Pfund
press drücken *(auf Knopf etc.)*
private privat, kein Zutritt
prohibited verboten
pull ziehen *(Türaufschrift)*
push drücken *(Türaufschrift)*
ramp Auffahrt
reception Rezeption
records Schallplattengeschäft
request stop Bedarfshaltestelle
rescue service Rettungsdienst
return Rückfahrkarte
right rechts
  no ~ turn rechts abbiegen
  verboten
road Straße
  ~ narrows Straßenverengung
roadworks Straßenarbeiten
room Zimmer
  ~s vacant Zimmer (frei)
sale Schlußverkauf
  for ~ zu verkaufen
Saturday Samstag, Sonnabend
sea Meer
self-service Selbstbedienung
senior citizens Senioren
service Gottesdienst
shoe repairs Schuhmacher
signature Unterschrift
single Einzelfahrkarte
slow (*Verkehrsschild*) langsam
  fahren
smoking: no ~ Rauchen verboten,
  Nichtraucher
  ~ area/section Raucher

southbound Richtung Süden
special offer Sonderangebot
speed: reduce ~ now langsamer
fahren
  ~ limit 20 mph
  Geschwindigkeitsbegrenzung
  20 Stundenmeilen
stamps Briefmarken
station Bahnhof
stop halt!
  ~ children Kinder überqueren die
  Straße
straight ahead geradeaus
street Straße
student Student
Sunday Sonntag
super unleaded Super bleifrei
supermarket Supermarkt
taxi Taxi
terminal Terminal
through road Durchgangsstraße
  no ~ keine Durchfahrt
Thursday Donnerstag
ticket Karte
tip(ping) Trinkgeld
tobacconist Tabakwarenladen
toilets Toiletten
touch berühren
  do not ~ Bitte nicht berühren
tour Tour
  (guided) ~ Führung
  next ~ nächste Besichtigung

tourist information Touristen-
information
town hall Rathaus
traffic Verkehr
  diverted ~ Umleitung
travel agent Reisebüro
travelcard Fahrkarte
  one-day ~ Tageskarte
Tuesday Dienstag
Underground U-Bahn
unleaded bleifrei
urban clearway Straße mit
  Halteverbot
vacant frei
valid gültig
  ~ from 9.30 am Ab 9.30 h
  gültig
waiting: no ~ Parken verboten
  **~ limited to 20 mins in any
  hour**
way out Ausgang, Ausfahrt
way: give ~ Vorfahrt beachten;
  give ~ 50 yds Vorfahrt nach 50 m
  beachten
WC Toilette(n)
Wednesday Mittwoch
weekdays wochentags
wheelchair access Eingang für
  Rollstuhlfahrer
women Damen *(Toilette usw.)*
yds (= yards) *etwa:* Meter
youth hostel Jugendherberge

GRUNDZAHLEN

ZAHLEN

Grundzahlen

▶	0	**nought, zero**	nɔːt, ˈzɪərəʊ
▶	1	**one**	wʌn
▶	2	**two**	tuː
▶	3	**three**	θriː
▶	4	**four**	fɔː
▶	5	**five**	faɪv
▶	6	**six**	sɪks
▶	7	**seven**	ˈsevən
▶	8	**eight**	eɪt
▶	9	**nine**	naɪn
▶	10	**ten**	ten
▶	11	**eleven**	ɪˈlevən
▶	12	**twelve**	twelv
▶	13	**thirteen**	θɜːˈtiːn
▶	14	**fourteen**	fɔːˈtiːn
▶	15	**fifteen**	fɪfˈtiːn
▶	16	**sixteen**	sɪksˈtiːn
▶	17	**seventeen**	sevənˈtiːn
▶	18	**eighteen**	eɪˈtiːn
▶	19	**nineteen**	naɪnˈtiːn
▶	20	**twenty**	ˈtwentɪ
▶	21	**twenty-one**	twentɪˈwʌn
▶	22	**twenty-two**	twentɪˈtuː
	23	**twenty-three**	twentɪˈθriː
	24	**twenty-four**	twentɪˈfɔː
	25	**twenty-five**	twentɪˈfaɪv
	26	**twenty-six**	twentɪˈsɪks
	27	**twenty-seven**	twentɪˈsevən
	28	**twenty-eight**	twentɪˈeɪt
	29	**twenty-nine**	twentɪˈnaɪn
▶	30	**thirty**	ˈθɜːtɪ
▶	40	**forty**	ˈfɔːtɪ
▶	50	**fifty**	ˈfɪftɪ

ORDNUNGSZAHLEN

▶	60	**sixty** 'sıkstı
▶	70	**seventy** 'sevəntı
▶	80	**eighty** 'eıtı
▶	90	**ninety** 'naıntı
▶	100	**_a/one_ hundred** ə/'wʌn 'hʌndrəd
▶	101	**a hundred and one** ə 'hʌndrəd‿ən‿'wʌn
	579	**five hundred and seventy-nine** 'faıv 'hʌndrəd‿ən 'sevəntı'naın
▶	1000	**_a/one_ thousand** ə/'wʌn 'θaʊzənd
▶	2000	**two thousand** 'tu: 'θaʊzənd
▶	10000	**ten thousand** 'ten 'θaʊzənd
	100000	**a hundred/one-hundred thousand** ə 'hʌndrəd/'wʌn'hʌndrəd 'θaʊzənd
	1000000	**_a/one_ million** ə/'wʌn 'mıljən
	1000000000	**_a/one_ billion, a thousand million** ə/'wʌn 'bıljən, ə 'θaʊzənd 'mıljən

Ordnungszahlen

▶	1.	**first** fɜ:st
▶	2.	**second** 'sekənd
▶	3.	**third** θɜ:d
▶	4.	**fourth** fɔ:θ
▶	5.	**fifth** fıfθ
▶	6.	**sixth** sıkθ
▶	7.	**seventh** 'sevənθ
▶	8.	**eighth** eıtθ
▶	9.	**ninth** naınθ
▶	10.	**tenth** tenθ
▶	11.	**eleventh** ı'levənθ
▶	12.	**twelfth** twelfθ
▶	13.	**thirteenth** θɜ:'ti:nθ
▶	14.	**fourteenth** fɔ:'ti:nθ
▶	15.	**fifteenth** fıf'ti:nθ
▶	16.	**sixteenth** sıks'ti:nθ